职业教育·城市轨道交通类专业教材

Chengshi Guidao Jiaotong Xingche Zuzhi Jichu
城市轨道交通行车组织基础

颜月霞　主　编
张利彪　吴晓华　副主编
郝敬荣[北京市地铁运营有限公司]　主　审

人民交通出版社股份有限公司
China Communications Press Co., Ltd.

内 容 提 要

本书为职业教育·城市轨道交通类专业教材。全书以城市轨道交通行车工作过程为导向,以学习目标、学习项目和学习任务的形式进行编写。按照认识城市轨道交通行车组织(项目一)、城市轨道交通正常行车组织(项目二)、城市轨道交通非正常行车组织(项目三)、列车运行计划和运输能力计算(项目四)、城市轨道交通施工管理(项目五)、行车事故预防与分析处理(项目六)的顺序,先后介绍了城市轨道交通行车组织的21项工作任务的基本内容。

本书可作为高职、中职院校城市轨道交通专业教材,可供从事城市轨道交通行业工作的专业技术人员培训使用,也可供相关人员阅读参考。

* 本书配有多媒体助教课件,任课教师可通过加入职教轨道教学研讨群(QQ群:129327355)获取。

图书在版编目(CIP)数据

城市轨道交通行车组织基础 / 颜月霞主编. —北京:人民交通出版社股份有限公司,2014.9
ISBN 978-7-114-11504-2

Ⅰ.①城… Ⅱ.①颜… Ⅲ.①城市铁路–交通运输管理–高等职业教育–教材 Ⅳ.①U239.5

中国版本图书馆 CIP 数据核字(2014)第 141612 号

书　　名:	城市轨道交通行车组织基础
著 作 者:	颜月霞
责任编辑:	袁　方
出版发行:	人民交通出版社股份有限公司
地　　址:	(100011)北京市朝阳区安定门外外馆斜街 3 号
网　　址:	http://www.ccpress.com.cn
销售电话:	(010)59757973
总 经 销:	人民交通出版社股份有限公司发行部
经　　销:	各地新华书店
印　　刷:	北京虎彩文化传播有限公司
开　　本:	787×1092　1/16
印　　张:	14
字　　数:	330 千
版　　次:	2014 年 9 月　第 1 版
印　　次:	2022 年 12 月　第 8 次印刷
书　　号:	ISBN 978-7-114-11504-2
定　　价:	39.00 元

(有印刷、装订质量问题的图书,由本公司负责调换)

前言

当前,我国城市轨道交通建设进入了一个快速发展期,北京、天津、上海、广州、深圳、南京、重庆、武汉、大连、长春十个城市已经开通运营的线路总长达1777km。上述十个城市加上沈阳、成都、杭州、西安、苏州共十五个城市的在建线路,总长达到2107km。同时,还有青岛、宁波、郑州、厦门、东莞、昆明、长沙、乌鲁木齐、南宁、济南、兰州、太原、福州、厦门、合肥、无锡、贵阳、烟台、石家庄等城市,正在进行轨道交通规划建设的前期工作并相继开通了部分线路。按目前每年开工建设100~120km线路的发展速度,到2020年我国建设城市轨道交通线路将达到2000~2500km规模。尤其是北京、上海、广州三个特大城市轨道交通网络已经初步形成。我国大规模的城市轨道交通建设及其运营工作,迫切需要大量的城市轨道交通专业技术技能人才。

本书作为职业教育教材,追求"文字通俗易懂、形式图文并茂、案例丰富、兼顾多地城轨"的特色。按照认识城市轨道交通行车组织(项目一)、城市轨道交通正常行车组织(项目二)、城市轨道交通非正常行车组织(项目三)、列车运行计划和运输能力计算(项目四)、城市轨道交通施工管理(项目五)、行车事故预防与分析处理(项目六)的顺序,先后介绍了城市轨道交通行车组织的基本内容。包括:认识行车组织设备、认识行车组织机构、正常情况下控制中心行车组织、正常情况下车站行车组织、正常情况下车辆段场行车组织、发布调度命令、电话闭塞法行车、反方向行车和列车退行、救援列车和工程列车开行、其他情况下行车、识读列车开行计划、编制列车运行图、运输能力计算、识读施工计划、封锁区间施工作业、认识判断行车事故、分析与处理行车事故等十七个工作任务有关的专业内容。

本书编者均为从事城市轨道交通行车组织的资深岗位从业者和专业教

师,全书由北京交通运输职业学院颜月霞担任主编,北京交通运输职业学院张利彪和吴晓华担任副主编,北京市地铁运营有限公司郝敬荣担任主审。具体编写分工为:项目一、二、三由北京交通运输职业学院颜月霞、刘莉娜、张利彪编写;项目四由天津铁道职业技术学院轩宏伟、北京市地铁运营有限公司田桂荣编写;项目五由兰州交通大学高等技术学院李海军、重庆轨道交通公司于亚峰编写;项目六由北京交通运输职业学院马娜、王珂编写。

  本书在编写过程中,北京市地铁运营有限公司四分公司高级工程师郝敬荣对本书进行了认真审阅;北京交通运输职业学院领导和城市轨道交通系同事对本书的编写给予了大力支持;此外,书中亦参考引用了大量城市轨道交通行车组织的有关文献,在此一并致谢!

  由于时间仓促和专业知识水平有限,书中错漏难免,敬请读者批评指正,以便修订与完善。

编 者
2014 年 8 月

目录
MULU

项目一　认识城市轨道交通行车组织 ·· 1
　任务一　认识行车组织设施设备 ··· 2
　　实训1-1　调研城市轨道交通列车种类 ·· 17
　　实训1-2　调研某城市所有线路车站类型 ·· 18
　　实训1-3　手信号练习 ·· 18
　任务二　认识行车组织机构 ··· 20
　　实训1-4　调研某城市某线路行车组织机构 ·· 24
　　复习思考题 ··· 24

项目二　城市轨道交通正常行车组织 ·· 26
　任务一　正常情况下控制中心的行车组织 ··· 28
　　实训2-1　演练列车司机作业过程 ·· 36
　　实训2-2　调研闭塞技术的应用 ·· 57
　任务二　正常情况下车站行车组织 ··· 57
　　实训2-3　车站控制台的使用 ··· 68
　任务三　正常情况下车辆段场行车组织 ·· 72
　　实训2-4　模拟车辆段内应急处理 ·· 81
　　复习思考题 ··· 81

项目三　城市轨道交通非正常行车组织 ··· 84
　任务一　发布调度命令 ··· 86
　　实训3-1　发布调度命令和接受调度命令 ··· 95
　任务二　站间自动闭塞法行车 ··· 95
　任务三　进路闭塞法行车 ··· 96
　任务四　电话闭塞法行车 ··· 96
　　实训3-2　电话闭塞法行车演练 ·· 107

1

实训3-3　手摇道岔 ··· 113
　任务五　反方向行车、列车退行 ··· 113
　任务六　救援列车和工程列车的开行 ·· 115
　任务七　信号故障情况下行车 ··· 123
　任务八　恶劣天气下行车组织 ··· 133
　复习思考题 ·· 134

项目四　列车运行计划和运输能力计算 ·· 135
　任务一　识读和编制列车开行计划 ·· 137
　任务二　识读和编制列车运行图 ·· 147
　　实训4-1　铺画列车运行图 ··· 157
　　实训4-2　铺画车辆周转图 ··· 162
　任务三　运输能力计算 ·· 165
　复习思考题 ·· 170

项目五　城市轨道交通施工管理 ··· 173
　任务一　识读施工计划 ·· 174
　任务二　封锁区间施工作业 ··· 181
　复习思考题 ·· 186

项目六　行车事故预防与分析处理 ·· 189
　任务一　预防行车事故 ·· 192
　任务二　认识判断行车事故 ··· 192
　任务三　分析与处理行车事故 ·· 201
　复习思考题 ·· 206

附录A　城市轨道交通行车有关术语 ··· 210

附录B　城市轨道交通行车缩略语中英文对照 ··· 213

参考文献 ·· 216

项目一 认识城市轨道交通行车组织

学习目标

1. 知识目标

(1) 了解城市轨道交通行车组织主要设备,即线路、供电、车站、通信信号等;
(2) 理解主要行车组织设备的组成和特点;
(3) 了解城市轨道交通行车组织机构;
(4) 熟悉行车组织有关岗位以及工作职责;
(5) 熟悉行车组织闭塞制度。

2. 能力目标

(1) 能够说出城市轨道交通行车组织的内容及课程体系;
(2) 能够说出城市轨道交通的主要行车组织设备;
(3) 能够描述各种行车设备的功能特点;
(4) 能够描述各种行车设备的组成;
(5) 能够描述城市轨道交通行车组织机构;
(6) 能够描述行车组织闭塞制度。

3. 德育目标

(1) 认识城市轨道交通行车组织的重要性;
(2) 激发对行车组织内容学习的兴趣和积极性;
(3) 树立"行车无小事"的安全意识。

项目案例

全世界有一百多座城市建设了城市轨道交通网络。如我国,1969 年 1 月 15 日北京开通了由公主坟到北京火车站的第一条线路,这也是新中国第一条地铁线路。目前,北京拥有 18 条地铁线路,300 余座车站,2013 年单日最高运送乘客已突破 1000 万人次。北京地铁总体运营管理框架如图 1-1 所示,其中地铁运营目前由两家公司负责:北京市地铁运营有限公司和北京京港地铁有限公司。2012 年年底线路总长突破 440km;到 2015 年,北京将建

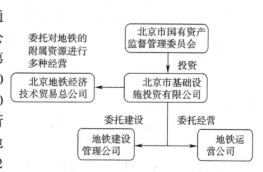

图 1-1 北京地铁运营管理框架

成660km长的轨道交通网络。

北京两家地铁运营公司的管理架构是略有不同的,其中北京地铁运营有限公司下设了四个分公司,分别为运营一分公司、运营二分公司、运营三分公司和运营四分公司。对于设施设备的维修,是以外包的形式委托给通号公司、供电公司、线路公司、机电公司和建安公司协同负责。

北京京港地铁有限公司的运营架构,如图1-2所示。

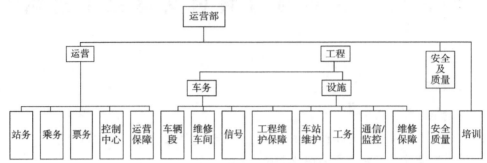

图1-2 北京京港地铁有限公司运营架构

上海地铁第一条线路于1995年4月10日正式运营,是继北京地铁、天津地铁建成通车后中国内地投入运营的第三个城市轨道交通系统。目前,上海轨道交通全网运营线路总长首超500km、达到567km,车站共计331座,运营规模名列世界第一。上海近期规划线路达到660km,远期规划线路则达到970km。

任务描述

城市轨道交通都是由哪些行车设备构成的?地铁运营公司由哪些部门进行行车组织?有哪些岗位参与行车组织?这些部门之间是什么关系?是如何组织行车的?

任务一 认识行车组织设施设备

一、线路

1. 基本概念

线路是列车运行的基础,它是由路基、桥梁、隧道建筑物和轨道组成的一个整体工程,是所有行车线路的总称。线路主要由路基、桥隧建筑物和轨道三部分组成。其中轨道由道床、轨枕、钢轨、连接零件、防爬设备及道岔六部分构成。轨道起着列车运行的导向作用,直接承受车轮传来的巨大压力,并把它传给路基或隧道。

线路按照使用功能,分为正线、到发线、岔线、站线、专用线、渡线、联络线等。相关教学资源见二维码1。

(1)正线:连接车站并贯穿或直股伸入车站的线路。正线分为区间正线和站内正线(站内正线兼作到发线)。

(2)到发线:供列车在车站到达、发出时使用的线路。

(3)岔线:由车站或区间分支出去的有其他用途的线路。

二维码1

(4)站线：是指车站内正线及指定其他用途的线路，如折返线、停车线、库线。

(5)专用线：在区间或站(段)接轨，通向地铁以外单位的线路，且该线路未设有车站。地铁的专用线一般为单线双向行车制，如北京地铁13号线回龙观站与国铁黄土店站间的线路。

(6)渡线：由两个单开道岔组成的连接两条平行线路的连接设备。

(7)联络线：连接两条独立运营线的线路或正线与车辆段间的线路。

目前，北京地铁部分连接两条独立运营线的主要联络线如下：长—礼联络线(连接1号线与2号线)、北—永联络线(连接1号线与2号线)、王—崇联络线(连接1号线与5号线)、双—惠联络线(连接1号线与八通线)、双—立联络线(连接5号线与13号线)、双—和联络线(连接5号线与10号线)、安—北联络线(连接8号线与10号线)等。

目前，北京车辆段与正线间的联络线主要有：古城车辆段与1号线间的线路；四惠车辆段与1号线间的线路；太平湖车辆段与2号线间的线路；回龙观车辆段与13号线间的线路；土桥车辆段与八通线间的线路；太平庄车辆段与5号线间的线路；宋家庄停车场与5号线间的线路；万柳车辆基地与10号线间的线路；天竺车辆基地与机场线间的线路等。

道岔是使列车从一条线路转入或跨越另一条线路的连接及交叉设备。道岔表示法，如图1-3所示。相关教学资源见二维码2。它有如下三种：双线表示法、中心线表示法和中心线加开通方向表示法。

a)双线表示法　　　b)中心线表示法　　　c)中心线加开通方向表示法　　　二维码2

图1-3　三种道岔表示法

道岔定位是指开通直股或经常开通的位置，如图1-4所示。道岔反位是指道岔开通侧向或不经常开通的位置，如图1-5所示。列车经过道岔时一般执行道岔呼唤的流程规范；呼唤时机为接近道岔30m内并看清道岔开通方向，呼唤内容为道岔定位(或道岔反位)。

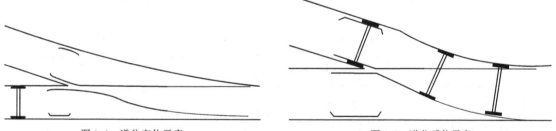

图1-4　道岔定位示意　　　　　　　　　图1-5　道岔反位示意

顺向道岔是指使列车先经过岔心、后经过尖轨的道岔。逆向道岔则是指使列车先经过尖轨、后经过岔心的道岔。挤岔一般指列车顺向经过道岔且道岔位置不正确，列车车轮挤过道岔使尖轨与基本轨分开的情况。掉道是指列车逆向经过道岔且道岔处于四开状态，车轮一个在直轨上，一个在曲轨上，由于轨距加大造成车轮脱离钢轨的情况。

在使用过程中，一般道岔都有如下几种锁闭方式：预先锁闭、完全锁闭、区段锁闭、单独锁闭、引导锁闭、机械锁闭、人工锁闭。

预先锁闭是指利用控制台办理进路，信号开放，列车仍未进入接近区段；完全锁闭是指进路锁闭,列车进入接近区段时的锁闭;区段锁闭是指列车在道岔区段运行时的锁闭;单独锁闭是指使用有锁闭功能的按钮锁闭道岔;引导锁闭是指使用有锁闭功能的引导信号按钮锁闭道岔;机械锁闭是指手摇道岔时,操作到位,尖轨与基本轨密贴,转辙机锁闭道岔;人工锁闭是指手摇道岔时,转辙机故障不能锁闭道岔时,使用道岔钩锁器将道岔加锁。

2. 线路上下行的规定

城市轨道交通一般实行右侧行车制度。以北京地铁上下行一般规律为例:按照线路总体上走向从东往西、从北往南、内环线方向为下行,其中有一条线路例外,机场线是以东直门向机场方向为下行。具体例如:1 号线以向东方向为上行、向西方向为下行;2 号线外环为上行,内环为下行;13 号线以向西直门方向为上行,向东直门方向为下行;八通线以向东方向为上行、向西方向为下行;5 号线以向太平庄车辆段方向为上行,以向宋家庄停车场方向为下行;8 号线以向霍营站方向为上行,以向鼓楼站方向为下行;10 号线外环运行方向为上行,内环运行方向为下行。例外的机场线以东直门站至 T3 站、T2 支线与正线接轨处至 T2 站定义为下行线,以 T3 站至东直门站、T2 站至东直门站方向与正线接轨处的 T2 支线为上行线。

3. 线路形式与编号

地铁线路的形式各异,图 1-6 给出了若干种地铁线路的具体形式。线路折返通常有站前折返和站后折返两种基本类型。相关教学资源见二维码 3。

二维码 3

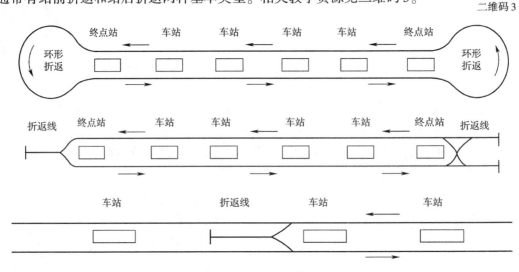

图 1-6 地铁线路的具体形式

(1)站前折返

站前折返是指列车由站前渡线折返,即到站停车前完成折返过程,列车空车走行距离少,乘客能够同时上下车。常见的站前折返类型有站前单渡线折返、站前双渡线折返和三线双岛式折返等(见图 1-7)。

(2)站后折返

站后折返是指列车停站下客后利用站后尽端折返线进行折返,也可以采用站后环线进行折返。站后折返是指先下客,后折返,再上客。常见的站后折返站设置类型,有站后单折返线、站后双折返线、站后双渡线三种,如图 1-8、图 1-9 所示。

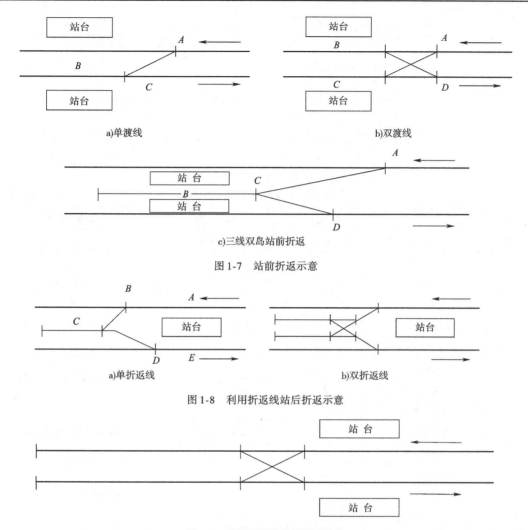

a) 单渡线　　　　　　　　　　　　b) 双渡线

c) 三线双岛站前折返

图 1-7　站前折返示意

a) 单折返线　　　　　　　　　　　b) 双折返线

图 1-8　利用折返线站后折返示意

图 1-9　利用双渡线站后折返示意

《地铁设计规范》(GB 50157—2013) 中规定地铁线路每隔 3～5 个车站设置临时停车线。图 1-10、图 1-11 和图 1-12 给出了中间站和终点站常见的配线设置方式。表 1-1 所示为北京地铁亦庄线设备集中站配置;图 1-13 给出了北京地铁亦庄线的实际线路的设置。

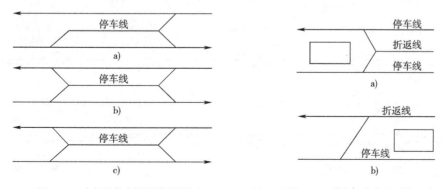

图 1-10　中间站停车线配线方式　　　　图 1-11　终点站停车线配线方式 1

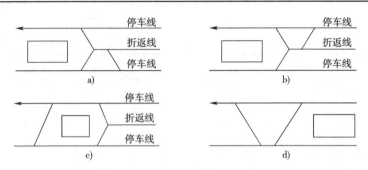

图1-12 终点站停车线配线方式2

北京地铁亦庄线设备集中站配置 表1-1

序号	车站名称	道岔数	车站设置	控制范围
1	宋家庄站	10	设备集中站	宋家庄站—肖村站
2	肖村站			
3	小红门站	2		小红门站
4	旧宫站			
5	亦庄桥站	4	设备集中站	旧宫站—亦庄文化园站
6	亦庄文化园站			
7	万源街站			
8	荣京东街站	2	设备集中站	万源街站—荣京东街站
9	荣昌东街站			
10	同济南路站	6	设备集中站	荣昌东街站—经海路站
11	经海路站			
12	次渠南站	2		
13	次渠站			次渠南站—亦庄火车站
14	亦庄火车站	6	设备集中站	

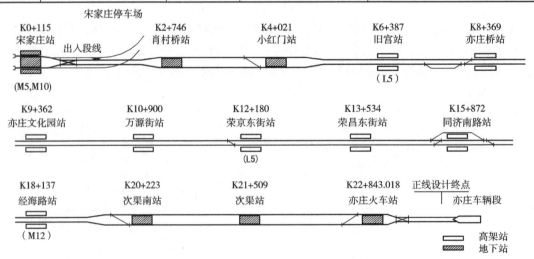

图1-13 北京地铁亦庄线的实际地铁线路设置

车站线路从正线起顺序编号,上行为双号、下行为单号;到发线设在正线之间者,一般编号应大于正线;折返线靠近上行正线者为双号,靠近下行正线者为单号,一般编号大于到发线。道岔编号原则:从列车到达方向起,由正线开始顺序编号,上行为双号、下行为单号;尽头式线路,向线路终点方向顺序编号;对称式的折返线,以上行列车到达方向为主顺序编为双号、另一侧编为单号,其号码与上行一侧相对应,如图 1-14 所示。

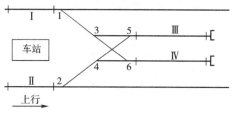

图 1-14 线路以及道岔编号举例

二、车站

1. 基本概念

(1)车站:即地铁运输工作基层单位,是供乘客乘降列车的处所。大量的行车、客运设备均设在车站,车站除办理客运业务外,还办理列车到发及调车等行车作业。车站也是地铁内部各工种进行各项作业的汇合点。

(2)分界线:即隔离开列车运行的固定设备,为相邻区间或闭塞分区分界点。它包括进(出)站、防护信号机,超速防护自动闭塞的分界标及自动闭塞的通过信号机。

(3)站界:即车站与区间的分界点。在单线线路上,以进站信号机机柱的中心线作为车站与区间的分界线;在双线线路上,以车站同方向的进站、出站信号机机柱的中心线为车站与区间的分界线。

(4)站内:将一条线路划分为若干个线段后,车站把线路划分为站内和站间区间,同一方向进站信号机至出站信号机之间的线路。

(5)站间区间:相邻两个车站间的线路,即同一方向车站出站信号机至下一个车站进站信号机之间的线路。

2. 车站的分类

(1)按站台形式不同,可分为岛式、侧式和混合式三种。

①岛式站台:即线路在两边,站台在中间,如图 1-15 和图 1-16a)所示。

a)

b)

图 1-15 岛式站台

②侧式站台:即线路在中间,站台在两边,如图1-16b)所示。
③混合式站台:即岛式、侧式兼有的形式,如图1-16c)、d)所示。

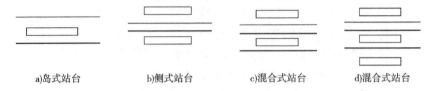

a)岛式站台　　　b)侧式站台　　　c)混合式站台　　　d)混合式站台

图1-16　各式站台车站

(2)按车站作业性质不同,可分为始发站、终到站、中间站、换乘站和折返站等,如表1-2所示。

车站功能一览　　　　　　　　　　　　　　　　　　　表1-2

作业\车站类别	始发(终到)站	中间站	换乘站	折返站
客运作业	乘客乘降	乘客乘降	乘客乘降、换乘	乘客乘降
行车作业	接、发车,列车折返,列车检修、整备,存车	接、发车	接、发车	接、发车列车折返

①始发(终到)站:即列车起始运行或终止运行的车站。
②中间站:指办理正线接发车及客运业务的车站,是列车运行图中经过的车站。
③换乘站:除办理中间站的接发车,乘降作业外,同时也是乘客换乘不同线别列车的场所。
④折返站:指除办理中间站的接发车,乘降作业外,由于配有折返线,存车线还可办理列车折返转线作业。

3．线路其他情况

城市轨道交通车站的站距各有不同,一般建设在市中心的车站站距较短,甚至不到半公里;建设在市郊的车站站距达到几公里,甚至超过10km。一般车站站台的有效长度最小为118m。线路的最小曲线半径一般在150m,最大坡度正线达到24‰,联络线甚至达到30‰。举例如表1-3和表1-4所示。

北京市部分地铁车站基本情况　　　　　　　　　　　　表1-3

线别	平均站距(km)	最长站间距离		最短站间距离		全线运行时间(min)
		区间	距离(km)	区间	距离(km)	
1号线	1.44	古城—苹果园	3.74	礼士路—复兴门	0.42	56
2号线	1.28	雍和宫—东直门	2.23	雍和宫—安定门	0.79	40
13号线	2.70	北苑—望京西	6.72	芍药居—光熙门	1.11	56
八通线	1.51	高碑店—中国传媒大学	2.00	临河里—土桥	0.78	30

北京市部分地铁线路站台基本情况　　　　　　　　　　表1-4

区间				车站		
正线		联络线				
最小曲线半径(m)	最大坡度	最小曲线半径(m)	最大坡度	车站线路	坡度	站台最小有效长(m)
195	24‰	150	30‰	均为直线	2‰~3‰	118

4. 车站表报

车站报表种类较多，主要有调度命令登记簿、电话电报记录簿、破加封登记簿、车站行车作业登记簿、行车日志、调度命令纸、路票、绿色许可证、交接班登记簿、设备故障报修登记簿、外部人员出入登记簿、施工检修登记簿、非运营时间进出车站登记簿、车站公共区域暂存物品登记簿、车站夜间施工联保登记簿、车站安全巡视登记簿、运营线列车救援作业时间记录表、FAS运行登记簿。

三、车辆段

车辆段是车辆停放、检查、整备、运用和修理的管理中心所在地。若运行线路较长，为了有利于运营和分担车辆的检查清洗工作量，可在线路的另一端设停车场，负责部分车辆的停放、运用、检查和整备工作。当技术经济合理时，也可以两条或两条以上线路共设一个车辆段。城市轨道交通除车辆保养基地以外，尚有综合维修中心、材料总库和职工技术培训中心等基地；有条件时，尽量将它们与车辆段规划在一起。

1. 车辆段的主要业务

(1) 列车在段内调车、停放、日常检查、一般故障处理和清扫洗刷。
(2) 车辆的技术检查、月修、定修、架修和临修试车等作业。
(3) 列车回段折返乘务司机换班。
(4) 段内设备和机具的维修及调车机车的日常维修工作。
(5) 紧急救援抢修队和设备。

城市轨道交通车辆段主要担负着一条或几条线路城市轨道交通车辆的停放、检查、维修、清洁整备等任务。车场内的常见设施设备包括线路、信号进路和控制设备、运转日常管理以及各类机电设备、检修设备、列车存放库和其他辅助设备。车场可为正线运行列车提供各类运营保障、服务，确保正常的运营秩序，为运营相关人员提供后勤保障、服务，车场是运行勤务人员的重要工作场所。

2. 车辆段的主要设施

(1) 停车场

车辆段应有足够的停车场地，以确保能够停放管辖线路的回段电动车辆和工程车辆。如图1-17所示。

(2) 检修库

车辆段内需设检修库，包括架、定修库和月修库；列检作业在列检库或停车库（线）进行。某检修库，如图1-18所示。

(3) 洗车设备

在车辆段内一般安装自动洗车机，用于车辆完成自动清洗、喷淋、去污等洗车作业。

3. 运营管理用房及其他设施

根据运营管理模式的要求，多数运营单位在段内设有相应的办公室，包括乘务队办公室、运转值班室、信号值班室、乘务员备乘休息室、内燃机工程轨道车司机休息用房等。段内还应有设备维修车间，负责段内的动力设施及通用设备维修。

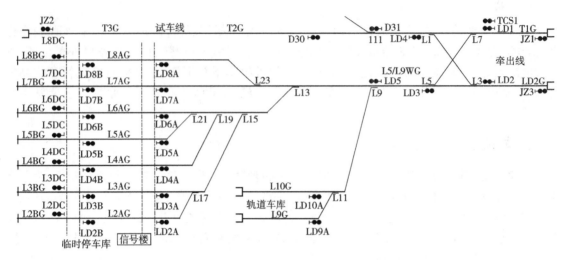

图 1-17 某车辆段平面图

在车辆段内还有测试列车综合性能的试车线,存放内燃机车、工程车的车库,机关办公楼与其他服务设施等。

四、列车和列车信号

(一)列车与车辆

(1)基本概念

①地铁车辆:即指完成地铁运输工作的工具,是行车组织工作的直接对象。

②车组:即连接在一起、走向相同的两辆以上的车辆。

图 1-18 某检修库

③列车:车组组成的动车组配上乘务员和列车标志就成为列车。

④轨道车:即指自重在 8t 以上、牵引动力在 95 马力以上的内燃机车。

(2)编组(相关教学资源见二维码 4)

城市轨道交通车辆一般可按有无动力装置分为动车和拖车两类。城市轨道交通动车受电方式有两种:第三轨受流和受电弓。按有无驾驶室分为带驾驶室车和不带驾驶室车两类。有时用"Tc 车"表示是有驾驶室的拖车,"Mp 车"表示是带受电设施的动车,"M 车"表示是不带受电设施的动车。通常 1 辆 Tc 车加 1 辆 Mp 车加 1 辆 M 车组成一个车辆单元,六辆编组的地铁列车由两个车辆单元组成。车辆连接顺序略有差异,比如重庆地铁 1 号线车辆连接顺序为"Tc-Mp-M-M-Mp-Tc",北京地铁 4 号线车辆连接顺序为"Tc1-M1-M3-T3-M2-Tc2"。

二维码 4

每个城市每条线路动车组编组可能不同。例如,北京地铁 1 号线、环线按全动车设计,4 辆、6 辆为一固定编组;复八线为两辆一单元,列车编成可以按 2、4、6 辆编挂。又如,上海地铁分为带驾驶室的拖车(A 型)、无驾驶室带受电弓的动车(B 型)、无驾驶室不带受电弓的动车(C 型)三种。6 节时可按 A-B-C-C-B-A 编组,也可以编成 A-B-C-B-C-A,各节车辆之间均

10

互相贯通,以方便乘客流通。当为 8 节编组时,可以编成 A-B-C-B-C-B-C-A,也可以是 A-B-C-C-B-B-C-A。

不同线路往往有不同的车体色彩,如图 1-19 所示。

a)上海地铁某线列车(橙色与白色相间)

b)杭州地铁某线列车(绿色与白色相间)

c)北京地铁某线列车1(红色与灰色相间)

d)北京地铁某线列车3(白色与灰色相间)

图 1-19　多种颜色地铁列车车辆

地铁车辆有较强的运载能力,一般定员 180～240 人/节,最高达到 350 人/节,如表 1-5 举例所示。

不同类型车辆常见定员举例　　表 1-5

	Ⅰ级	Ⅱ级	Ⅲ级	Ⅳ级	Ⅴ级
系统类型	高运量地铁	大运量地铁	中运量轻轨	次中运量轻轨	低运量轻轨
适用车辆类型	A 型车	B 型车	C-Ⅰ、Ⅲ型车	C-Ⅱ型车	现代有轨电车
车辆定员(站6人/m²)	310	240	220	220	104～202
最大轴重(t)	16	14	11	10	9

(二)信号显示

1. 基本概念以及信号种类

信号是指通过不同颜色、位置、形式不停地向列车指示运行条件,向调车人员发出的指示和命令。信号保证列车运行与调车作业的安全,提高列车通过能力。

信号按声光方式,分为视觉信号和听觉信号;按动静方式,分为移动信号(手信号属于移动信号)和固定信号(按设置位置,分为车载信号和地面信号);按使用时间,分为昼间信号、夜间信号和昼夜信号。

(1)视觉信号:以信号的颜色、形状、位置和显示数目来表达某种意义。如信号机、信号灯、信号牌、信号表示器、信号标志、火炬、信号旗等。

(2)听觉信号:以不同器具发出的音响及其音响的长短、次数等表达某种意义。如列车鸣笛、车内蜂鸣器和电铃发出的声响。

(3)移动信号:当线路发生故障或在站内及区间进行施工临时禁止列车驶入时,应在所有可能来车的方向一端设置移动停车信号牌进行防护,要求开来的列车立即停车。

(4)手信号:即用信号灯、信号旗或徒手显示的信号。手信号分为列车手信号(用以指挥列车运行时使用的手信号)、调车手信号(仅在调车工作中,由调车指挥人员指挥调车作业时使用的手信号)、联系手信号三种。

(5)固定信号:安装在某一固定的位置长期起作用,来指示列车运行和调车工作的信号,如地面信号和机车信号。

2. 信号显示制度

地铁一般采用三显示加一个防护区段的显示制度。即:列车占用后,除用红灯显示来防护有车占用区段外,再增加一个红灯防护区,即红、黄、绿的显示制度。

信号机示意和信号显示制度示意见表1-6。

信号机示意和信号显示制度示意　　　　　　　　表1-6

信号显示制度	
红灯	●
黄灯	⊘
绿灯	○
二显示信号机	⊢●○
三显示信号机	⊢●○⊘
简单表示	⊢
矮柱信号机	⊢●○⊘ ⊢●○ ⊢○
高柱信号机	⊢●○⊘ ⊢●○ ⊢○

知识链接

信号机内外方:信号机防护的一方为内方(图1-20中信号机左侧),反之为外方。

信号机前后方:能看到信号机显示的一方为前方(图1-20中信号机右侧),反之为后方。

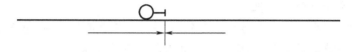

图1-20　信号机内外方、前后方示意

固定信号机分类:按其用途分为进站信号机、出站信号机、防护信号机、阻挡信号机、预告信号机、通过信号机、调车信号机及区间分界点信号机等。

机车信号:在驾驶室内装设机车信号或车载信号(见图1-21所举例),是通过轨道电路将地面信号机的显示不间断地接收,给司机提示列车运行的条件。

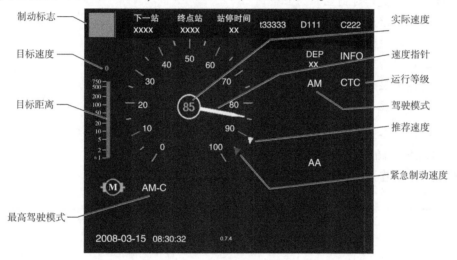

图1-21　某车载信号

信号机定位显示:即指在未准备进路、未开通敌对进路,线路上无列车、车辆及其他障碍物时,信号机经常保持的显示状态。

信号表示器:信号表示器与信号机不同,它不能单独起防护区间、闭塞分区的作用,仅用来表示行车人员的意图、行车设备的状态及信号机显示的附加意义。它包括进路表示器和车挡表示器。

进路表示器:防护、调车信号机所防护的进路运行方向有两个及其以上时,该信号机装设进路表示器(最多两个),用以指示列车的运行方向为侧向。

主体信号:直接防护某段线路或闭塞分区的信号。它包括:进站、出站、防护、阻挡、预告、通过、调车、区间分界点等信号机及车载信号。

信号标志:信号标志主要有警冲标、警示标、分界标、限速标、停车位置标五种。

分界标:设于超速防护自动闭塞区段的两个闭塞区间之间分界点处,安装在右侧墙上。

信号机故障:信号机灯光熄灭、显示不正确或不明了等,使行车人员不明确列车运行条件的现象。

信号故障：即信号机、联锁设备、闭塞设备之一发生故障。

进行信号：即允许列车运行的信号。

禁止信号：即禁止列车运行的信号。

绝对禁止信号：当列车遇到信号机显示红灯、灭灯或显示不明了时，停车以后不再发出指示，绝对不允许列车越过的信号机。

绝对允许信号：当列车遇到信号机显示红灯、灭灯、显示不明了时，停车以后，但经过一段时间的确认后，可限速越过该信号机，凭次一信号机显示的要求运行。

列车出发计时器(TDT 有时有称 TDI)：列车出发计时器固定于车站列车到发线前侧上方，显示自列车到达车站距规定发车时刻的时差(单位为秒)：

- 未到达规定的发车时刻显示为倒计时；
- 到达规定的发车时刻显示为"000"；
- 超过规定的发车时刻显示为正计时；
- 提前发车显示为"000"；
- 扣车显示为"H"；
- 列车通过显示为"－－－"；
- 倒计时溢出显示为"＝"；
- 正计时溢出显示为"＝＝"。

3. 信号显示意义

(1) 各种信号机的设置地点、作用、定位显示及注意事项。

各种信号机的作用、制式、种类、定位显示，如表 1-7 所示。

各种信号机一览　　　　　　　　　　　　　　　　表 1-7

序号	名称	设置地点	作用	示意图及定位显示	注意事项
1	进站信号机	车站的入口处	①防护车站指示列车能否由区间进入车站，在站内不具备接车条件时，不准列车进入站内；②指示列车进站后的运行条件，是停车或是通过		两显示带引导信号
2	出站信号机	车站正线出口处	①指示列车在站内的停车位置；②作为列车占用区间或闭塞分区的行车凭证		两显示不带引导信号
3	防护信号机	道岔前方	①向列车司机提示道岔状态及位置，指示列车的运行方向；②锁闭该信号机进路上的有关道岔及敌对信号；③防护闭塞区间，确保调车作业的顺利进行及行车安全		①两显示带引导信号；②防护逆向道岔时带进路表示器

续上表

序号	名称	设置地点	作用	示意图及定位显示	注意事项
4	阻挡信号机	调车进路末端	反向阻挡信号机：指示调车车列通过道岔区段后的停车位置		一个常红灯
			顺向阻挡信号机：通常情况下随着列车运行自动变换显示，起通过信号机的作用；办理调车作业时，人为关闭使之成为阻挡信号机		两显示不带引导信号
5	预告信号机	进站、防护、分界点等信号机前方	复示进站、防护、分界点信号机的显示，以使司机掌握其后方信号机的开放或关闭状态		三显示信号机；没有定位显示
6	进站兼防护	道岔前方车站的入口处	既有进站信号机的功能，又有防护信号机的功能		①两显示带引导信号；②防护逆向道岔时带进路表示器
7	出站兼防护	道岔前方车站的出口处	既有出站信号机的功能，又有防护信号机的功能		①两显示不带引导信号；②防护逆向道岔时带进路表示器
8	出站兼阻挡	车站正线的出口处	通常情况下起出站信号机的作用；办理调车作业时，人为使之关闭，成为阻挡信号机		①为顺向阻挡信号机；②办理正常发车进路时为出站信号机显示绿灯；办理调车进路时，为阻挡信号机显示红灯
9	引导信号	进站、防护、调车信号机机柱上	当设备故障或其他原因使信号机不能开放，在符合接、发车条件或调车条件时，可开放引导信号，指示列车运行条件		①引导信号为月白色灯光；②开放引导信号需人工确认、人工操作；③信号机显示红灯时，引导信号才能开放，红灯+月白色灯光
10	进路表示器	所防护进路运行方向有两个及其以上的防护信号机上	用以指示列车的运行方向		绿灯和白灯同时点亮
11	车载信号	列车司机驾驶室里	ATP速度码：正线：74/73、74/58、59/37、38/0、0/0；站台：59/58；道岔区段：38/37、38/27、28/27、28/0		以车载信号为主体信号

(2)手信号的显示内容及含义。相关教学资源见二维码5。

手信号:即现场广泛采用的一种视觉信号,指示列车运行、调车作业和联系传达行车有关事项用的灯(旗)语。一般昼间地面用旗,夜间车站用灯。

①列车手信号。

a. 停车信号:红色灯光(无红色灯光时,白色灯光上下急剧摇动)。

b. 减速信号:黄色灯光(无黄色灯光时白色灯光或绿色灯光下压数次)。

c. 发车信号:绿色灯光上弧线向列车方向作圆形转动。

d. 通过信号:绿色灯光。

e. 临时停车信号:红色灯光高举头上左右摇动。

f. 引导手信号:黄色灯光高举头上左右摇动。

g. 道岔开通信号:白色灯光高举头上。

二维码5

②调车手信号。

a. 停车信号:红色灯光。

b. 减速信号:绿色灯光下压数次。

c. 指挥机车、车辆向显示人方向来的信号:绿色灯光在下部左右摇动。

d. 指挥机车、车辆向显示人方向稍行移动的信号:绿色灯光下压数次后、再左右小动。

e. 指挥机车、车辆向显示人相反方向去的信号:绿色灯光上下摇动。

f. 连接信号:红、绿色灯光交互显示数次,无绿色灯光时红、白色灯光交互显示。

g. 道岔开通信号:白色灯光高举头上。

五、列车自动控制系统(Automatic Train Control,简称ATC)

列车自动控制(ATC)系统是以技术手段对列车运行方向、运行间隔和运行速度进行控制,保证列车能够安全运行、提高运行效率的系统,简称列控系统。列车自动控制(ATC)系统分为列控地面子系统和列控车载子系统。在不同的应用场合,列车自动控制(ATC)系统的设备构成有所不同。

列车自动控制(ATC)系统,一般包括列车自动防护(Automatic Train Protection,简称ATP)、列车自动驾驶(Automatic Train Operation,简称ATO)和列车自动监督(Automatic Train Supervision,简称ATS)系统。

1. 列车自防护(ATP)系统

列车自动防护(ATP)系统作为列车自动控制(ATC)系统的子系统,通过列车检测、列车间隔控制和联锁[联锁设备可以是独立的,有的系统也可以包含在列车自动防护(ATP)系统中]等实现对列车相撞、超速和其他危险的故障—安全防护列车自动控制系统。

列车自动防护(ATP)系统是整个列车自动控制(ATC)系统的基础。列车自动驾驶(ATO)系统和列车自动监督(ATS)子系统都依托于列车自动防护(ATP)子系统的工作。列车自动防护(ATP)系统亦称列车超速防护系统,其功能为列车超过规定速度时即自行制动;当车载设备接收地面限速信息,经信息处理后与实际速度比较,当列车实际速度超过限速后,由制动装置控制列车制动系统制动。

列车自动防护(ATP)系统自动检测列车实际运行位置,自动确定列车最大安全运行速度,连续不间断地实行速度监督,实现超速防护,自动监测列车运行间隔,以保证实现规定的行车间隔。

2. 列车自动驾驶(ATO)系统

列车自动驾驶(ATO)系统是一种完整的闭环自动控制系统,即列车一方面检测本列车的实际行车速度;另一方面连续获取地面给予的最大允许车速,经过计算机的解算,并依据其他与行车有关的因素,如机车牵引特性、区间坡道、弯道等,求得最佳的行车速度,控制列车加速或减速,甚至制动。

在列车自动驾驶系统中,司机起监督作用,因此要求这种系统获得最大允许车速的信道和求解最佳速度的机车计算机等,要有更高的可靠性和实用性。

列车自动驾驶(ATO)系统辅助列车自动防护(ATP)系统工作,接受来自列车自动防护(ATP)系统的信息,其中有列车自动防护(ATP)系统速度指令、列车实际速度和列车走行距离。此外还从列车自动监督(ATS)子系统和地面标志线圈接收到列车运行等级等信息。根据以上信息,列车自动驾驶(ATO)系统通过牵引/制动线控制列车,使其维持在一个参考速度上运行;并在设有屏蔽门的站台准确停车。

3. 列车自动监督(ATS)系统

列车自动监督(ATS)系统作为列车自动控制(ATC)系统的子系统监督列车、自动调整列车运行以保证时刻表,提供调整服务的数据,以尽可能减小列车未正点运行造成的不便。

列车自动监督(ATS)系统主要是通过计算机来组织和控制行车的一套完整的行车指挥系统。列车自动监督(ATS)系统将现场的行车信息及时传输到行车指挥中心;中心将行车信息综合后,适时无误地向现场下达行车指令,以保证准确、快速、安全、可靠。

列车自动监督(ATS)系统功能:自动进行列车运行图管理,及时调整运行计划,监控列车进路;自动显示列车运行和设备状态,完成联锁和自动闭塞的要求;自动绘制列车实际运行图,车站旅客导向,车辆检修期的管理,列车的模拟仿真等。

实训 1-1 调研城市轨道交通列车种类

(1)请分组调研某城市所有线路列车种类并完成表 1-8 的填写。

(2)各组之间交流调研过程和收获。

线路列车种类调研　　　　表 1-8

城市	市		
线路	1 号线	2 号线	…
系统类型			
车辆类型			
车体颜色			
车辆定员			
列车编组			

实训1-2　调研某城市所有线路车站类型

你所在的城市轨道交通有几条线路？每条线路各有什么类型的车站？请完成如下的线路和车站情况调研表格(表1-9)。

线路和车站情况调研　　　　　　　表1-9

序号	车站名称/所属线路	按站台形式划分			按站台位置划分			按车站运营作业		
		岛式	侧式	岛、侧混合	地下	地面	高架	端点站	中间站	换乘车站
1										
2										
3										
…										

实训1-3　手信号练习

常用的手信号仅仅有几种列车手信号,调车手信号和声音信号不常用,但实训过程建议完整。实训内容可以参照如下所列,也可以按照当地某条实际线路的行车组织要求。

1. 列车手信号

(1)停车信号:要求列车停车。

昼间——展开红色信号旗。

夜间——红色灯光。

昼间无红色信号旗时,两臂高举头上向两侧上下急剧摇动;夜间无红色灯光时,用白色灯光上下急剧摇动。

(2)减速信号:要求列车降低到要求的速度。

昼间——展开黄色信号旗,当无黄色信号旗时,用绿色信号旗下压数次。

夜间——黄色灯光,当无黄色灯光时,用白色或绿色灯光下压数次。

(3)发车信号:要求司机发车。

昼间——展开绿色信号旗上弧线向列车方向作圆形转动。

夜间——绿色灯光上弧线向列车方向作圆形转动。

(4)通过手信号:是在出站信号机故障,而行车凭证具备的条件下,向准许由车站通过的列车显示的信号。

昼间——展开绿色信号旗。

夜间——绿色灯光。

(5)临时停车信号:必须使列车临时停车时显示的信号,要求列车立即采取停车措施。

昼间——展开的红色信号旗高举头上左右摇动。

夜间——红色灯光高举头上左右摇动。

(6)引导手信号:准许列车进入车站或车场。

昼间——展开的黄色信号旗高举头上左右摇动。

夜间——黄色灯光高举头上左右摇动。

(7)道岔开通信号:表示进路准备妥当,准许列车通过道岔区段。

昼间——拢起的黄色信号旗高举头上左右摇动。

夜间——白色灯光高举头上。

2. 调车手信号

(1)停车信号,同列车手信号。

(2)减速信号,同列车手信号。

(3)指挥机车、车辆向显示人方向来的信号:

昼间——展开的绿色信号旗在下部左右摇动。

夜间——绿色灯光在下部左右摇动。

(4)指挥机车、车辆向显示人方向稍行移动的信号:

昼间——拢起的红色信号旗直立平举,再用展开的绿色信号旗左右小摇动。

夜间——绿色灯光下压数次后,再左右小摇动。

(5)指挥机车、车辆向显示人相反方向去的信号:

昼间——展开的绿色信号旗上下摇动。

夜间——绿色灯光上下摇动。

注:对显示本条第(2)、(3)、(4)、(5)项中转信号时,昼间可用单臂,夜间可用白色灯光依次中转。

(6)道岔开通信号,同列车手信号。

(7)连接信号:表示连挂作业。

昼间——两臂高举头上,使拢起的手信号旗杆成水平末端相接。

夜间——红、绿色灯光(无绿色灯光的人员,用白色灯光)交互显示数次。

(8)停留车位置信号:表示车辆停留地点。

夜间——白色灯光左右小摇动。

(9)三、二、一车距离信号:表示推进车辆的前端距被连挂车辆的距离。

昼间展开的绿色信号旗单臂平伸,夜间绿色灯光在距离停留车三车(约60m)时连续下压三次,二车(约40m)时连续下压两次,一车(约20m)时连续下压一次。

3. 听觉信号

遇需要的情况时,司机鸣笛。

(1)列车接近施工地点前,鸣笛一长声;

(2)呼唤邻线列车紧急停车时,鸣笛连续短声;

(3)推进运行前部司机发现异常,要求停车时,鸣笛连续短声;

(4)列车退行时,鸣笛两长声;

(5)司机要求显示信号时,鸣笛两短声加一长声;

(6)回示信号,鸣笛一短声。

任务二　认识行车组织机构

城市轨道交通运营过程中的工作根据工作性质可以分为四类,包括车站服务组织、行车组织、车辆驾驶和城市轨道交通设备维护检修。一般,上述各类工作对应的工作岗位见表1-10所示。

城市轨道交通运营工作及岗位群　　　　　表1-10

工　作	岗　位　群
车站服务组织	站务员、客运综控员(客运值班员)、信号楼值班员
行车组织	综控员(行车值班员)、调度员
车辆驾驶	电动列车司机、内燃机车司机
运营设备维护检修	车辆维检修、线路维检修、通信信号维检修、供电维检修、综合机电维检修、土建设施维检修

车站服务组织是指在车站按照运输计划办理行车作业,执行客运组织,提高客运服务。其核心岗位包括站务员、值班站长和信号楼值班员。站务员的关键业务有:工作交接、充值作业、售票作业、监票作业、补(退)票作业、闸机/自动售票机 TVM/半自动售票机 BOM 设备维护、闸机票箱更换以及维护、客服、设备故障处置、突发事件处理等。

行车组织是城市轨道交通运营组织最核心的组成部分,是综合运用各种运输技术设备,组织协调客运活动的技术业务。它通过采用先进的行车方式和组织方法,使城市轨道交通内部各专业部门或单位密切联合协作,建立正常稳定的运输秩序,充分发挥各种运输技术设备的效能,以保证安全、正点、优质、高效地完成乘客运输任务。行车组织主要内容有:正常情况下行车组织、非正常情况下行车组织、调车工作、列车运行图、行车调度、车站行车工作细则、行车事故处理等。行车组织的核心岗位包括综控员和调度员两类。综控员的主要业务包括:工作交接、送电前准备、设备监视以及作业、行车作业办理、施工以及计表监护、故障处理、突发事件处理等。调度员的主要业务包括工作交接、行车调度、与其他部门的协调配合、监控与监视、异常情况处置、突发事件处理等。

车辆驾驶是指驾驶电动列车、内燃机车在轨道线路上提供运输服务。主要岗位有电动列车司机和内燃机车司机两类;电动列车司机主要业务包括交接车作业、试车作业、正常情况下的运营行车、非正常情况下的运营行车、乘客服务、车辆的故障处置、突发事件的处理、车辆技术支持等;内燃机车司机主要业务包括静态试车、调车/转线作业、维修/施工作业、抢险救援、车辆故障处理、日常维护保养、机车维修、新车验收等。

城市轨道交通设备维护检修是指按照维护检修计划,执行维护检修规程,保证设备良好运行状态的活动。主要岗位包括车辆维护检修、供电维护检修、通信信号维护检修、综合机电维护检修、土建设施维护检修、线路维护检修六类。主要工作业务基本相似,以车辆维护检修为例,主要包括工作交接、日检(静态检查、动态检查、维修更换)、列检(静态检查、动态检查、自检故障处理、互检和试车验收)、月修(维护保养、静态检查、维修更换、基础数据测量、动态测试和故障排查)、故障处理、救援/抢险等。

知识链接

2007年北京市轨道交通指挥中心建设竣工。2008年投入使用,它是目前亚洲规模最大、整合度最高的指挥中心,第一次集中整合了全市轨道交通线路的行车组织、电力控制、环境控制、自动售(检)票等各个专业系统;第一次整合乘客信息系统,实现乘客信息系统的跨线路分布;第一次实现各线路运营商之间的运营信息资源整合共享;第一次将综合监视和应急系统整合在一个平台上;第一次实现多条线路同时开通自动售检票系统,统一乘客服务界面;具备4h完成1000万客流产生的交易数据清分能力;第一次实现北京市轨道交通路网客流实时统计。

北京市城市轨道交通线路的集中统一指挥,标志着轨道交通进入网络化运营的新阶段。

一、城市轨道交通指挥中心

一般情况下城市轨道交通的线路是分线组织行车的,在向网络化运营发展的进程中,有些城市比如北京成立了城市轨道交通指挥中心(Tvaffic Control Center,简称TCC),对城市轨道交通线路进行协调统筹,其职能见图1-22所示。北京市轨道交通指挥中心(TCC)的主要职责如下:

(1)组织研究制订线网运力配置计划,并监督执行。

(2)组织研究制定线网调度规则。

(3)负责审查各运营商突发事件应急处置预案,组织制订线网各运营商间突发事件应急处置配合预案。

(4)协调指挥线网突发事件应急处置。

(5)向市政府应急指挥中心及政府相关部门报送突发事件应急处置工作信息。

(6)组织制定轨道交通线网乘客信息的发布规则等。

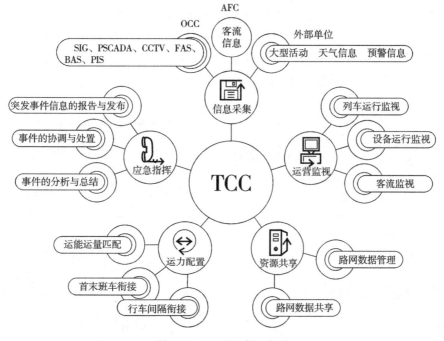

图1-22 TCC的职能示意图

以北京市为例，城市轨道交通网络运营管理的机构框架如图1-23所示。其中每条线路对应一个列车调度指挥中心（Opevating Control Center，简称OCC），构成一线一中心的行车指挥体系。

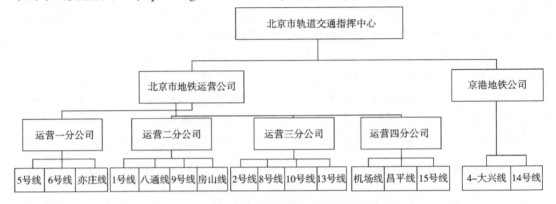

图1-23 城市轨道交通网络运营管理机构

城市轨道交通系统运营管理过程涵盖了多专业的保障体系，主要有运营管理、车辆、建筑结构、机电、通号、线路、供电等，如图1-24所示。

图1-24 城市轨道交通主要专业保障体系

对于不同的运营公司，运营管理部门的组织架构大致相同。运营公司运营部门的组织结构和岗位分布，如图1-25和图1-26所示。

二、线路列车运行控制中心

列车调度指挥中心（OCC）通常为轨道交通的指挥执行机构，OCC的调度指挥与乘务的列车驾驶和车站场的接发列车构成行车组织的核心，如图1-27所示。

列车调度指挥中心（OCC）负责组织列车按图运行，在列车秩序紊乱时及时采取列车调整措施，恢复正常列车运行秩序。城市轨道交通行车组织必须坚持安全生产的方针，贯彻高度集中、统一指挥、逐级负责的原则。一般对于一条线路而言，行车组织机构如图1-28所示。

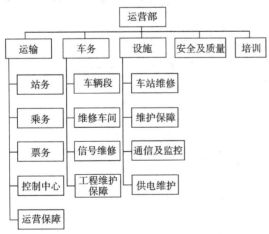

图1-25 北京某运营公司运营部门组织结构

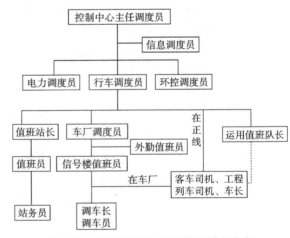

图1-26 深圳某运营公司运营部门岗位分布

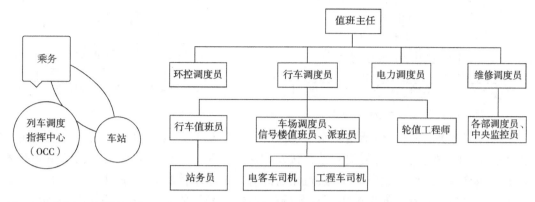

图1-27 行车组织的核心示意　　　　图1-28 行车指挥机构

某条线路的控制中心一般由四个调度班组人员轮值,实行四班两运转制度。每班组设置 1 名值班主任(或称调度长)、2 名行车调度员、1 名环控调度员、1 名电力调度员、1 名维修调度员。控制中心平面示意,如图 1-29 所示。相关教学资源见二维码 6。

二维码 6

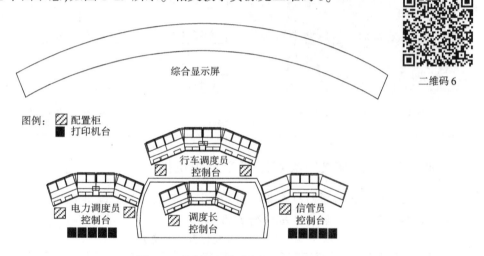

图1-29 控制中心平面示意

控制中心的基本职责是:运营行车调度指挥;运营供电、环控监控;行车信息发布;施工管理;行车业务。

许多线路的运营管理采用了站区制行政管理制度,一条线路分成若干站区,一般一个站区 3~5 个车站,实行站区长负责管理的制度。站区行政管理体系,如图 1-30 所示。

三、车站行车岗位

地铁车站是地铁运营生产的第一现场,是行车组织的基层管理单位。从 2002 年起,北京地铁公司开始进行站区管理体制改革,比如 13 号线组建了西直门站区、霍营站区和东直门站区;1 号线组建了苹果园站区、公主坟站区、王府井站区和四惠站区等。站区岗位配置一般是站区长 1 人,党支部书记 1 人,安全运营副站区长 1 人,服务、票务副站区长 1 人等。

车站的岗位设置一般有站长、值班站长、值班员(有时称综合控制员、督导员)、站务员、安全检查和安保人员以及其他助理人员等,如图 1-31 所示。

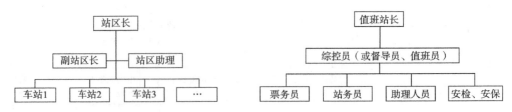

图 1-30 站区行政管理体系　　　　　图 1-31 车站主要岗位

与行车有关的岗位,包括值班站长、综控员、站务员等。其中值班站长和综控员主要在控制室值守,外勤综控员有时需要到站台接发和指挥列车。车站的有关行车设备主要布置在控制室,比如行车控制台、紧急后备盘、行车备品等。某车站控制室,如图1-32所示。

车辆段与行车有关的岗位主要有车场调度员、信号楼值班员等,如图1-33所示。

图 1-32 某车站控制室图片　　　　　图 1-33 车辆段行车有关岗位分布

实训1-4　调研某城市某线路行车组织机构

地铁线路有什么样的行车指挥机构?请调研所在城市或其他城市的行车组织机构并完成车站岗位以及职责情况调研表格(表1-11)。

车站岗位以及职责情况　　　　　表1-11

车站岗位	站长	值班站长	值班员	综控员	督导员	站务员	…
有无此岗位							…
岗位职责							…

复习思考题

一、判断题(正确的画√,错误的画×)

1. 挤岔是指列车逆向经过道岔且道岔位置不正确,列车车轮挤过道岔使尖轨与基本轨分开。（　　）

2. 挤岔是指列车顺向经过道岔且道岔处于四开状态,列车车轮挤过道岔使尖轨与基本轨分开。（　　）

3. 道岔是指使列车从一条线路转入或跨越另一条线路的连接及交叉设备。（   ）
4. 掉道是指列车逆向经过道岔且道岔不正确,车轮一个在直轨上、一个在曲轨上由于轨距加大造成车轮脱离钢轨。（   ）
5. 开通直股或经常开通的位置是道岔的定位。（   ）
6. 开通侧向或不经常开通的位置是道岔的反位。（   ）
7. 顺向道岔是使列车先经过辙叉心,后经过尖轨的道岔。（   ）
8. 逆向道岔是使列车先经过尖轨,后经过辙叉心的道岔。（   ）
9. 正线是连接车站并贯穿或直股伸入车站的线路。正线分为区间正线和站内正线。站内正线兼作到发线。（   ）
10. 到发线是供列车在车站到达、发出时使用的线路。（   ）
11. 站线是指车站内正线及指定其他用途的线路。（   ）
12. 联络线是连接两条独立运营的线路或正线与车辆段间的线路。（   ）
13. 分界线是隔离开列车运行的固定设备,为相邻区间或闭塞分区分界点。它包括进(出)站、防护信号机,超速防护自动闭塞的分界标及自动闭塞的通过信号机。（   ）
14. 站界是车站与区间的分界点。在单线线路上,以进站信号机机柱的中心线作为车站与区间的分界线;在双线线路上,以车站同方向的进站、出站信号机机柱的中心线为车站与区间的分界线。（   ）
15. 信号机防护的一方为外方,反之为内方。（   ）
16. 能看到信号机显示的一方为前方,反之为后方。（   ）
17. 停车手信号显示为红色灯光;无红色灯光时,白色灯光上下急剧摇动。（   ）
18. 减速手信号显示为黄色灯光;无黄色灯光时,白色灯光或绿色灯光下压数次。（   ）
19. 发车手信号显示为绿色灯光上弧线向列车方向作圆形转动。（   ）
20. 通过手信号显示为绿色灯光。（   ）
21. 临时停车信号显示为红色灯光高举头上左右摇动。（   ）
22. 引导手信号显示为黄色灯光高举头上左右摇动。（   ）
23. 道岔开通信号显示为白色灯光高举头上。（   ）
24. 指挥机车、车辆向显示人方向来的信号显示为绿色灯光在下部左右摇动。（   ）
25. 指挥机车、车辆向显示人方向稍行移动的信号显示为绿色灯光下压数次后、再左右小摇动。（   ）
26. 指挥机车、车辆向显示人相反方向去的信号显示为绿色灯光上下摇动。（   ）
27. 连接信号显示为红、绿色灯光交互显示数次,无绿色灯光时红、白色灯光交互显示。（   ）
28. 前方站是对列车运行而言,列车前方将要到达的车站。（   ）
29. 后方站是对列车运行而言,列车将要离开或已经离开的车站。（   ）

二、简答题
1. 城市轨道交通是由哪些行车设备构成的?
2. 地铁运营公司是由哪些部门来进行行车组织的?
3. 说说有哪些岗位来参与行车组织?

项目二　城市轨道交通正常行车组织

学习目标

1. 知识目标
(1) 了解列车运行组织方式；
(2) 了解列车驾驶模式；
(3) 了解行车调度员日常行车工作；
(4) 了解正常情况下的行车闭塞方法；
(5) 掌握自动列车运行调整的原理；
(6) 学会闭塞技术的应用；
(7) 了解车站行车控制台以及控制台的使用；
(8) 了解车站行车人员的日常工作。

2. 能力目标
(1) 了解列车运行组织方式和列车驾驶模式；
(2) 了解并能复述行车调度员日常行车工作；
(3) 了解正常情况下的行车闭塞方法；
(4) 掌握自动列车运行调整的原理；
(5) 认识车站行车控制台以及会使用控制台；
(6) 能够进行车站行车人员的日常工作；
(7) 能够进行正常情况下车辆段(场)行车组织；
(8) 能够进行乘务管理，了解司机的作业过程。

3. 德育目标
(1) 树立按照计划行车的意识；
(2) 理解"行车无小事"的安全重要性；
(3) 培养团队协作的能力和严谨的工作作风。

项目案例

北京地铁10号线，是北京市的第二条环线地铁，为北京地铁线网中非常重要的一条线路，也是目前北京地铁系统中最繁忙的线路。该线全长57.1km，设45座车站(其中换乘车站24座)，1座车辆段和2座停车场；线路标识色为天蓝色。2013年5月5日10号线全线开通，成为一条完整的环线。全线在规划线网中与北京地铁4号线、16号线、8号线、5号线、15号线、

14号线、3号线、6号线、1号线、7号线、12号线、9号线以及北京机场轨道交通线、轻轨2、3号线等17条轨道交通线路衔接,共形成24个换乘节点。见图2-1北京地铁10号线示意图。

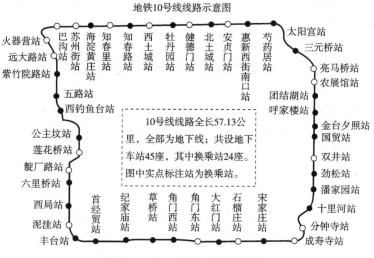

图 2-1 北京地铁 10 号线示意图

全线共设有一个车辆段和两处停车场,作为车辆停放和车辆检修处所,即巴沟车辆段、五路停车场和宋家庄停车场。10号线与4号线间联络线有海淀黄庄联络线。10号线与5号线间联络线称为双和联络线。10号线与8号线间联络线称为安北联络线。10号线与9号线间联络线称为六里桥联络线。10号线与14号线间联络线称为西局联络线。10号线行政管理实行了站区管理制,其管辖范围划分见表2-1。

北京地铁 10 号线站区划分　　　　　　　　　　表 2-1

设备集中站	管辖范围	设备集中站	管辖范围
巴沟站	巴沟站、苏州街站	成寿寺站	潘家园站、十里河站、分钟寺站、成寿寺站
海淀黄庄	海淀黄庄站、知春里站	宋家庄站	宋家庄站、石榴庄站
牡丹园站	知春路站、西土城站、牡丹园站、健德门站	大红门站	大红门站、角门东站、角门西站
安贞门站	北土城站、安贞门站	首经贸站	草桥站、纪家庙站、首经贸站、丰台站
惠新西街南口站	惠新西街南口站、芍药居站		
太阳宫站	太阳宫站、三元桥站	西局站	泥洼站、西局站
农业展览馆站	亮马桥站、农业展览馆站、团结湖站、呼家楼站	六里桥站	六里桥站
		莲花桥	莲花桥站、公主坟站
劲松站	金台夕照站、国贸站、双井站、劲松站	车道沟站	西钓鱼台站、慈寿寺站、车道沟站
		火器营站	长春桥站、火器营站

据北京地铁官网提供数据,10号线2013年5月份贯通试运营后,客流已跃居北京市路网第一,最高日客运量已经超过200万人次,工作日日均190万人次。北京地铁公司为确保安全,必须采用多种措施及方式,不断提高运力,才能完成如此高的客运任务,这给日常的行车组织带来了极大困难。

任务描述

城市轨道交通应如何进行行车组织？控制中心行车调度员应如何指挥监督列车运行？车站行车人员应如何接发列车？列车在区间的运行如何才能保障安全？

任务一　正常情况下控制中心的行车组织

在我国的大部分城市，通常由列车调度指挥中心（OCC）担任城市轨道交通系统的列车指挥工作。列车调度指挥中心（OCC）是城市轨道交通企业的运营生产指挥部门，负责所辖各条轨道交通线路行车、电力、消防、环控及票务等的列车运行调度和突发事件处理等工作。

知识链接

2008年北京市地铁圆满完成奥运交通保障任务

进入2008年，按照"大事不出、小事减少、严格管理、秩序良好"的高标准，地铁公司围绕持续提高运力、加强行车组织、营造温馨站车环境、提高服务水平等方面全力以赴备战奥运。

1号线新车增置到位，2号线信号改造和新车到位，同时将行车间隔缩小至2分半钟，运力提高52.5%。13号线编组由4辆改扩成6辆编组，同时改造供电系统，运力提高50%。八通线新车到位同时将现有列车由4辆改扩成6辆编组，同时改造折返线工程，将行车间隔缩小至3min，运力提高75%。2008年奥运前，5号线、10号线、奥运支线（8号线）三条新线投入运营。5号线增置新车到位，缩小行车间隔到3分半钟。

5月27日，地铁公司在北京青年宫隆重召开了"服务奥运、保障奥运、奉献奥运"动员誓师大会。7月28日，地铁公司出台了《关于成立地体奥运会、残奥会赛时运营总指挥部的通知》等系列通知和方案，建立起地铁奥运运输服务保障协调指挥体系。

7月30日、8月2日、8月5日进行三次奥运会开幕式彩排。按照北京奥运会各项赛事赛程安排，各场观众数量，综合考虑机动车单双号限行，错峰上下班，持票观众和持证人员免费乘车等相关政策的实施，全面分析地铁客流流向和变化特点，精心编制了新的列车运行图，延长运营时间，适时增开临时列车，并利用计算机反复模拟论证。通过缩短运行间隔，延长运营时间以及早晚高峰时间段，扩大列车编组数等措施，把地铁现有运力提高到极致。24h不间断运营，对车辆设备运行质量考验极大，对运营管理指挥要求极高。

8月8日至8月9日，北京地铁全路网不间断运营45h，创造了北京地铁连续运营时间最长的纪录。在45h中，共开行列车8958列，运送乘客614.2万人次，列车正点率达到100%，完成了奥运主场馆区近80%人员的疏散任务；特别是开幕式结束1h内快速疏散2.7万人，为90min实现观众疏散做出了突出贡献。

从7月19日8号线开通到9月20日残奥会结束，两个月的63天中，北京市地铁共运送乘客2.33亿人次，日均370万人次，最高日为8月22日的492.2万人次。共开行列车237807列，加开临客992列。列车运行图兑现率达到99.8%，列车正点率99.8%以上。实践检验证实，地铁已经成为名副其实的奥运交通保障的主力军。

一、列车运行组织方式

(一)列车调度指挥中心(OCC)的主要工作

列车调度指挥中心(OCC)有关列车指挥工作主要包括:

(1)组织制定行车、电力、环控调度规程,参与运营技术管理、行车组织等规程及突发事件预案,并组织实施。

(2)组织、控制有关行车人员按运行图行车;遇到列车晚点和突发事件时,应及时采取调整措施,迅速恢复列车正常运行。

(3)密切注意客流动态,并按规定负责下达和通知自动售(检)票系统有关单位实行相关运营方案。

(4)负责行车、设备事故及突发事件的救援抢修的调度指挥,采取有效措施防止事故扩大,尽快恢复正常运行;按事故报告程序及时做好上报和下达工作。

(5)负责编制和组织实施正线的施工、调试列车的作业计划。

(6)建立、健全生产运营、调度指挥等各项原始记录、统计和分析表,并按规定向上级主管部门上报。

(7)维护调度纪律,督查各基层单位执行行车调度员调度命令和有关规章制度的情况,发现问题应立即采取相应措施。

(二)列车运行组织方式分类

列车运行组织按照组织控制主体,分为遥控和站控两种方式。列车运行组织按照列车运行设备和过程,分为如下三种方式,即调度集中控制下的列车运行组织、调度监督下的列车自动运行组织和调度监督下的半自动运行组织控制方式。如图 2-2 所示。

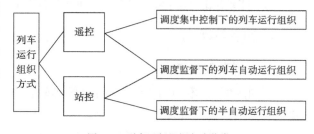

图 2-2　列车运行组织方式分类

1. 调度集中控制下的列车运行组织

调度集中控制下的列车运行组织是在行车调度员的统一指挥下,采用自动闭塞技术,利用调度集中的行车设备对列车进行直接指挥运行的组织方式。此时调度集中设备能实现如下功能:

(1)远程控制各车站信号机、道岔和进路安排。

(2)远程监督列车运行状态、信号机状态、道岔以及区间占用情况等。

(3)可自动或人工绘制实际列车运行图。

(4)远程指挥组织进行列车运行调整。

2. 调度监督下的列车自动运行组织

调度监督下的列车自动运行组织,是指行车调度员能监督现场设备和列车运行状态,但不能直接进行控制列车运行的组织方式。

调度监督下的列车自动运行组织与调度集中控制下的列车运行组织两种组织方式,主要区别在于是否远程控制各车站信号机、道岔和进路安排。

多数城市轨道交通线路正常情况下采用此种运行组织方式。此时，调度监督设备一般采用 ATC 系统，可以实现的功能有如下几个方面：

(1) 储存多套列车运行图，按照列车运行图自动进行行车指挥。

(2) 对正线列车实行自动跟踪，显示列车运行状态、信号机状态、道岔以及区间占用情况等。

(3) 自动或人工对列车进行运行调整。

(4) 可以实现控制权在控制中心和车站之间转换。

(5) 具有 ATO 系统。

(6) 可自动或人工绘制实迹(或实际、或实绩)列车运行图，并进行运营数据统计。

3. 调度监督下的半自动运行组织

调度监督下的半自动运行组织，是在控制中心行车调度员的统一指挥下，由车站行车人员操作车站微机联锁或电气集中联锁设备或临时信号设备控制列车运行的组织方式。早期建成的城轨线路部分采用该方式组织列车运行，一些新线由于信号系统尚未安装调试完毕，在过渡期采取这种方式进行行车组织，可实现的功能有如下诸方面：

(1) 利用车站信号系统具有的联锁功能，车站行车人员对进路排列、道岔转换、信号开放实行人工操作。

(2) 实时反映进路占用、信号以及道岔等工作状态，对列车运行进行监护。

(3) 储存信号开放时刻、道岔动作、列车运行等运行资料并供需要时调用。

(4) 车站根据中央指令对列车运行进行调整。

(5) 计算机自动或人工绘制列车实际运行图。

二、列车驾驶

(一) 列车驾驶模式

不同的城市、不同的线路、不同的车型车辆的驾驶模式略有区别，城市轨道交通车辆的驾驶模式归纳有如下五种：

1. 列车自动驾驶模式(又称 ATO 模式，还有称 AM 模式)

在此模式下，列车的启动、加速、惰行、制动、精确停车、开(关)门及折返等所有运行指令由车载信号设备控制发出，通过信号系统与列车网络通信提供给列车牵引/制动系统及门控系统，不需司机操作。ATO 在 ATP 的监督下根据给定的速度曲线控制列车的运行，并在超过最大允许速度时实施紧急制动。进入 ATO 驾驶模式后，若系统设备正常，没有人工干预，此驾驶模式维持不变。

ATO 模式下，客室开门方式可通过司机台上的【门模式】开关进行选择，可选择"自动开/关门"、"自动开门/人工关门"、"人工开/关门"三种模式。列车在站台规定位置停稳时，门允许灯亮，此时开关门指令有效。

总之在自动驾驶模式下，站停时间结束时，车门、站台屏蔽门自动或人工关闭，司机按压 ATO 启动按钮，列车离站。列车正线的运行一般采用此驾驶模式，遇紧急情况或需要时随时可以人工干预。

2. 监控人工驾驶模式（或称 ATPM，或称 SM 模式，或称 CM 模式）

在此模式下，列车的速度、监控、运行及制动等所有运行指令在车载信号设备限制下由司机人工操作，ATP 根据给定的速度曲线连续监督列车的运行，并在超过最大允许速度时实施紧急制动。

开关车门由司机人工控制，列车在站台规定位置停稳时，门允许灯亮，此时开（关）门指令有效。驾驶培训时，或当 ATO 设备故障但 ATP 设备良好时采用该驾驶模式门。

3. 限制人工驾驶模式（或称 RM 模式、或称 SR 模式）

在此模式下，列车的速度、监控、运行及制动由司机操作，车载信号设备仅对列车特定速度（25km/h）进行超速防护。车载信号设备在列车超速（大于 25km/h）时实施紧急制动。

开关车门由司机人工控制，进行列车车门及屏蔽门的开关作业。

列车在车辆段的运行或正线联锁、轨道电路或轨旁 ATP 设备或 ATP 列车天线故障、列车紧急制动后均采用此驾驶模式。此模式下，列车不响应车站控制室或站台紧急停车按钮触发的紧急停车制动指令。

4. 非限制人工驾驶模式（又称车载信号设备切除模式，或称 URM 模式，还有称 NRM 模式，还有称 IS 模式，或称 BY 模式）

切除模式用于在车载信号设备关断情况下的列车运行。在此模式下，列车的速度、监控、运行及制动完全由司机操作，没有 ATP 超速防护。司机根据信号机的显示和行车调度员的命令驾驶列车。

只有在 ATP 故障时或车辆部分设备检修测试时使用该模式，属于故障级驾驶模式。有的线路采用该模式，最高运行速度达 80km/h，后退时最高速度达 10km/h，不同车型，这两个速度参数也可能不同。

5. 自动折返驾驶模式（AR 模式或 STBY 模式或 SH 模式）

在设有自动折返功能的折返站常采用此模式。自动控制列车折返，司机可以不在列车上以及不加干预进行折返作业，司机仅负责检查自动折返前乘客下车完毕，车门关好，才选择此模式。

需要说明的是，不同线路车辆驾驶模式不尽相同、称呼也不同，如表 2-2 所示。除上述常见驾驶模式外，还有车辆段调车模式（又称 SH 模式）等。常见驾驶模式，如表 2-2 所示。不同驾驶模式下客车运行速度也是有不同的限制的。如表 2-3 所示的是南京地铁 1 号线的不同驾驶模式下客车运行速度。

不同线路车辆驾驶模式举例　　　　表 2-2

驾驶模式 线路	列车自动驾驶	ATP 监督下的人工驾驶	限制人工驾驶	非限制人工驾驶	自动折返驾驶
北京地铁 8 号线、10 号线和房山线	AM	SM	RM	EUM	无
北京地铁 4 号线	ATO	ATPM	RM	NRM	STBY
南京地铁 1 号线	ATO	SM	RM	URM	
重庆地铁 3 号线	ATO	SM	SR	IS	车辆段调车（SH）模式

不同驾驶模式下客车运行速度　　表 2-3

序号	项目	运行速度 ATO	运行速度 SM	运行速度 RM	运行速度 URM	说明
1	正线运行	设定速度	低于设定速度 5km/h	25	60	
2	客车通过车站	设定速度	40	25	40	客车头部离开头端墙的速度
3	客车进站停车	设定速度	50	25	50	客车头部进入尾端墙的速度
4	客车推进运行	—	—	25	10/35	单列车后部推前部为 10km/h,救援列车在被救援列车尾部推进时为 35km/h,在前端牵引运行时为 45km/h
5	客车退行	设定速度	低于设定速度 5km/h	10/25	10/35	因故在站间退回发车站时(推进/牵引)
6	引导信号	—	—	25	25	
7	客车进入终点站	设定速度	35	25	30	
8	客车载客在辅助线上运行	设定速度	25	25	25	
9	基地/车场				25	库内线路为 5km/h
10	使用制动旁路装置(BBS)	—	—	—	—	限速 40km/h,侧向过岔 10km/h

注:不同情况下对客车速度要求有交叉时,取速度低值。

(二)列车司机工作程序

1．出勤流程及所带物品

(1)司机出勤流程:签到、领取轮值班表、测试钥匙、阅读相关安全指引及通告,了解和抄阅有关行车命令、指示和安全注意事项,检查司机手提包、领取出车纸。签到领取值班表时,认真回答运转值班员的提问、听取运转值班员传达的有关事项,向当值人员报告内容。其报告格式为:××组、×××担当××××××任务,出库时间××××、申请出勤。经值班人员检查确认后方可上岗,领取有关行车用品(钥匙、时刻表、相关单据及其他行车用品)。

(2)按规定着装。司机上车所带物品包括:司机手提包、钥匙、手持电台、轮值表、出车纸、列车运行状态记录单、手信号灯、手电等。出发前登车查车,按时发车。禁止携带与工作无关的物品。

2．在车站站台作业程序

模拟演练司机在站台的作业过程,以表2-4为例,也可以根据其他线路的操作规程规定的程序为例。

3．在列车终点站作业程序

(1)停车点范围内停车。

(2)车门开启后,司机走出驾驶室进行监护。
(3)确认全部乘客下车。
(4)广播播放关门通知。
(5)关门,完成终点站清客作业。

自动防护人工驾驶列车模式下的站台作业　　　　　　　　　　　　　　表 2-4

序号	作 业 内 容	呼 唤 内 容
1	使用司控器控制列车速度 30~35km/h 进站	列车进站(对标停车)
2	缓慢制动,并控制列车车速在 20km/h 时,距离码为 50m 左右	无
3	缓慢制动,并控制列车在距离码为 10m 时,车速在 10km/h	无
4	实施制动,对标停车	无
5	观察 TOD 屏(泊位/或发车栏)显示 YES	(开左门或开右门)
6	按压(相应站台)侧开门按钮	无
7	站在驾驶室侧门处等待(HMI)显示列车门打开情况	门全开
8	开启驾驶室门,通过(PSL)确认屏蔽门打开情况	门灯亮
9	通过 CCTV 查看乘客乘降情况,完毕后按关门按钮	(关左门或关右门)
10	通过(PSL)确认屏蔽门关闭情况	(门全关)
11	确认车门与屏蔽门之间缝隙	(无异物)
12	等(出站信号)开放后,关闭驾驶室侧门	无
13	观察【(门全关闭指示)灯】及 HMI 显示屏情况	(门关好)
14	观察 TOD 显示屏发车 YES 等显示情况	发车条件具备
15	确认一切正常后,驾驶列车出站	(出站绿灯)

4. 交接班

(1)接班应按规定时间提前到站台规定位置候车。
(2)交班前值乘人员须将各种记录及交接内容准备好,向接班司机交接清楚并不得影响列车运行。
(3)确认列车到达时刻、列车表号、车次、车号。
(4)确认车辆运行状况、继续有效的行车调度命令及其他行车注意事项。
(5)交接钥匙[车门钥匙、屏蔽门就地控制盘(PSL)钥匙、司机手推门钥匙等]、手持电台及其他工具备品。

知识链接

轮 值 表

司机凭轮值表出乘,表 2-5 是个轮值表的例子。

轮 值 表　　　　　　　　　　　　　　　表2-5

任务编号	任务开始时间	接车时间	地点	车次	表号	地点	下车车次	下车时间	任务结束时间
21001	8:04	8:24	西下	1Q057	L03	天宫2	2P120	9:18	
		9:38	天宫2	2P130	L08	西上	2P130	10:32	
		10:32			用餐			11:28	
7.75h		11:28	西上	2P158	M07	安河1	1Q183	12:02	
		12:14	安河1	1Q189	N37	天宫2	2P252	13:42	
201.6km		13:54	天宫2	2P258	N04	西上	2P258	14:48	
		15:02	西上	2P266	N39	安河1	1Q295	15:36	
		15:47	安河1	1Q303	M20	西下	1Q303	16:20	16:40

注：①轮值表是司机出乘前应当明了的内容。
②本表中司机执行的任务编号为21001；任务开始时间为8:04；任务结束时间为16:40；任务历时时间为7.75h；总共运行里程为201.6km。
③司机出勤地点为西下；司机退勤地点为西下。
④司机用餐时间为56min。
⑤车次说明：字母P、Q表示列车终点站代号。

5. 列车故障报修和退勤

(1)值乘后司机应将列车在运行中发生的故障现象及处理情况如实填写在规定的单据上。

(2)列车回库后，值乘司机应及时报修，并说明列车运行状况、运行中发生的故障及其他必要说明的事项。

(3)掉线列车入库后，值乘司机要与试车调车司机共同确认故障现象。

(4)交班后司机到规定地点退勤。

(5)退勤时将填写好的相关单据交值班人员，并将值乘中的车辆状况、运行情况等事宜汇报清楚；必要时(如发生事故、服务纠纷等)写出书面报告并服从安排。

(三)司机作业标准化

为了规范司机作业程序，提高司机队伍整体素质，有的地铁公司制定了司机作业标准化的要求。以下以某地铁运营公司作业标准化为例予以说明。

司机在出乘前8h内严禁饮用含有酒精类的食品，出乘前必须保证休息充分(至少有4h的卧床休息时间)，身体条件应符合乘务工作的需要，准时出勤作业。动车司机出勤和接车时间：一般在距开车前20min出勤和接车，并在开车时间3min前到达指定地点立岗、接车。动车司机在出勤时，应了解和抄阅有关行车命令、指示和安全注意事项，领取报单后方可上岗。应按规定标准化着装，携带《地铁电动客车驾驶证》、司机手账等，领取钥匙、时刻表、相关单据等其他行车备品。禁止携带与工作无关的物品。

1. 接班作业标准化

在接班时，要进行"六确认"和"一了解"：

(1)确认列车到达时刻和运行早晚点情况。

(2)确认列车表号和车次。

(3)确认列车故障记录单和司机报单。

(4)确认四方钥匙、屏蔽门就地控制盘(PSL)开关门钥匙、司机手推门钥匙等工具备品齐全。

(5)确认列车车辆技术状况。

(6)确认继续有效的调度命令。

(7)了解有关行车注意事项。出勤时唱诵:出勤轮乘组按规定时间到达出勤地点唱诵××组×××担当平(节假日、双休)日××轮乘日××时××分,申请出勤。二次出勤:按接车规定时间提前5min到轮乘值班室轮乘组唱诵××组接××表×××次列车,提前3min到接车位置。

2. 交班作业标准化

在交班退勤时:

(1)交(接)班司机必须到规定地点退勤。

(2)退勤时将填写好的司机报单交乘务调控员,并将值乘中车辆状态、运行情况、出现的问题等事宜汇报清楚;发生事故或服务纠纷时,应写出书面报告,必要时回段退勤。退勤时到轮乘值班室唱诵××组值乘××车××次列车运行正常,下次出勤时间××时××分。轮乘结束退勤:××组担当××表××车,列车运行正常,轮乘结束,填表后唱诵××组×××于×××年××月××日担当(白、夜)××时××分,××地,出勤。

3. 正线驾驶作业姿势标准化

关于正线驾驶姿势及要求也作了如下规定:

(1)正司机:正线驾驶时必须挺胸抬头,右手握住牵引手柄,不做呼唤应答时左手食指放于电笛按钮上;双脚平放,不得将双腿双脚交叉,不得抖动双腿。

(2)副司机:驾驶室立岗时,必须位于正司机左侧,姿势端正,双手自然下垂,不得将手放于裤兜或交叉在胸前;身体不得倚靠车内任何部位,不许东张西望,在电客车运行不稳时可用右手扶住司机台扶手;为了保持身体的平衡性,副司机也可将左脚向左前跨立一小步,以保持身体平衡。

(3)司机值乘时,身上不许背负任何包裹,手里禁止携带任何物品。司机不许接打任何与工作无关的电话,手机须调为振动状态。在有副司机时,如有紧急情况须让副司机接听并传达;严禁在驾驶室内闲聊、嬉笑打闹。禁止向轨行区内抛弃任何杂物。副司机应严格按照正司机的命令完成各项工作任务。

4. 呼唤应答动作标准化

左手臂端平,左手握拳,食指中指并拢平伸,指尖须指向确认内容。手指同时眼看须确定部位。口中呼唤确认内容,声音洪亮,吐字清晰。有副司机时,一般情况下正司机先呼唤,副司机后复诵;只有在确认驾驶室门是否锁好时由副司机先呼唤,正司机复诵。常见作业呼唤标准,如表2-6所示。

常见作业呼唤标准　　　　　　　　　　表 2-6

适用作业	呼唤时机	呼唤用语	动作标准
道岔防护信号呼唤	司机能清晰看清信号机的显示时	a. 绿灯； b. 黄灯，注意限速； c. 红灯停车	手指眼看信号机，口呼信号颜色，绿灯通过/黄灯限速/红灯停车
道岔位置呼唤	列车运行到司机能清晰看清道岔位置时	a. 道岔好； b. 停车	手指眼看道岔，口呼道岔好；如果道岔位置不正确时，立即停车
列车进站呼唤	a. 列车运行至最后一个进站预告标时（大约距离车站尾端墙100m处）； b. 列车鸣笛后	进站注意！（注意的内容包括：进站限速、车站轨行区是否有异物侵入限界、客流量大小和停车标位置等）	正司机端正坐姿，副司机摆正站姿，呼唤"进站注意"
对标停车呼唤	列车运行至站台中部时	对标停车	手指眼看停车标，口呼"对标停车"，司机注意控制速度
开门作业呼唤	列车停稳，还未打开驾驶室侧门时	开左/右门	副司机到达站台时眼看口呼"开左/右门"，正司机执行开门操作；副司机直接到安全门控制箱附近立岗，听到车门开门提示铃响2声时，打开安全门
确认车门已全部打开	正司机按压开门按钮，车门已打开后	车门已开	手指眼看TMS屏，TMS上显示开门侧车门全部为黄色时口呼"车门已开"

> **实训 2-1　演练列车司机作业过程**
>
> （1）演练司机出勤出车。
> （2）演练司机在列车终点站作业。
> （3）演练司机在车站站台作业。

（四）驾驶限制速度要求

为了保证安全，列车在运行过程中在不同情况下都有相应的速度限制。深圳地铁1号线和北京地铁10号线线路允许速度，如表2-7所示。道岔侧向通过速度，如表2-8所示。北京某线列车在正线的运行限制速度，如表2-9所示。深圳某线列车运行限制速度，如表2-10所示。轨道车调车作业限制速度，如表2-11所示。

线路允许速度　　　　　　　　　　表 2-7

线路条件	北京地铁10号线速度(km/h)	深圳地铁1号线速度(km/h)
直线及曲线半径 >600m	80	60
曲线半径 395~600m	70	35~50
曲线半径 295~395m	60	
曲线半径 195~295m	50	
曲线半径 150~195m	35	

道岔侧向通过速度 表2-8

道岔型号	北京地铁10号线速度(km/h)	深圳地铁1号线速度(km/h)
12号		50
9号	30	30
7号	25	25

北京某线列车在正线的运行限制速度 表2-9

项目	速度(km/h)	项目	速度(km/h)
列车通过车站	50	退行运行	15
列车反方向运行	35	接入站内尽头线,自进入该线起	15
推进运行	30		

深圳某线列车运行限制速度 表2-10

序号	项目	ATO	SM	RM	URM	TRB
1	正线运行	设定正常速度	比照推荐速度低5km/h	25	45	45
2	通过车站	设定速度	比照推荐速度低5km/h	25	45	45
3	进站停车	设定速度	50km/h	25	45	45
4	推进(联挂/后端)	—	—	25/10	25/10	25/10
5	退行(牵引/推进)	—	—	25/10	25/10	25/10
6	引导信号	25	25	25	25	25
7	客车进入终点站	设定速度	35	25	30	30
8	车场内运行	—	—	25	25	25
9	在辅助线运行	设定速度	25	25	25	25

轨道车调车作业限制速度 表2-11

项目	限制速度(km/h)
空线牵引运行	40
推进运行	30
调动装载货物的车辆	15
在尽头线调车	5
在停车库内及维修线上运行	京5　深10
接近被连挂的车辆时	3

(五)乘务应急处理

(1)列车在运行中,列车司机遇有关行车安全的情况应及时报告行车调度员。

(2)同时应当注意做好列车广播,安抚乘客。

(3)按行车调度员指令进行应急处理。

知识链接

沈阳地铁乘务应急处理程序(以其中两种情况为例)

1. 运营中,电客车到站后不能按时发车的应急处理程序

(1)由于电客车自身原因不能按时发车时,司机的应急处置

①立即报告行车调度员;

②广播安抚乘客,按行车调度员命令执行;

③充分把握故障发生初期3min时间,按照《沈阳地铁1号线电客车故障应急处理指南》和《沈阳地铁2号线电客车故障应急处理指南》对电客车进行前期处理,3min后向行车调度员申请技术支援,如6min内无法排除故障,应及时向行车调度员申请救援;

④如需救援,在车站人员配合下清客,并做好广播工作。

(2)由于其他原因不能按时发车时,司机的应急处置

①立即报告行车调度员;

②广播安抚乘客,立即打开站台侧客室车门和安全门,待开车前关门;

③如需清客,则立即清客,并做好广播工作。

2. 运行中发生牵引供电中断故障时,司机的应急处理程序

(1)立即报告行车调度员,确认是否是由于接触网断电造成的牵引供电中断。

(2)司机尽可能维持电客车惰行进站,并报告行车调度员。

(3)电客车进站能对标停车时,应立即打开车门、安全门,听从行车调度员指挥;如需清客播放疏散广播,立即疏散乘客。

(4)当电客车不能对标停车时,应播放广播安抚乘客,听从行车调度员指挥;与站务人员配合手动打开进入站台区域的车门、安全门,组织乘客乘降。

(5)当电客车停在区间时:

①播放广播安抚乘客,听从行车调度员指挥;

②需要疏散时,待车站人员到达后,播放疏散广播,打开疏散门,并进入客室引导乘客跟随车站人员向车站疏散;

③与站务人员共同确认车厢内乘客疏散完后,关客室灯,并恢复疏散门,在确认疏散门锁好和电客车状态后,报告行车调度员,申请降弓、关闭蓄电池;

④留守在前方驾驶室;接到行车调度员送电通知后,启动电客车。确认电客车状态正常和进路安全后,报告行车调度员。

(6)按行车调度员命令恢复运行。

三、行车调度员日常行车工作

(一)调度指挥原则

1. 安全生产

在列车调度指挥工作中,必须坚持安全生产的原则,正确指挥列车运行。不能发布没有安全保障依据的命令和指示。当得到有关危及行车安全的信息时,要正确、及时、妥善处理,以保

证乘客安全为重点,组织列车安全运行。

2. 按图行车

只有按图行车,才能保持正常的运输秩序,进而保证列车的正点率。

3. 单一指挥

行车调度员是为适应城市轨道交通行车特点而设置的行车工作的统一指挥者。在列车运行调整工作中,与行车有关的人员,必须服从所在区段当班行车调度员的集中统一指挥,其他任何人不得发布与行车有关的命令和指示。

4. 下级调度服从上级调度

在列车运行组织与调整过程中,相邻调度台之间应保持紧密联系,以保证列车的正常交接。对出现的问题,双方要主动协商解决,当出现意见不一致的情况时,由上一级调度进行仲裁。一经上级调度决定,有关人员必须无条件执行。

(二)行车调度员的主要职责

(1)负责组织列车运行图的实施,遇列车偏离运行图时,调整列车运行,恢复正点。

(2)及时发布有关行车命令及各种控制命令。

(3)监视列车在站到发、区间运行情况及设备运转状态。

(4)及时、准确地处理运营线上发生的突发事件。

(5)随时掌握客流变化,及时调整列车运行间隔。

(6)及时向有关部门反馈信息。

(7)做好与其他运营线间的协调工作。

(8)负责安排施工列车的开行及施工命令的下达工作。

(9)正确填写各种报表。

(三)调度工作制度

我国许多城市的轨道交通系统根据自身的特点,制定了完整的调度工作制度,包括日常工作制度、交接班制度、分析制度、安全管理制度、业务培训制度、填写书面报告制度等。

上海地铁行车调度工作制度

1. 日常工作制度

(1)各级行车调度员必须树立安全第一的思想,严格执行《行规》及公司的各项作业及安全规定。

(2)各级行车调度员应按岗位职责的要求,积极主动地开展工作。

(3)行车调度员必须严密监控列车运行、设备运行情况,遇有突发事件及设备故障应及时处理和报修。

(4)遇有重大事件和危及运营的事件应立即向领导和公司上级部门汇报。

(5)各级行车调度员必须安全、及时、正确地完成各项行车任务。

2. 交接班制度

每日 8:30 和 20:30 为交接班时间,由交、接班主任调度员及相关专业人员参加。

交接班前，交班调度员应填写好交接班记录。交接班记录包括：运行图执行情况，运营调整，线路、信号、列车、通信等设备现状，施工情况，上班及本班最近发生的重要事件，要传阅的文件、通知等事项。

接班调度员应提前10min到达，了解上一次班后的运营情况，做好接班前的准备工作。

当列车运行秩序紊乱时，交班调度员应采取有效措施尽快恢复运行秩序，并向接班调度员交清采取的调整方案及列车、设备状况，命令执行情况及遗留事项；接班调度员对上述事项了解清楚后，方可接班，有疑问时可以推迟接班。

3. 分析制度

按分析的对象不同，总调度所建立运营分析制度、设备运用分析制度和施工分析制度。

(1) 运营分析制度：对运营生产各项指标的归因分析和重大运营事件的影响程度分析。

(2) 设备运用分析制度：根据调度系统相关设备（车辆、信号、电力等）的运行状态和故障/缺陷记录，对设备性能、状况定期分析、评估，提出使用意见或注意事项，必要时提出改进需求。

(3) 施工分析制度：对施工计划兑现情况及工时利用情况进行分析。按分析对象的时间跨度不同，总调度所建立过程分析、日分析、月分析、半年/年度分析四级分析制度。

(4) 专题分析制度：对某一特定任务组织专题分析，以便指导行车调度员更好地完成任务或进行总结。

4. 培训制度

总调度所必须建立完整的行车调度教育培训体系，开展岗前岗位资格培训和岗中提高或强化培训，以保证每一位调度员达到上岗所必备的业务技能水平，并使在岗调度员的业务技能能适应运营生产实际的需要。

(四) 工作日报

1. 实际列车运行图（又称实绩列车运行图或实迹列车运行图）标画

实际列车运行图是记录列车运行计划和当日列车运行实际情况的资料，是运营统计分析的基础。列车运行图要求准确、完整。

(1) 在不同行车管理办法下，采用不同形式的列车运行图

①在ATC设备控制下，如果设备正常，采用系统自动打印运行图，须补足运行图中未打印的断头线，及加开列车的实际运行线。

②在非ATC设备或ATC设备故障不能完成打印列车运行图时，用备用列车计划运行图，对正常运行列车，则实际线可以不画，采取在计划线上打勾。

③当列车晚点或因各种原因运行不正常时，在原有的列车运行图线基础上，按统一的格式采取人工补充标画，以达到运行图的完整、准确，便于查阅和统计人员分析。

(2) 标画内容

列车始发（终到）；折返；中途终止；换车（换表）；晚点（早点）；放站通过；反方向运行；列车故障救援。部分标画图例，如图2-3所示。相关教学资源见二维码7。

列车运行途中异常情况需要标注，在列车运行异常（如清客、迫停、列车冲突等）的区段，将事件的大致情况简单说明，有时用蓝圈（黑圈）圈起。

二维码7

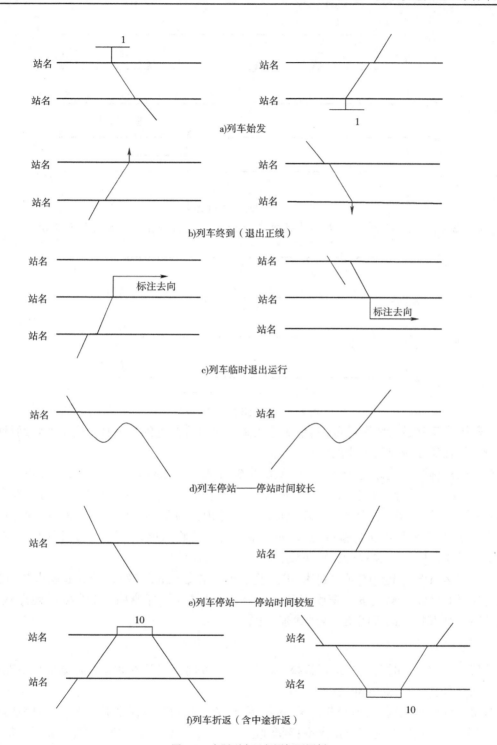

图 2-3 实际列车运行图标画图例

【**实例 2-1**】 前行列车甲在 2 号站故障请求救援,列车乙在 1 号站清客担当救援,连挂后推进至 4 号站折返线,解钩后列车乙在 4 号站上客继续运行。如图 2-4 所示。

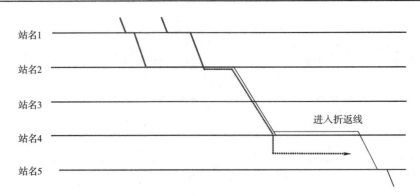

图 2-4 列车救援标注以及说明

【实例 2-2】 列车运休(用红"×"标画在计划列车运行线上)。如图 2-5 所示。

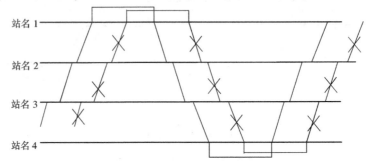

图 2-5 列车运休标注以及说明

一般图中实际运行线用红色,其车次号及文字说明用其他色笔标画。列车实际运行时分,应尽量记录在实际线与站名线的钝角处。

列车晚点标画及统计,应区分 2min 晚点及 5min 晚点。2min 晚点发车以"F"表示,到达晚点以"D"表示;5min 晚点则在"F"、"D"的标记旁标画"5'"表示。早晚点情况应标注在实际线旁(锐角内)。列车运行图中每一个晚点均须说明原因。对于同一原因引起的多个晚点,可只写一个原因,但需要指出包含哪些晚点,如当中含有其他晚点原因,也须另外标明。换车须将列车交路标于图中,并在换车表中注明原因。

每一张运行图右上角应标明到达、出发晚点列车总数(2min 晚点及 5min 晚点均应标明)以及运休、加开情况;晚点按发车晚点和到达晚点分别标明,标明格式为"2min 晚点数/5min 晚点数";运休和加开的标明格式为"载客/空车"。

2. 运营日报

值班主任每日 7 时前编写运营日报,报告前一天 6 时至当日 6 时运营计划完成情况;运营日报须送交分公司及相关部门领导。

日报主要内容包括:列车服务情况,包括事故、故障和列车延误及处理等;当日完成运送客运量、列车开行情况、兑现率及正点率;列车晚点、清客、下线、抽线、救援、加开等服务情况;当日施工计划件数及截至 6 时止的施工完成件数;有关工程车、试验列车运行方面的信息;耗电量(总耗电与牵引耗电)和车站温湿情况;接待情况说明;派班员上报的当日运营列车运营里程、空驶里程、载客里程。运营日报的格式按地铁运营部门的规定执行。

(五)调度员一日工作流程

1. 运营服务前的准备工作(相关教学资源见二维码8)

二维码8

运营服务前的准备工作是安全运营的前提,通过对技术设备、运营人员、车辆状况的检查,达到开始运营的条件,才能维护正常的运营秩序。

(1)行车调度员根据《正线施工作业一览表》检查当晚的所有维修施工及调试作业是否完毕,并已销点;线路巡视工作已完成并符合行车条件,方可进行后续的运营前准备工作。比如对于某市地铁某线路,轨行区夜间作业时间为:当日运营结束后至次日5:00,所有施工作业必须在5:00以前结束并销令。

(2)运营前30min,行车调度员的准备工作:

行车调度员检查各车站运营前的准备工作。各车站、段(场)值班站长(值班员)、信号楼调度以及派班员应及时向行车调度员汇报以下内容,见表2-12所列。

运营前30min行车调度员听取报告内容　　　表2-12

岗位	车站值班员	信号楼调度员	派班员
向行车调度员报告内容	①运营线路空闲、施工结束、线路出清、无防护行车设备正常; ②行车设备、备品齐全完好(站务人员必须检查正线上红闪灯等各种临时防护设施是否已经撤除,并按要求摆放好); ③相关人员到岗情况; ④道岔功能正常,站台无异物侵入限界	①当日使用列车、备用列车安排情况(信号楼调度传真列车出场顺序表至OCC); ②设备正常情况; ③人员到岗情况	司机配备以及就位情况

(3)试验进路、道岔的要求:

①行车调度员接到巡视完毕报告,确认线路出清后,通知联锁车站可以进行相关操作(试验进路、道岔),并把相关信号设置为自排/追踪状态,行车调度员检查相关结果。

②当试验期间发现异常,行车调度员应及时通知设备维修调度,派人检查抢修;无法修复时,应立即采取应急措施,尽可能把对运营的影响降到最小范围。

(4)确认当日《列车运行图》并核对时间的要求:

①根据运作命令的要求执行相应《列车运行图》。

②在每天运营前,行车调度员用全呼功能与车站值班员、信号楼调度、派班员核对当日《列车运行图》以及钟表时间、说明相关注意事项。

2. 运营服务期间的工作

(1)调度首班列车要求

①行车调度员应严格按照《列车运行图》指挥行车,按时组织列车进入正线,到达指定位置。

②有的线路开行首班车时,要求司机按照限速以SM模式驾驶,加强瞭望,注意线路情况。

(2)铺画列车实际运行图

①根据《行车组织规则》中的有关规定,向各报点站(报点站根据《行车组织规则》规定)收点后,铺画列车实际运行图。

②按规定的符号铺画实际运行图。

(3) 调整列车运行

正常情况下,列车的运行由 ATS 系统自动调整;必要时,行车调度员可人工介入,关闭列车的 ATR 功能。

3. 结束运营服务及列车回库安排

(1) 结束运营服务

①行车调度员根据《列车运行图》,组织尾班车正点运行,末班车禁止早点开出。

②密切关注相关大客流车站的关站情况,做好尾班车的客运服务工作。

(2) 列车回库安排

列车回库的安排,按《列车运行图》的要求,下行或上行列车都可以按顺序进入车场。备用车最后回车场。

(六) ATO 条件下正常行车作业程序(以天津地铁某线路运营为例说明)

1. 行车前准备工作程序

首项作业须在开站前 1h 进行,所有准备工作须在开始运营前 30min 完成。其工作程序,见表 2-13 所列。

行车前准备工作程序　　　　　　　　　　　　　　　　　表 2-13

程序及项目	岗位作业标准		
	行车调度员	车站督导员	站务员
一、线路巡道和施工线路出清	(1) 查阅《上线施工许可登记簿》,确认施工均已注销	(1) 查阅《入站、入轨施工登记簿》,确认区间、车站(包括站台)范围内工程施工负责人已做线路出清的汇报和注销	(1) 巡视站台,检查站台接触网、轨道有无影响行车和服务的情况,如有则及时通知督导员进行处理
二、行车备品准备与检查	(2) 确认各终端设备及通信设备能够正常使用,准备列车编配表	(2) 行车备品准备与检查	(2) 行车备品准备与检查
三、通信测试	(3) 接收各车站的通信测试	(3) 与邻站进行通信测试; (4) 与站台站务员进行通信测试; (5) 与行车调度员进行通信测试	(3) 与督导员进行通信测试
四、准备工作就绪汇报	(4) 逐站听取督导员的行车准备工作就绪、线路出清并进行对时,向值班调度主管汇报,并接受开始行车作业程序的授权;此作业须按《控制中心手册》规定在行车前 30min 完成	(6) 向行车调度员汇报:"××时××分××站,线路已出清,设备状态良好,具备行车作业条件;督导员×××"	

续上表

程序及项目	岗位作业标准		
	行车调度员	车站督导员	站务员
五、信号设备测试	(5)确认调度终端设备及大屏幕显示正常,将全线转为中心控制,检查全线各站的进路模式及终点站的折返模式是否正确并记录在调度日志; (6)在调度终端上,对道岔的定/反位置进行转换测试,确定定/反显示正确,将道岔固定在正确的位置; (7)中间有岔站道岔封锁于定位(中山门3/4、小东庄、钢管公司、塘沽、市民广场)	(7)确认SCC各种显示正常(即使非正常,也能满足使用要求); (8)将控制权转为中心控制	
六、接触网供电(夜间接触网有停电的情况)	(8)确认有关区段线路出清,具备通电条件后,授权电力调度员供电,并接受其供电良好的汇报		
七、时刻表的选择	(9)根据当天运营需要选择时刻表,由值班调度主管确认		

注:如果道岔测试不成功,设备不能正常工作,应立即通知维修人员,进行登记和处理。

2. 中间站接发车程序及站台作业程序

中间站接发车程序及站台作业程序,见表2-14所列。

中间站接发车程序及站台作业程序　　　　表2-14

程序标准		岗位作业标准			
程序	项目	行车调度员	车站督导员	站务员	司机
一、接车	1.接车作业	(5)通过调度终端和大屏幕监控列车运行及到站停车情况	(3)设备站通过SCC监视列车运行情况; (4)通过SCC轨道电路的占用情况确认列车停站情况; (6)监察自动广播情况或播放必要的广播	(1)按时刻表提前3min在距紧急停车按钮(发车方向第一个)2~3m附近的黄色安全线处,观察列车、路轨、接触网有无异常	(2)列车进站停车,对标检查看停车精度①
二、站台作业(通勤列车,比照本办法执行)	2.乘降作业			(8)维持秩序并观察乘客上、下车	(7)列车到站停于规定位置,司机执行开门程序
	3.关闭车门			(10)确认车门关闭良好,无夹人、夹物情况,在距紧急停车按钮(发车方向第一个)2~3m附近的黄色安全线处,面向发车方向显示车门关闭良好手信号②,列车启动后收回手信号	(9)执行关门程序
三、发车	4.发车		(13)通过SCC、CCTV监视列车启动及运行情况	(12)列车启动离开站台时,观察列车、路轨、接触网有无异常	(11)具备发车条件时,司机按压按钮启动列车发车至下一站

注:①当列车未对标停车时,司机应向行车调度员申请转换驾驶模式进行对标停车;
　　②车门关闭良好手信号:右手单臂高举头上,掌心向前。

3. 出段作业程序(相关教学资源见二维码9)

列车出段作业程序,见表2-15所列。

二维码9

列车出段作业程序 表2-15

程序及项目	岗位作业标准				
	行车调度员	车站督导员	站台站务员	车辆段行车值班员	司机
一、出段前准备工作	(4)检查确认符合列车编配表,授权车辆段行车值班员的××次列车由转换轨××的出段请求			(2)确认转换轨空闲; (3)向行车调度员请求××次列车运行至转换轨××	(1)执行出车前例检程序,准备妥当后,向车辆段值班员请求出段
二、转换轨作业	(7)通过SCC观察到转换轨已被占用,按时刻表和列车运行计划核对车次号、DID号	(13)通过SCC、CCTV监视列车启动及运行情况	(12)按时刻表提前3min在距紧急停车按钮(发车方向第一个)2~3m附近的黄色安全线处,观察列车、路轨、接触网有无异常	(5)得到行车调度员的授权后开放调车信号,使列车进入转换轨	(6)以ATP限速下人工驾驶模式运行至转换轨停车
	(9)接受司机的通信测试,与司机核对车次号、车组号和计划DID号; (10)监控进路的开放及列车运行				(8)与行车调度员进行通信测试,转换驾驶模式为ATO模式,输入司机号并与行车调度员核对车次号、车组号、计划DID号 (11)具备发车条件后启动列车,运行中确认道岔位置
三、站台作业					(14)驾驶列车进入站台,执行站台作业程序

4. 入段作业程序(相关教学资源见二维码10)

列车入段作业程序,见表2-16所列。

二维码10

入段作业程序 表2-16

程序及项目	岗位作业标准				
	行车调度员	车站督导员	站务员	车辆段行车值班员	司机
一、确认区间空闲	(1)按时刻表,确认为回段列车,并核对车次、时刻、DID号; (4)根据调度终端及大屏幕显示、确认入段线空闲,车辆段回段信号机开放			(3)根据时刻表,确认转换轨空闲后,在回段列车到达前5min开放相应回段信号机	(2)按时刻表,确认为回段列车,并核对车次、时刻、DID号

46

续上表

程序及项目	岗位作业标准				
	行车调度员	车站督导员	站务员	车辆段行车值班员	司机
二、接车		（6）通过SCC、CCTV监视列车启动及运行情况	（5）按时刻表在距紧急停车按钮（发车方向第一个）2～3m附近的黄色安全线处，观察列车、路轨、接触网有无异常		（7）驾驶列车进入站台对标停车
三、发车	（10）监视列车运行情况；（11）观察列车离开转换轨后（转换轨无列车占用），在调度终端上删除该列车的车次窗，并在车载台上删除该列车次		（9）列车启动离开站台时，观察列车、路轨、接触网有无异常		（8）具备发车条件后（如需倒台，司机倒台后重启列车建立ATO模式，查看DID是否与回段计划相符）按压按钮启动列车发车至转换轨

5. 站后折返接发车作业程序

站后折返接发车作业程序举例，见表2-17所列。

某站站后折返接发车作业程序　　表2-17

程序及项目	岗位作业标准			
	行车调度员	车站督导员	站务员	司机
一、接车	（5）通过调度终端和大屏幕监控列车运行、到站停车、折返及发车情况，监控列车DID是否正确	（3）通过SCC轨道电路的占用情况确认列车停站情况；（4）列车进站停稳后，播放广播	（1）按时刻表提前3min到达在距紧急停车按钮2～3m附近的黄色安全线处，观察列车、路轨、接触网有无异常；（7）办理清客作业；（8）清客完毕后，在距紧急停车按钮（发车方向第一个）2～3m附近的黄色安全线处，面向发车方向显示车门关闭良好手信号（在清客完毕时兼作清客完毕手信号），作为清客完毕的表示，车门关闭后即可收回手信号；确认车门关闭良好，无夹人、夹物情况，在距紧急停车按钮（发车方向第一个）2～3m附近的黄色安全线处，面向发车方向，向司机再次显示车门关闭良好手信号，列车启动后收回手信号	（2）驾驶列车进入上行站台对标停车；（6）司机执行开门程序

续上表

程序及项目	岗位作业标准			
	行车调度员	车站督导员	站务员	司机
二、折返		(10)通过SCC观察列车完全停进折返线后,系统自动排放进路是否正确; (13)通过SCC观察列车折返情况,同时根据列车性质(客运列车、排空列车)做好相应的乘客信息广播		(9)看到站务员车门关闭良好手信号(表示清客完毕)后,关闭车门,具备发车条件后启动列车驶入折返线; (11)司机执行倒台作业,倒台后重启列车并输入司机号及DID号,建立ATO模式; (12)具备发车条件后启动列车驶入下行站台
三、发车		(22)通过SCC轨道电路的占用情况监视列车发车及运行情况	(17)维持秩序并观察乘客上、下车; (18)确认车门关闭良好,无夹人、夹物情况,在距紧急停车按钮(发车方向第一个)2~3m附近的黄色安全线处,面向发车方向显示车门关闭良好手信号; (19)如是排空列车,应在列车进入站台时维持好乘客秩序	(14)驾驶列车进入下行站台对标停车; (15)司机执行开门程序; (16)司机执行关门程序; (20)根据时刻表核对DID,具备发车条件后启动列车发车至下一站; (21)排空列车停站后不执行开门程序

6. 站务员接(发)车作业标准

(1)接车作业

①列车距站台尾端墙100m时:中间站站务员在距紧急停车按钮(发车方向第一个)2~3m附近的黄色安全线处面向来车方向敬礼接车;终点站站务员在距紧急停车按钮(发车方向第二个)2~3m附近的黄色安全线处面向来车方向敬礼接车。

②当列车车头越过站务员所在位置后,站务员保持敬礼姿势立正转体面向列车。

③遇列车开大灯时,站务员可站在紧急停车按钮附近,黄色安全线外0.4m左右,面向来车方向敬礼接车。其具体位置,可参照图2-6黑实线所示。

(2)发车作业

①观察关门情况良好,无夹人、夹物情况。

②列车车门关闭后,站务员在距紧急停车按钮(发车方向第一个)2~3m附近的黄色安全线处面向发车方向,向司机显示车门关闭良好手信号:高举右臂,掌心向前,上举手臂与身体接近于180°。

③列车启动后,收回手信号;放下右臂,然后立正转体,面向列车敬礼。

④当列车车尾越过站务员所在位置后,站务员保持敬礼姿势立正转体,面向列车发出方向。

⑤当列车离开车站头端墙100m时,站务员礼毕。

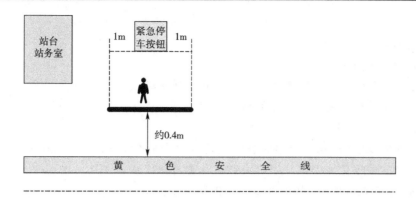

图 2-6 站务员接车位置示意图

(3)清客作业

①站务员清客完毕后,在距紧急停车按钮(发车方向第一个)2~3m附近的黄色安全线处面向发车方向,向司机显示车门关闭良好手信号(此时兼做清客完毕手信号):高举右臂,掌心向前。

②当车门开始关闭时,收回手信号:放下右臂。

③此后,比照站务员发车作业标准进行作业。

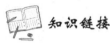知识链接

行车指挥有关规定

一、工程车开行组织规定

1.开行依据

(1)按《施工行车通告》或日补充计划或临时补修计划的规定和要求执行,发布工程车开行的调度命令;

(2)临时的特殊情况按行车调度员命令执行。

2.工程车运行指挥的规定

(1)非运营时间,行车调度员负责工程车进路监控,与工程车司机、车长的联络及与各站布置、落实工程车开行的有关事宜;负责与相关车站办理施工清点登记、审批和销点工作。

(2)工程车开车前发布好相关的书面调度命令。

(3)行车调度员在同意工程车开车前,必须在《线路施工作业登记表》上确认工程车运行的前方进路无施工作业,并在OCC联锁工作站上确认工程车运行的前方进路已准备好。

(4)在工程车出基地前,工程车司机要与行车调度员试验无线电的性能;工程车在运行中行车调度员要加强与司机和车长的联系,掌握工程车运行计划,确认进路。

(5)行车调度员组织工程车正线运行时,应尽量避免分段行车;当前方施工作业未按时结束或因特殊情况须组织工程车分段运行时,应提前一个站扣停工程车,并使用调度电话,通知工程车司机允许运行的起、止站受令人必须要原话复诵。

(6)遇到以下情况时,行车调度员应提前通知车站接发工程车:向司机发布书面调度命令;当行车调度员使用无线电联系不到司机时,须通过车站拦停工程车询问情况;临时需要拦

停工程车。

二、调试列车的行车组织

1. 开行调试列车的前提条件

(1) 在列车结束服务后的时间进行或在不开行列车的线路上进行;

(2) 开行调试列车的线路已执行线路出清程序。

2. 调度程序

(1) 行车调度员根据《施工行车通告》或《运作命令》组织安排调试列车上正线运行;

(2) 调试列车临时变更调试计划时由调试负责人批准;

(3) 根据《行车组织规则》要求做出适当保护;

(4) 向车辆段信号楼调度员、检修调度员和车站值班站长值班员发布列车上正线调试的调度命令;

(5) 布置相关车站排列调试列车的运行进路。

三、停送电程序

一般情况下地铁的牵引正常送电停电程序、紧急停电程序,如图2-7所示。

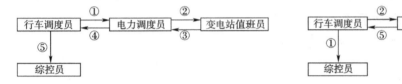

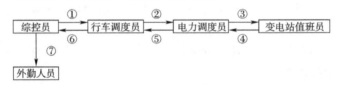

图2-7 正常、紧急送停电程序

7. 列车运行调整方法

为实现按图行车,行车调度员要努力确保列车运行正点,行车调度员应在列车出场、列车折返方式和客流组织等方面进行组织,确保列车正点始发。由于列车途中运缓、设备故障等原因,会造成列车运行晚点。此时,行车调度员应根据列车运行点和行车安全的原则,尽快使晚点列车恢复正点运行。

通常采用包括压缩区间运行时分、停站时分,停运、加开列车,提前或改晚发车,变更列车运行交路,备用车顶替运行等措施调整列车运行秩序。其具体常用的方法如下:

(1) 始发站提前或推迟发出列车。

(2) 根据车辆的技术状态、线路允许速度改变列车运行速度恢复列车运行正点。

(3)组织车站快速乘降作业,压缩停站时间。

(4)组织列车越站运行。末班车不得提前,不得越站运行,必须退回未停车的车站。

行车调度员应严格掌握列车跳停,原则上不采用跳停的方法来调整列车运行秩序;客流较大车站,原则上不安排列车通过;不允许办理连续两列车通过同一车站;列车以规定运行等级速度通过车站;通过车站的计划,原则上在始发站安排。

(5)变更列车运行交路,组织列车在具备条件的中间站折返。

(6)扣车。当一条线路的列车由于车辆或其他设备故障引起运行不正常,造成乘客拥挤时,行车调度员可采取扣车措施,将列车扣在附近车站,以缓解压力确保列车间隔。

(7)停运列车。当线路某区段中断、已不能满足在线列车运行时,行车调度员可适当抽调部分列车下线,拉大列车时间间隔运行。

8.发布调度命令的情况

一般遇下列情况须发布调度命令:

(1)封锁、开通区间时;

(2)开行施工列车、试验列车时;

(3)有关人员登乘驾驶室时;

(4)封站或解除封站时;

(5)控制权转换时;

(6)临时变更或恢复原行车闭塞法时;

(7)反方向运行时;

(8)列车限速运行时;

(9)区间疏导乘客时;

(10)列车在站通过时;

(11)列车清人时;

(12)列车救援时;

(13)行车调度员认为有必要发布的其他情况。

四、超速防护自动闭塞

(一)基本概念

二维码11

闭塞是为防止列车在区间发生冲突或追尾事故,使列车按照空间间隔或时间间隔安全运行的技术方法。也可以描述为,为保证行车安全,通过相邻两站间、闭塞分区、ATP区间或人工控制,使一条线路上对向列车不能同时开出,同向列车之间保持一定距离的技术方法,即行车闭塞法,简称闭塞。相关教学资源见二维码11。闭塞原则是保证同一区间或闭塞区间内,同时只允许一个列车占用。闭塞区间是由分界线划分的独立办理闭塞或完成闭塞功能的区间。闭塞分区是以超速防护闭塞的分界标或自动闭塞的通过信号机(包括防护信号机)为分界线,而划分的闭塞区间。

单线区间是指上下行列车都可以按规定运行在一条正线上的两相邻车站之间的线路。城市轨道交通中单线区间较为少见。双线区间是指上下行列车分别运行在各自规定正线上的两相邻车站之间的线路。城市轨道交通中由于列车间隔时间短,一般建设双线。

目前多数国内城市轨道交通采用的基本闭塞法是超速防护自动闭塞方式。

基本闭塞法是指为保证列车运行安全,地铁根据各条线路的站间距离、行车密度等因素的需要,采用不同的闭塞设备,各条线路在基本设备正常时所使用的闭塞方式。不同的线路有着不同的基本闭塞法的规定。例如北京地铁的部分基本闭塞法和技术,如表 2-18 所示。

部分基本闭塞法和技术应用　　　　表 2-18

闭塞方式	闭塞技术	应用实例	备注说明
超速防护自动闭塞	固定闭塞技术	1、13 号线、八通线	正线使用
	准移动闭塞技术	5 号线	正线使用
	移动闭塞技术	2、8、10 号线,机场线	正线使用
电话闭塞		长-礼、北-永、双立、双惠等	联络线
站间自动闭塞		前门复线	

当基本闭塞设备故障或其他原因不能使用时,为保证列车运行,达到闭塞区间只有一列列车运行的目的,而临时采用的闭塞法即代用闭塞法。不同的线路代用闭塞法的规定不同。例如北京市部分线路代用闭塞方法为:1 号线、2 号线、13 号线、八通线、机场线、5 号线采用站间自动闭塞、电话闭塞;10 号线、8 号线采用进路闭塞、电话闭塞。

超速防护自动闭塞,是一种常常作为基本闭塞方法的自动闭塞,其应用很广,是指根据列车自动防护系统和列车的运行而自动完成闭塞的一种行车组织方法。自动闭塞是指依据列车运行自动完成闭塞的行车组织方法,即将站间区间划分为若干个区间并装置轨道电路或计轴设备,在每一个闭塞分区入口处安装通过信号机,借助轨道电路自动控制通过信号机的显示,控制列车间隔的行车闭塞法。北京市地铁中常见的行车闭塞法汇总及其典型应用见表 2-19。

北京市地铁中常见的行车闭塞法　　　　表 2-19

闭塞类型	按办理方式分	按控制方式分	自动闭塞分类	闭塞技术	应用举例
空间间隔法	自动闭塞	传统自动闭塞	纯站间自动闭塞	固定式	1、13、8 号线
			纯自动闭塞	固定式	
		列车运行自动控制自动闭塞	超速防护自动闭塞	固定式、准移动式和移动式	1、2、5 号线
			站间自动闭塞	固定式	机场线
			进路闭塞	固定式	8、10 号线
	人工办理闭塞	电话闭塞			代用
时间间隔法					

区间状态包括区间占用、区间空闲、区间开通和区间封锁等状态。区间占用是指区间被列车占用,封锁区间或相邻两站已办妥闭塞手续或出站调车手续;区间空闲是指区间未被列车占用、未封锁区间并且相邻两站未办理闭塞手续且未办理出站调车手续;区间开通往往指区间无列车占用或未施工,依据调度命令,可以放列车进入区间,信号机显示进入信号;区间封锁是因施工或事故等原因,依据调度命令,在指定区间和指定时间内,禁止列车运行(以调度命令作为凭证的列车除外)。

准许列车占用闭塞区间(或闭塞分区)的依据是行车凭证。接受发车站发出列车的车站为接车站,向接车站发车的车站为发车站。

(二)闭塞技术

闭塞从技术发展角度,可以分为人工闭塞、半自动闭塞和自动闭塞。电话闭塞属于人工闭塞的一种;半自动闭塞是以半自动闭塞机作为办理闭塞的设备,目前地铁中已经很少应用;自动闭塞是地铁的运营中常常采用的闭塞技术。自动闭塞按照列车定位技术的不同,包括固定式自动闭塞、准移动式自动闭塞和移动式自动闭塞。

1. 固定式自动闭塞

固定式自动闭塞技术应用较多的有:加装 ATP 的自动闭塞常称为固定闭塞式的超速防护自动闭塞、站间自动闭塞和进路闭塞等。

超速防护自动闭塞将列车运行线路划分为若干个区间,并安装轨道电路或计轴等设备作为闭塞分区列车占用的检查,就能粗略地进行列车定位,借助轨道电路移频技术,将地面前方列车运行情况传递至车载信号设备,车载信号设备通过解调、译码等技术处理,将地面传递的信息翻译成限制速度码,指导司机按限制速度驾驶列车,实现由车载信号(ATP)系统监督人工驾驶,达到列车超速自动防护的目的。闭塞分区的划分,如图 2-8 所示。速度码系统接收到地面传递给列车的限制速度码是阶梯分级的,特别是在轨道电路分界处的限速值是跳跃式的,它对于平稳驾驶、节能运行及提高行车时是非常不利的。

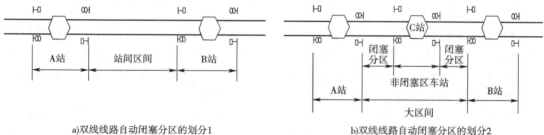

图 2-8 闭塞分区的划分
图例:⊢⊣ 站界标 ⋈ 进站信号机

对于固定闭塞式的超速防护自动闭塞,分界线包括:进、出站信号机,防护信号机,分界点信号机,分界标等。闭塞设备采用超速防护自动闭塞设备,包括:轨道电路、地面应答器、信号接口的车载设备等。闭塞实现方法,是由设备自动完成。闭塞区间是指超速防护闭塞区间(ATP 区段),车载信号行驶主体信号的职能。行车凭证一般是车载信号绿色灯光相对应的速度值和出站信号机稳定绿色灯光。工作原理和闭塞区间划分,如图 2-9 所示。

超速防护自动闭塞为基本闭塞法,可由行车调度员集中办理,也可将控制权下放由车站办理。设备实现了闭塞分区运行间隔的列车追踪运行,提高了列车通过能力,进一步保证了行车安全。

2. 准移动式自动闭塞

准移动闭塞式超速防护自动闭塞:保留线路固定分区的划分,借助于无线传输和车载设备等,根据列车前方区间占用情况和线路状况,实时计算出列车至前方目标点(前行列车所占用闭塞区间的终端)的速度曲线,确保列车运行不越过前方目标点目的。由于闭塞区间是由后续列车的制动距离和防护距离所组成,其长度随着列车前方区间空闲数量和线路状况变化而变化自动调整,故称为准移动闭塞式超速防护自动闭塞。

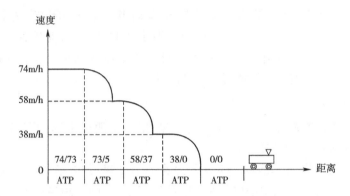

图 2-9 超速防护自动闭塞工作原理以及闭塞区间示意图

(1)分界线:出站信号机,防护信号机,分界点信号机,分界标。
(2)闭塞设备以及实现方法:超速防护自动闭塞设备由设备自动完成闭塞过程。
(3)闭塞区间:超速防护闭塞区间(ATP 区段)。
(4)行车凭证:车载信号相对应的目标速度值。
(5)工作原理:

准移动闭塞式超速防护自动闭塞是基于无限传输系统,通过地面控制中心、轨间传输电缆和车载设备的设备,将地面传至车上的前方目标点的距离等一系列基础数据,由车载计算机进行实时计算出列车允许速度曲线,并按此曲线对列车的实际运行速度进行监控,达到列车超速自动防护,确保列车运行不越过前方目标点的安全距离的目的。

准移动闭塞式 ATC 控制系统突破了传统的以固定闭塞分区阶梯分段追踪运行的观念,只要实时了解前方列车所在的 ATP 区段,通过车载计算机实时计算确保列车停在前次列车所在 ATP 区段外的最佳制动时机即可实现列车追踪运行。

准移动闭塞式 ATC 控制系统中继续保留将线路分成若干个闭塞分区的概念,列车前方目标点的安全距离为固定闭塞区间,故称为移动闭塞式超速防护自动闭塞。其工作原理以及闭塞分区,如图 2-10 所示。

准移动闭塞式超速防护自动闭塞为基本闭塞法,可由行车调度员集中办理,也可将控制权下放由车站办理。设备实现了闭塞分区最小运行间隔的列车追踪运行,提高了列车通过能力,进一步保证了行车安全。主体信号为:车载信号,地面信号机不点灯。

3. 移动式自动闭塞(相关教学资源见二维码 12)

在移动闭塞技术中,闭塞分区仅仅是保证列车安全运行的逻辑间隔,与实际线路并无物理上的对应关系,因此,移动闭塞在设计和实现上与固定闭塞有比较大的区别。其中列车定位(Train Position)、安全距离(Safety Distance)和目标点(Target Point)是移动闭塞技术中最重要的三个概念,可以称为移动闭塞的三个基本要素。移动闭塞线路闭塞分区的划分,如图 2-11 所示。

二维码 12

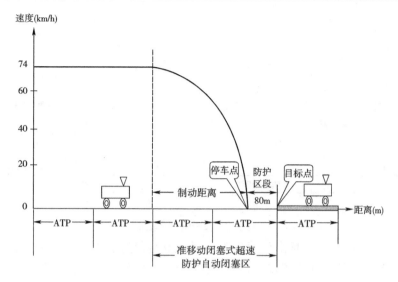

图 2-10　准移动闭塞工作原理以及闭塞分区示意

图 2-11　移动闭塞线路闭塞分区的划分

(1) 列车定位。在移动闭塞中没有轨道电路等设备作为闭塞分区列车占用的检查,被控对象基本处于动态过程中,只有了解所有列车的具体位置,以何种速度运行等信息,才能实施对列车的有效控制,所以列车定位技术在移动闭塞系统中就显得更为重要。

列车定位由地面设备和车载设备共同完成。列车定位信息的主要作用是:为保证安全列车间隔提供依据,列车控制系统对在线的每一列车,能计算出距前行列车尾部距离,或距进站信号点的距离,从而对它实施有效的速度控制。

(2) 安全距离是后续追踪列车的命令停车点与其前方障碍物之间的一个固定距离。障碍物可以是确认了的前行列车尾部的位置或者无道岔表示(道岔故障)的道岔位置。该距离是基于列车安全制动模型计算得到的一个附加距离,它保证追踪列车在最不利条件下能够安全地停止在前行列车的后方不发生碰撞。所以,安全距离是移动闭塞系统中的关键,是整个系统设计的理论基础和安全依据。

移动闭塞基本原理,即线路上的前行列车经 ATP 车载设备将本车的实际位置,通过通信系统传送给轨旁的移动闭塞处理器,并将此信息处理生成后续列车的运行权限,传送给后续列车的 ATP 车载设备。后续列车与前行列车总是保持一个"安全距离",如图 2-12 所示。该安全距离是介于后车的目标停车点和确认的前车尾部之间的一个固定距离。

(3) 目标点是移动闭塞中列车运行的行车凭证,目标点通常设在列车前方一定距离的某个位置点,一般就是前行列车的尾部或者无道岔表示(道岔故障)的道岔位置或其他障碍物,一旦设定就表明列车可以安全运行至该点。移动闭塞系统就是通过不断前移列车的目标点,引导列车在线路上安全运行。

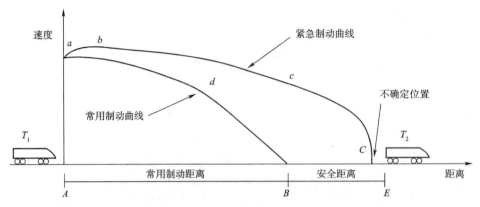

图 2-12 安全距离示意图

对于移动闭塞,闭塞区间是由后续列车的制动距离和安全防护距离所组成,其长度随着速度和线路状况变化而变化自动调整,借助于无线传输和车载设备等,根据前行列车运行位置和线路状况,实时计算出列车至前方目标点的速度曲线,确保列车运行不越过前方目标点目的。

采用移动闭塞技术和 ATP 列车防护系统的闭塞,称为移动闭塞式超速防护自动闭塞。移动闭塞式超速防护自动闭塞有如下几个基本特点:

①分界线:由无线系统传输的列车移动授权终点。
②闭塞设备和实现方法:无线通信系统、超速防护自动闭塞设备,由设备自动完成闭塞过程。
③闭塞区间:由列车长度及其前后防护距离组成。
④行车凭证:车载信号相对应的目标速度值。
⑤工作原理:基于无线传输系统,通过地面控制中心、轨间传输电缆和车载设备的设备,将地面传至车上的前方目标点的距离等一系列基础数据,由车载计算机进行实时计算出列车允许速度曲线,并按此曲线对列车的实际运行速度进行监控,达到列车超速自动防护,确保列车运行不越过前方目标点的安全距离的目的。

只要实时了解前方列车与本列车的实际间隔距离,通过车载计算机设备实时计算出列车允许速度曲线,确保列车停在安全距离外的最佳制动时机即可实现列车追踪运行。

移动闭塞式 ATC 控制系统突破了传统的以固定闭塞分区分阶梯分级式追踪运行的观念,列车间的运行间隔是动态的,并随前一列车的移动而移动,该间隔是按后续列车在当前速度下的所需制动距离加上安全富余量实时计算和控制的,确保追踪运行不追尾。列车制动时机、制动起始点和终点均是动态的,其目的是最大限度地利用机车车辆特性全速运行,尽可能缩短列车运行间隔,最有效、最合理地利用区间有限空间,提高区间通行能力。

移动闭塞式超速防护自动闭塞为基本闭塞法,可由行车调度员集中办理,也可将控制权下放由车站办理。设备实现了最小运行间隔的列车追踪运行,提高了列车通过能力,进一步保证了行车安全。正常情况下主体信号为车载信号,地面信号机不点灯。

五、自动列车运行调整

ATS 系统根据列车运行图对早晚点在一定范围内的图定列车自动进行列车运行调整。自动列车运行调整是通过控制列车的停站时间和列车的运行等级来实现的。列车的运行等级对应着不同的列车运行速度的自动控制。列车运行等级,如表 2-20 所示。

列车运行等级 表 2-20

运行等级种类	限速要求	
运行等级 1	ATS 限速等于 ATP 限速	列车在限速正负 2km/h 范围内调速
运行等级 2	ATS 限速等于 ATP 限速	经过惰性标志线圈后列车速度高于 30km/h 时惰性进站停车,低于 30km/h 时提速至 30km/h 再惰性进站停车
运行等级 3	ATP 限速为 20km/h 和 30km/h;ATS 限速等于 75% ATP 限速	
运行等级 4	ATS 限速等于 60% ATP 限速	

针对列车偏离运行图的各种可能,ATS 系统设置了太早、很早、早点和晚点、很晚、太晚,以及最大、最小停站时间参数。系统计算列车实际到站时间和图定时间的差值,将差值与参数比较确定运行调整办法。表 2-21 为某城市轨道列车运行调整比较参数和策略。

某城市轨道列车运行调整比较参数和策略 表 2-21

参 数	最大停站时间	太早	很早	早点	晚点	很晚	太晚	最小停站时间
取值(s)	60	90	60	10	10	60	90	20
自动调整策略	早于太早时,人工介入	在很早和太早之间时,降低运行等级,增大停站时间	在很早和早点之间时,运行等级不变,增大停站时间	不用调整	在很晚和晚点之间时,运行等级不变,减少停站时间	在很晚和太晚之间时,升高运行等级,减少停站时间	晚于太晚时,人工介入

实训 2-2 调研闭塞技术的应用

仿照北京市地铁闭塞技术的应用图,请你调研上海、广州、南京、深圳等城市,或者调研你所在城市的闭塞技术的应用情况,绘制闭塞技术的应用结构并填写表 2-22。

地铁闭塞技术应用调研 表 2-22

城市	线路	基本闭塞	代用闭塞

任务二 正常情况下车站行车组织

正常情况下列车在自动控制系统 ATC 作用下自动运行,不需要车站进行行车指挥,车站的行车人员通过车站控制室的行车监督设备和站台进行列车运行情况监督。

行车调度员在指挥列车运行过程中,在遇到调度员工作站有关控制命令无法下达、表示屏失去复示作用或不能正确复示、实行电话闭塞法指挥列车等情况时,会将控制权由中心下放到设备集中站办理。

车站组织指挥行车的专用设备是信号控制台,它是车站管辖区内电气联锁的终端设备,联锁设备可以同闭塞设备一起在控制台上操纵。车站信号控制台有单元台(6502电气集中联锁控制台,见图2-13)、鼠标台(计算机联锁控制台,见图2-14)、应急台(IBP盘,见图2-15)三种。

图2-13 单元台　　　　　　　　　　图2-14 鼠标台

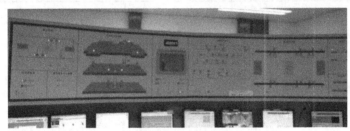

图2-15 应急台

一、认识车站行车控制台

车站行车值班员通过操纵控制台上的按钮,可以开闭信号,转动道岔,办理列车运行所需的进路,组织指挥列车运行;并通过各种表示灯监视线路、道岔状态、进路开通方向、列车运行情况,复示有关信号机的显示及信号运行的状态。

(一)基本概念

1. 道岔锁闭的有关概念

道岔锁闭的有关概念,如表2-23所示。

道岔锁闭的有关概念　　　　　表2-23

类　型	种　类	概　　念
电气锁闭	预先锁闭	利用控制台办理进路信号机开放后,进路锁闭道岔
	完全锁闭	列车进入接近区段,道岔处于完全锁闭,进路锁闭道岔
	区段锁闭	列车在道岔区段运行,道岔处于区段锁闭,进路锁闭道岔
	单独锁闭	使用有锁闭功能的按钮锁闭道岔
	引导锁闭	使用有锁闭功能的引导信号按钮锁闭道岔
机械锁闭		手摇道岔时,操作到位,尖轨和基本轨密贴后,转辙机锁闭道岔
人工锁闭		手摇道岔时,转辙机故障不能锁闭,使用道岔钩锁器将道岔加锁

2. 接近区段和远离区段

(1) 接近区段:是指对车站接车站线或所防护的道岔而言,进站信号机、防护信号机外方一段线路。例如,北京地铁接近区段的规定1号线、13号线、八通线,正线上(直线)防护该进路的信号机外方四个ATP区段;侧向防护该进路的信号机外方一个ATP区段;2号线正线、侧线的接近区段为防护该进路的信号机外方一个闭塞分区。

(2) 远离区段:对车站发车站线而言,出站信号机内方的一段线路。

3. 联锁

联锁是指为保证行车安全,通过技术方法使信号、道岔和进路间建立的一种相互联系、相互制约的关系。

联锁设备是指为保证联锁关系的实现而建立的设备。

4. 冲突和进路

冲突是指列车、车辆之间或与其他设备发生碰撞,引起的各种行车事故。

进路是指列车、调车车列在站线范围内运行所经过的路径。其可分接车进路和发车进路。接车进路是指接入列车时,由站管线起至进站信号机止的线路。发车进路是指发出列车时,由出站信号机起至站管线止的线路。

5. 车站信号控制台上各字母的含义

车站信号控制台上各字母的含义,见表2-24。

车站信号控制台上各字母的含义　　　　表2-24

字母	含义	字母	含义	字母	含义
A	按钮	T	特殊	C	出站
G	轨	D	道岔区段	K	开放
S	上行	Q	区间	Y	预告或引导
J	进站	F	防护	X	信号或下行
Z	终端或自动折返或阻挡信号机				
举例	XCZA——下行出站终端按钮; 5~7DG——5至7号道岔轨; 1ZA——1号自动折返按钮; TK——特殊开放; Z2A——阻挡信号机Z2按钮; XJ——下行进站				

(1) 信号及名称:布置在上行线的信号机,编号时名称前部通常有字母"S",后部的数字为双数。例:上行出站信号机——"SC",上行顺向阻挡信号机——"Z2",上行防护信号机——"F4"等。布置在下行线的信号机,编号时名称前部通常有字母"X",后部的数字为单数。例:下行出站信号——"XC",下行顺向阻挡信号机——"Z1",下行防护信号机——"F5"等。

(2) 按钮名称:布置在上行线的按钮,其名称前部通常有字母"S"。例:上行扣车按钮——"S扣车",上行站间闭塞按钮——"S站间闭塞"。布置在下行线的按钮,其名称前部通常有字母"X"。例:下行扣车按钮——"X扣车",下行站间闭塞按钮——"X站间闭塞"。

(3)轨道编号:在正线上,上行轨道编为双号、下行轨道编为单号。例:正线上行轨道——"2G"、"2DG"、"4-10DG",正线下行轨道——"3G"、"1DG"、"5-11DG"。

(4)道岔编号:在正线上,上行道岔编为双号、下行道岔编为单号。

(二)认识鼠标控制台

鼠标控制台也称人机交互台或HMI,有时还称LOW机或ATS分机。

1．车站鼠标控制台上轨道表示光节的表示及含义

一般情况下,轨道区段(含道岔区段)有六种优先等级颜色在LOW上显示,从高到低分别为灰色、深蓝色、粉+红色、红色、紫色、绿色或淡绿色、黄色。各种颜色轨道表示光节一般的表示含义见表2-25。

控制台上轨道表示光节的表示及含义　　表2-25

序号	轨道表示光节显示	含义
1	蓝或灰色光带	表示区段无车占用或道岔区段未排列进路
2	红色或紫色光带	表示相应区段有车占用或计轴区段故障
3	白色或黄色光带	表示相应轨道区段进路排通且锁闭或进路不解锁
4	绿色光带	表示相应轨道区段进路不解锁
5	道岔中心处闪红色短光带	表示相应道岔未在规定时间转换到位或发生挤岔

2．车站鼠标控制台主要按钮的功能及其表示灯

一般情况下,鼠标台按钮由"命令工具条"按钮和"按钮"两部分组成,对鼠标台进行的每一步操作均要首先点击命令工具条中的相关按钮,再点击站场图中相应的按钮来完成。

命令工具条按钮包括:进路建立、信号重开、总人解、总取消、引导按钮、引导总锁、道岔总定、道岔总反、道岔解锁、道岔单锁、区故解、控制区域、功能按钮等按钮。下文中此类按钮加"【】"符号表示。

站场图按钮包括:站控、遥控、全站点灯、进路点灯、计轴复位、扣车、站间闭塞、闭塞确认、提前发车、自动、自动折返、引导、特殊开放、列车进路按钮、折返进路按钮。

(1)命令工具条按钮

命令工具条按钮不设按钮表示灯,按下后按钮文字显示为灰色。

【进路建立】按钮:排列列车进路和折返进路时使用该按钮。

【信号重开】按钮:进路排通后,防护进路的信号机因意外关闭,需使该信号再次开放时使用该按钮。

【总人解】按钮:进路接近区段有车占用或建立引导锁闭进路或进路故障情况下,对该进路进行解锁时使用该按钮。

【总取消】按钮:进路正常且接近区段无车占用的情况下,取消各种进路,使其解锁;进路正常且接近区段有车占用的情况下,关闭进路防护信号机,取消进站引导,取消进路按钮闪光,取消部分以功能按钮建立的功能(包括:站间闭塞、扣车、自动进路、自动折返、全站点灯、进路点灯)时使用该按钮。

【引导按钮】按钮:开放防护进路的信号机的引导信号(包括维持开放操作)时使用该

按钮。

【引导总锁】按钮:办理或取消管辖区全部道岔总锁闭时使用该按钮。

【道岔总定】按钮:单独进行定操道岔时使用该按钮。

【道岔总反】按钮:单独进行反操道岔时使用该按钮。

【道岔解锁】按钮:对单独锁闭的道岔进行解锁时使用该按钮。

【道岔单锁】按钮:对某个道岔进行单独锁闭时使用该按钮。

【区故解】按钮:对显示绿光带的故障区段进行解锁时使用该按钮。

【控制区域】按钮:对鼠标台进行取得控制权操作或对两台 HMI 进行切换操作时使用该按钮。

【功能按钮】按钮:进行控制权转换,取消全站封锁、上电解锁,办理站间闭塞、扣车、提前发车、自动进路、自动折返、全站点灯、进路点灯、特殊开放、闭塞确认、计轴复位,开放进站信号机的引导信号时使用该按钮。

(2)主站场图相关按钮及表示灯

按钮与其表示灯是以"灯钮合一"的形式进行设计的,按钮未使用时为灰色;按下后,该按钮的显示颜色会发生变化。

①站控按钮、遥控按钮及按钮表示灯:每个设备集中站控制台上设一组站控、遥控按钮及表示灯,用以确定控制权。调度集中控制时,遥控表示灯亮绿灯,站控表示灯灭灯;调控权下放车站时,站控表示灯亮黄灯,遥控表示灯灭灯,设备处于车站控制状态。

②扣车按钮及表示灯:每个设备集中站控制台针对所管辖的车站上、下行各设一组扣车按钮及表示灯,关闭/开放该站出站信号机时使用。按下扣车按钮,相应的出站信号机关闭;抬起扣车按钮,相应的出站信号机开放。中心扣车按钮亮绿灯,车站扣车按钮亮黄灯,双方均办理扣车按钮亮红灯。

③提前发车按钮及表示灯:每个设备集中站控制台针对所控制的每个车站上、下行各设一个。列车在站等候正点发车时,需提前发车时使用。按下此按钮,表示灯亮黄灯,室外 TDT 显示归零。

④站间闭塞按钮及表示灯:每个设备集中站控制台针对所控制的每个车站上、下行各设一个。与出站信号机相对应设置,办理站间闭塞时使用。按下此按钮,其表示灯的含义:稳定的红灯——站间闭塞条件已构成;闪动的红灯——取消站间闭塞条件未构成。

⑤闭塞确认按钮及表示灯:每个设备集中站控制台设置两个,相邻设备集中站向本集中站办理站间闭塞后,需本集中站对其办理进行确认时使用该按钮。邻站向本集中站办理站间闭塞后,按钮表示灯亮红灯,本集中站进行确认操作后,表示灯灭灯。

⑥信号按钮及排列进路表示灯:每个设备集中站控制台上对应每架防护信号机及顺向阻挡信号机,设若干个信号按钮;对于没有设信号机的进路终端,设终端信号按钮,办理进路时使用。按进路开通方向分为始端和终端按钮。按进路性质,进路始端按钮为方形,列车进路终端按钮为方形,折返进路终端按钮为圆形。进路始、终端按钮按下后,进路排列进路过程中,排列表示灯亮灯,进路排通后,表示灯灭灯。

⑦自动按钮及表示灯:每个设备集中站控制台上、下行正线设置若干组自动按钮及表示灯。两列及其以上的列车按同一进路连续追踪运行时使用。按下自动按钮,相应表示灯亮黄

灯,设备根据列车运行情况自动排列进路。抬起自动按钮相应表示灯灭灯。

⑧自动折返按钮及表示灯:有折返作业能力的设备集中站控制台上设有若干组自动折返按钮及表示灯。两列及其以上的列车按同一方式连续折返时使用。按下自动折返按钮,相应表示灯亮黄灯,根据列车运行情况,设备自动排列折返进路;抬起自动折返按钮,表示灯灭灯。

⑨全站点灯按钮及表示灯:每个设备集中站控制台设置一个,办理集中站管辖范围内所有地面信号点灯作业时使用该按钮。按钮按下后,表示灯亮绿灯。

⑩进路点灯按钮及表示灯:每个设备集中站控制台设置若干个,办理非站间闭塞条件下的折返进路且需使地面信号机点灯时使用该按钮。按钮按下后,表示灯亮红灯。

⑪引导按钮及表示灯:每个设备集中站控制台均设有若干个引导按钮,当进站、防护信号机故障只能显示红灯,需开放引导信号时使用。按下此按钮,引导信号开放。相应引导信号按钮亮黄灯。

⑫计轴复位按钮及表示灯:每个设备集中站控制台设置一个,对集中站管辖区内相应的故障计轴区段进行复位操作时使用该按钮。按钮按下后,表示灯亮红灯。

⑬引导总锁按钮及表示灯:每个设备集中站控制台设置一个,办理或取消集中站管辖区内所有道岔引导总锁闭时使用该按钮。按钮按下后,表示灯亮红灯。

⑭上电解锁按钮及表示灯:每个设备集中站控制台设置一个,常态为隐含,当两台联锁机都关机重启运行后,【上电解锁】按钮出现并亮红灯,整个站场处于锁闭状态,需取消站场锁闭状态时使用该按钮。

⑮全站封锁按钮及表示灯:每个设备集中站控制台设置一个,常态为隐含,当联锁机在开机或不同步的状态下切换,全站封锁按钮出现并亮红灯。此时全站处于封锁状态,不能对室外的设备进行任何操作,需取消全站封锁状态时使用该按钮。

⑯道岔定/反位、单锁、挤岔表示:每组道岔的定/反位、单锁、挤岔状态,以道岔号码不同颜色及状态进行显示。道岔号码显示绿色表示定位,道岔号码显示黄色表示反位,道岔号码显示红色表示单独锁闭,道岔号码显示闪动红色表示挤岔。

⑰延时解锁表示:使用【总人解】按钮进行解锁时,被解锁进路如需延时解锁,鼠标控制台右上角会出现白色方框,方框内显示倒计时时间。

知识链接

单 元 台

单元台在一些较早的城市轨道交通线路中还仍有较少使用,但在新建的线路中基本不使用了。控制台图片,如图2-16所示。

1. 无道岔车站和有道岔车站共有的主要按钮及表示灯

(1)站控按钮及遥控表示灯和站控表示灯(二位非自复式带铅封按钮)——每个控制台上设一组站控按钮及遥控表示灯和站控表示灯,用以确定控制权。调度集中控制时为定位,遥控表示灯亮灯,站控表示灯灭灯。调控权下放车站时,站控表示灯亮灯,遥控表示灯灭灯,设备处于车站控制状态。

(2)紧急关闭按钮及红色表示灯(二位非自复式带铅封按钮)——每个控制台上、下行各设一组紧急关闭按钮及红色表示灯,关闭进站信号机时使用。破封按压此按钮,其表示灯亮红灯,相应的进站、出站、预告信号机全部关闭;拉出此按钮时表示灯灭灯,相应的进站、出站、预告信号机全部开放(不受控制权的限制)。

(3)扣车按钮及表示灯(二位非自复式按钮)——每个控制台上、下行各设一组扣车按钮及红色表示灯,关闭出站信号机时使用。按下扣车按钮,表示灯亮红灯,相应的出站信号机关闭;拉出扣车按钮,表示灯灭灯,相应的出站信号机开放。

图2-16 6502控制台

(4)切断电铃按钮及表示灯(二位非自复式按钮)——每个车站控制台上设一组切断电源按钮及电源故障或接地,信号主灯丝断丝或熔丝断丝表示灯,当电源故障或接地,信号主灯丝断丝或熔丝断丝时,相应的表示灯亮灯、电铃鸣响切断电铃声时使用。按下此按钮,铃声停止,故障修复后,表示灯灭灯,电铃再次鸣响,再拉出此按钮,铃声停止(不受控制权的限制)。

(5)引导按钮(二位自复式带铅封按钮)——每个车站控制台均设有若干的引导按钮,在与引导信号相对应处设置引导信号按钮,当进站、防护信号机故障只能显示红灯,开放引导信号时使用。按压此按钮,引导信号开放;松开此按钮,引导信号关闭。

(6)提前发车按钮及表示灯(二位自复式带铅封按钮)——每个车站控制台上、下行分别设置一个,提前发车按钮列车在站等候正点发车时,需提前发车时使用。按下此按钮,表示灯亮灯;松开此按钮时,表示灯灭灯。

(7)站间闭塞按钮及办理表示灯和闭塞表示灯(二位非自复式带铅封按钮)——每个车站控制台上、下行出站口各设有一组站间闭塞按钮及办理表示灯和闭塞表示灯。与出站信号机相对应设置,办理站间闭塞时使用。按下此按钮,其表示灯的含义:

闪动的黄灯——站间闭塞条件未构成;

稳定的黄灯——站间闭塞条件已构成;

稳定的红灯——站间闭塞间空闲;

闪动的红灯——站间闭塞间被占用。

2.有道岔车站特有的按钮及表示灯

(1)信号按钮及排列进路表示灯(二位自复式按钮)——每个有道岔车站控制台上对应每架防护信号机及顺向阻挡信号机,设若干各信号按钮;对于没有设信号机的进路终端,设终端信号按钮,办理进路时使用。按进路开通方向分为始端和终端按钮。排列进路过程中,排列进路表示灯亮灯,进路选定后,表示灯灭灯。

(2)总取消按钮及表示灯(二位自复式按钮)——每个有道岔车站控制台上设一组总取消按钮及表示灯,当进路排通,防护信号机开放后接近区段无车占用,需取消进路时使用。按压此按钮后其表示灯亮灯;松开此按钮时,其表示灯灭灯。

(3)总人工解锁按钮及表示灯和延时45s表示灯(二位自复式带铅封按钮)——每个有道岔车站控制台上设一组总人工解锁按钮及表示灯和延时45s表示灯,当进路排通,防护信号机开放后接近区段有车占用,需取消进路时使用。按压此按钮后,其表示灯及延时45s表示灯亮灯;松开此按钮后,其表示灯灭灯,延时45s后进路白光带灭灯,道岔解锁。

(4)自动按钮及表示灯(二位非自复式按钮)——每个有道岔车站控制台上、下行正线设置若干组自动按钮及表示灯。当多次列车按同一进路连续追踪运行时使用。按下自动按钮,相应表示灯亮灯,设备根据列车运行情况自动排列接、发车进路;拉出自动按钮相应表示灯灭灯。

(5)自动折返按钮及表示灯(二位非自复式按钮)——折返作业频繁的有道岔车站,设有若干组自动折返按钮及表示灯。当多次列车按同一方式连续折返时使用。按下自动折返按钮,相应表示灯亮灯,根据列车运行情况,设备自动排列折返进路;拉出自动折返按钮,表示灯灭灯。

(6)全自动折返按钮及表示灯(二位非自复式按钮)——折返作业频繁的有道岔车站,设置一组全自动折返按钮及表示灯。按下全自动折返按钮,其表示灯亮灯,设备按照先进先出的原则排列所有的折返进路;拉出全自动折返按钮,其表示灯灭灯。

(7)故障解锁按钮(二位自复式带铅封按钮)——每个有道岔车站控制台上、下行各设一个故障解锁按钮,当列车过后,进路不能正常解锁(留有白光带)进路时使用。破封按压相应的故障解锁按钮,相应进路的白光带灭灯,道岔解锁。

(8)轨道事故按钮及红色表示灯(二位自复式带铅封按钮)——每个有道岔车站控制台上设一组轨道事故按钮及表示灯。列车过后留有红光带,人工确认道岔区段轨道电路发生故障时,需转换道岔、强扳道岔时使用。按压轨道事故按钮,其表示灯亮灯;松开轨道事故按钮后,其表示灯灭灯。

(9)道岔按钮及定(反)位和单独锁闭表示灯(三位式按钮)——每个有道岔车站控制台上设有若干组道岔按钮及定(反)位和单独锁闭表示灯,确认道岔位置,进行单操道岔时使用。为三位式按钮,按下为自复式,可进行道岔单独操作;拉出为非自复式,其红灯表示亮灯,道岔处于单独锁闭状态。绿灯亮时表示定位,黄灯亮时表示反位,绿灯和黄灯同时灭灯时表示道岔故障或在挤岔状态(道岔按钮拉出状态不受控制权的限制)。

(10)总定位按钮及表示灯和总反位按钮及表示灯(二位自复式按钮)——每个有道岔车站控制台上设有一组总定位按钮及表示灯和总反位按钮及表示灯,进行单独操纵道岔时使用。按压道岔总定(反)位按钮,其表示灯亮灯;松开道岔总定(反)位按钮,其表示灯灭灯。

(11)切断挤岔电铃按钮及表示灯(二位非自复式按钮)——每个有道岔车站控制台上设一组切断挤岔电铃按钮及表示灯,当挤岔或道岔失去表示时,其表示灯亮灯挤岔电铃鸣响,需切断电铃声时使用。按下此按钮后,铃响停止,道岔修复后,表示灯灭灯,再次响铃;再次拉出此按钮,铃声停止。

3.车站控制台(单元台)表示灯的显示及含义

轨道表示光节的显示及含义:

(1)轨道表示光节灭灯:表示区段无车占用或道岔区段未排列进路。

(2)轨道表示光节显示红色光带:表示相应区段有车占用或轨道电路故障。

(3)轨道表示光节显示白色光带:表示道岔区段进路排通且锁闭或进路不解锁。

二、车站鼠标控制台的使用

如图2-17所示,鼠标控制台上有车站的线路和信号,还有大量的功能按钮。

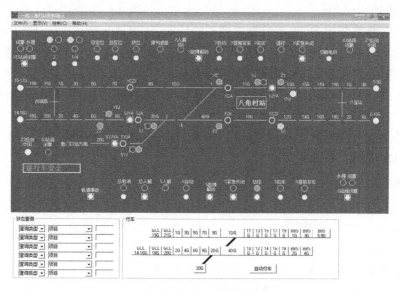

图 2-17　鼠标控制台界面

1. 办理进路

（1）列车进路

①用进路始、终按钮排列进路：先点击进路始端按钮，再点击进路终端按钮，设备根据选定的进路始/终端按钮单独排列一条进路。

②点击自动按钮，设备根据列车运行自动排列正线进路。

（2）折返进路

①用进路始、终按钮排列进路：先点击进路始端按钮，再点击进路终端按钮，设备根据选定的进路始/终端按钮单独排列一条折返进路。

②点击自动折返按钮，设备根据列车运行自动排列折返进路。

（3）保护进路

保护进路时，先点击进路始端按钮，再点击保护进路终端按钮。

（4）注意事项

①按列车运行方向顺序办理进路，同时只能排列一条进路。

②若进路由两部分组成，先办理远离列车一端的进路，再办理靠近列车另一端的进路。

③使用自动按钮时，遇有影响该进路的其他作业的情况，应停止使用自动按钮，将其抬起。

2. 正常进路的取消

（1）使用时机：进路排通，进路始端防护信号机开放，接近区段无列车占用。

使用方法：总取消按钮 + 进路始端按钮。

（2）使用时机：进路排通，进路始端防护信号机开放，接近区段有列车占用。

使用方法：

①关闭防护信号机：总取消按钮 + 进路始端按钮。

②进路相关道岔解锁：总人解按钮 + 进路始端按钮（道岔经延时后解锁）。

(3)注意事项:
①若进路由两部分组成,先取消靠近列车的一段,再取消另一段。
②取消进路时必须确认接近区段是否有车占用,若接近区段有车占用,必须待列车停稳并设法通知司机禁止动车后,方准办理取消进路作业。
③接近区段有车占用时,办理取消进路作业,不得直接使用【总人解】按钮进行操作,必须先关闭信号,再解锁进路。
④排列进路后进路未形成前,如取消另一条进路,正在排列的进路也同时被取消。
⑤一次只能取消一条进路。

3. 故障进路的解锁
(1)使用时机:列车经过道岔区段后,道岔区段未正常解锁,仍留有白光带,进路始端防护信号机不开放。
(2)使用方法:
①取消进路始端属性:总取消按钮+进路始端按钮;
②故障解锁进路区段:区故解按钮+相应轨道区段。
(3)注意事项:
①相关按钮需输密码使用;
②在解锁进路前,应确认相关信号机在关闭状态,列车已停稳并已通知司机禁止动车;
③在进行分段解锁前,需确认相应道岔区段为无车占用显示。

4. 道岔的转换及锁闭
控制台上可以进行单独转换道岔(单扳)和故障转换道岔(强扳)。
(1)单独转换道岔(单扳)
①使用时机:进行道岔转换试验或信号设备故障导致不能正常办理进路,道岔区段在未锁闭状态下,需转换道岔时使用。
②使用方法:点击道岔总定(反)位按钮+相关道岔号码。
③注意事项:
a. 在转换道岔时要确认道岔区段空闲;
b. 单扳后视后续作业情况办理单独锁闭道岔;
c. 通过道岔号码颜色确认道岔位置。
(2)故障转换道岔(强扳)
①使用时机:道岔区段发生故障,留有红光带,需转换道岔时。
②使用方法:一人按压轨道事故按钮,另一人按压道岔总定(反)位按钮和相应的道岔按钮。
③注意事项:
a. 在强扳道岔前,要确认红光带是道岔区段故障,不是列车占用;
b. 进路同时留有红、白光带时,须先解锁白光带;
c. 强扳道岔时,需两人同时操作,强扳道岔后,要单独锁闭道岔。

5. 引导锁闭及引导解锁

(1) 使用时机:办理引导进路,开放引导信号接车时,引导进路锁闭道岔。

(2) 使用方法:

①引导锁闭:点击引导按钮+相应的引导信号按钮。

②引导解锁:点击总人解按钮+相应的进路始端按钮。

(3) 引导信号的开放时机:

①进站、防护信号机内方非第一轨道区段红光带时,列车进入进站、防护信号机外方第一区段,进行开放引导信号操作。

②进站、防护信号机内方第一轨道区段有红光带时,列车进入进站、防护信号机外方第一区段,进行开放引导信号操作,并每隔15s进行一次引导信号维持开放操作,待确认列车越过引导信号显示位置后停止操作。

(4) 注意事项:

①在开放引导信号前,要确认道岔区段无车占用且道岔位置正确。

②引导信号维持开放操作必须在15s内完成,否则引导信号会自动关闭。

6. 单独锁闭道岔及单解道岔

(1) 使用时机:道岔无法通过排列进路、开放引导的方式进行锁闭,列车需通过道岔时。

(2) 使用方法:

①单独锁闭:道岔单锁按钮+相应的道岔号码。

②单独解锁:道岔解锁按钮+相应的道岔号码。

(3) 注意事项:

①单独锁闭道岔时,要确认道岔区段空闲,道岔位置正确。

②单独锁闭道岔时,要把进路上的所有道岔都进行单独锁闭。

③单独解锁道岔时,要把进路上的所有道岔都进行解锁。

7. 重新开放信号

控制台上可以重新开放进路始端防护信号机:

(1) 使用时机:进路建立后,防护信号机因故关闭。

(2) 使用方法:点击信号重开按钮+进路始端按钮,开放防护信号。

控制台上还可以重新开放起终端作用的顺向阻挡信号机:

(1) 使用时机:折返进路排通,顺向阻挡信号关闭,列车在该阻挡信号机外方停稳,将折返进路改为直通进路,开放顺向阻挡信号机。

(2) 使用方法:点击功能按钮+相应的特殊开放按钮。

8. 控制权的转换

(1) 使用时机:进行调控权转换时。

(2) 使用方法:

①接收控制权:点击功能按钮+站控按钮,站控表示灯亮,遥控表示灯灭灯,表示控制权在车站。

②上交控制权:点击功能按钮+遥控按钮,遥控表示灯亮灯,站控表示灯灭灯,表示控制权

在中心。

(3)注意事项:

①控制权的转换应根据书面调度命令执行。

②自动、自动折返、扣车、站间闭塞、引导、引导总锁闭等按钮在使用状态时,无法交权。

9.计轴复位

(1)使用时机:计轴区段出现计数错误,将计轴磁头读数清零时使用。

(2)使用方法:点击功能按钮+计轴复位按钮,按钮表示灯亮灯后,在车站 IBP 盘上按下相应计轴区段按钮。

(3)注意事项:

①使用计轴复位按钮对计轴区段进行复位前,必须确认被复位的计轴区段所在站间区间空闲。

②计轴复位按钮表示灯亮灯后必须在 1min 内完成 IBP 盘上相应计轴区段按钮的操作。

10.站间闭塞的办理

(1)使用时机:列车需按站间自动闭塞法行车时。

(2)使用方法:点击功能按钮+相应站间闭塞按钮。

(3)注意事项:不能使用"全站点灯"按钮进行操作,只能使用相应的站间闭塞按钮逐个区段进行办理。

实训 2-3　车站控制台的使用

请利用学校的城市轨道交通控制台实训设备进行如下训练:

(1)认识车站控制台上的按钮和表示灯。

(2)办理接车进路和发车进路。

(3)取消接车进路和发车进路。

(4)进路故障后续列车不需改变进路、转换道岔。

(5)存有红光带,后续列车需要改变进路、转换道岔。

三、车站行车人员的日常工作

1.行车备品

(1)手摇道岔工具:手信号灯、转辙机钥匙、手摇把、便携式电话、钩锁器、钩锁器的锁及钥匙。

(2)擦拭道岔工具:木楔、铁刷、棕刷、棉丝、扁铲、铅粉。

(3)应急抢险备品:应急灯、呼吸器、逃生面具、湿毛巾、抢险锤、抢险梯、担架、急救箱等。

(4)其他相关备品:便携式电话、对讲机、手电、雨衣、反光背心、存尸袋、各类报表。

2.备品管理

(1)手信号灯、对讲机、应急灯、手电等用电备品,要定期充电或更换电池,确保电量充足。

(2)钩锁器及其配套的锁和钥匙:锁与钥匙要固定搭配且开启自如,螺栓、螺母转动灵活。

(3)转辙机钥匙、手摇把:平时要保证处于加封状态且铅封完好,使用完毕后要及时通知信号人员对其进行加封。

(4)呼吸器:定期进行检查,保证气瓶压力在规定允许使用的范围;低于20个气压时,要及时向有关部门进行汇报,更换气瓶。

(5)逃生面具、湿毛巾:定期进行检查,保证数量、密封状态符合要求,使用后应及时向有关部门进行汇报并进行补充。

(6)急救箱:急救药物、用品要保证充足,使用后应及时向有关部门进行汇报并进行补充。

(7)各类备品必须分类摆放、妥善保管,保证数量充足、状态良好、取用方便,不得随意挪用、损毁;发现备品缺失、损坏、不符合使用要求时,要及时进行处理、上报。

3. 控制室内各类报表

(1)行车作业类:调度命令登记簿、行车日志、电话电报记录簿、运营线列车救援作业时间记录表。

(2)行车凭证类:绿色许可证、路票、调度命令纸(空白、变更闭塞、清人、车站救援、区间救援)。

(3)施工管理类:施工检修登记簿、车站夜间施工联保登记簿。

(4)综合设备类:设备故障报修登记簿、FAS运行登记簿、地铁隧道口自动报警系统使用登记簿。

(5)日常管理类:交接班登记簿、破加封登记簿、车站行车作业登记簿、车站安全巡视登记簿、车站公共区域暂存物品登记簿、非运营时间进出车站登记簿、外部人员出入登记簿。

4. 车站行车值班员(又称综控员)的岗位工作

值班员按其工作职责可分为行车工作、客运工作岗位。其中行车值班员主要工作如下:

(1)严格执行地铁有关规章制度和上级指示、指令。

(2)负责与调度员联系,接受并严格执行调度命令。

(3)坚守工作岗位,认真监视综控室所辖设备:车站行车鼠标控制台;CCTV中央监视系统;ISCS综合监控系统信号类;PSD屏蔽门系统;IBP应急后备盘。

(4)统一指挥车站行车工作;办理各种闭塞手续;填写行车凭证及各种报表;开放或关闭信号机;签认各项施工登记及设备检修登记。

(5)办理作业时,坚持复诵,并严格执行《操作监护、指点呼唤应答制度》、《手摇道岔二次核对、二次确认制度》、《交递行车凭证"三、二、一"核对制度》等联保互控制度。

(6)认真执行各项操作程序。

(7)交接班前认真填写《交接班登记簿》,将列车运行情况、设备状态及上级指示及命令的完成情况等填写在《交接班登记簿》上,交班时执行"六交清"制度。

"六交清"具体指:交清安全情况;交清运行情况;交清站控范围内的现场情况;交清设备情况(包括通信、信号、钟表、备品等);交清待办事宜;交清注意事项。耐心解答接班者的问题,将交班事宜填记在《交接班登记簿》上并作口头交代。

(8)接班前,要了解列车运行情况;对综控室所管辖设备、备品、报表进行检查,确认齐全完好;接班时执行"五查、五看、五一致"制度,确认完毕后签认接班。

"五查、五看、五一致",即一查《交接班登记簿》,看交班事宜是否全面,实际情况与交班内容是否一致;二查《行车日志》,看列车运行记录是否准确,运行情况与运行计划是否一致;三查有关命令和通知,看内容是否准确,命令意图与完成目标是否一致;四查施工计划,看施工单位、时间、地点是否准确,施工项目与设备状况是否一致;五查设备,看设备运转是否良好,设备显示与要求是否一致。

(9)夜班接班后负责摘抄施工计划,并与行车调度员核对,负责受理施工登记,有轨道车运行时负责抄写调度命令,办理接收控制权,排列进路,施工完毕后受理注销,填写各种相关报表。

(10)发现危及行车或人身安全的紧急情况应及时制止,按有关规定采取有效措施,并及时妥善处理。

(11)及时向站区、公司等有关部门反馈相关工作信息。

(12)车站客运综控员不在岗时,负责暂时履行客运综控员岗位职责中室内作业部分。

 知识链接

正常情况下,某市地铁综控员的一日工作流程见表2-26。

综控员的一日工作流程   表2-26

时　段	工　作　内　容
8:20~8:30	点名
8:30~11:00	与上一班交接,清点检查备品、钥匙等,填写记录; 监视ATS,按时记点、报点; 监视ISCS、CCTV、FAS、PIS、AFC等设备; 必要时更换票箱; 处理各种故障、报修; 为设备巡检人员拿取钥匙; 操作直升梯、升降台等设备
11:30~11:40	替换安全员就餐
11:40~13:00	综控员互替就餐、间休
13:00~15:20	监视ATS,按时记点、报点; 监视ISCS、CCTV、FAS、PIS、AFC等设备; 必要时更换票箱; 处理各种故障、报修; 为设备巡检人员拿取钥匙; 操作直升梯、升降台等设备
15:20~15:50	替换安全员间休
15:50~17:00	监视ATS,按时记点、报点; 监视ISCS、CCTV、FAS、PIS、AFC等设备; 必要时更换票箱; 处理各种故障、报修; 为设备巡检人员拿取钥匙; 操作直升梯、升降台等设备

续上表

时 段	工作内容
17:00~17:30	填写记录,做交接班准备
17:20~17:30	点名
17:30~19:00	与上一班交接; 清点检查备品、钥匙等,填写记录; 晚高峰时段,进行高峰广播等客运组织; 监视ATS,按时记点、报点; 监视ISCS、CCTV、FAS、PIS、AFC等设备; 必要时更换票箱; 处理各种故障、报修; 为设备巡检人员拿取钥匙; 操作直升梯、升降台等设备
19:00~21:00	替换安全员就餐; 岗位值守、综控员互替就餐、间休
21:00~21:30	监视ATS,按时记点、报点; 监视ISCS、CCTV、FAS、AFC等设备; 处理各种故障、报修; 为设备巡检人员拿取钥匙
21:30~22:00	替换安全员间休
22:00~末班车	回收TVM; 回收TVM; 清点纸币箱、硬币箱,统计、上传数据、盘库等,并做好第二天的票务准备; 做运营结束准备; 末班车后清站、锁门; 班后会
末班车后	接到行车调度员停电命令后,在擦拭道岔规定日期擦拭道岔
末班车后	休息
3:40~4:00	巡视站线
4:00~运营开始	个人清洗及打扫综控室内卫生; 检查综控室各种设备,将SC设备唤醒; 巡视AG、TVM等终端设备
运营开始~7:00	协助站长检查、整理男、女宿舍及休息室内卫生; 替换安全员就餐; 综控员互替就餐; 综控员互替间休
7:00~8:20	早高峰阶段,进行高峰广播等客运组织; 监视ATS,按时记点、报点; 监视ISCS、CCTV、FAS、PIS、AFC等设备; 处理各种故障、报修; 为设备巡检人员拿取钥匙; 操作直升梯、升降台等设备
8:20~8:30	填写记录,做交接班准备

任务三　正常情况下车辆段场行车组织

列车在正线上的运行属于列车运行作业,除了列车在正线上的运行以外,凡因列车折返、转线(包括列车出入车辆段或停车场的接发作业过程)、解体、编组和车辆摘挂、取送等作业需要,列车或车辆在线路上进行有目的的调动,都属于调车。

车辆段在列车运行图规定的接发车以外的时间里,信号楼值班员可以确定段内的调车作业。但影响段内接发列车时,应得到行车调度员的准许。

一、车场行车部门

1. 车场控制中心

车场控制中心(简称 DCC)是车场管理、车辆维修组织和作业的控制中心。DCC 设有车辆轮值工程师以及助理、车场调度员。DCC 负责车辆日常检修、清洁、定修和临修工作控制,为地铁运营及设备维修施工提供数量足够和工况良好的客车和工程列车。

车场信号控制室设有微机联锁设备,集中控制车场范围内的进路、道岔和信号机,隶属车场调度员管理。

车场信号控制室与运营车站通过进路照查电路或电话联系,共同组织和监控列车进出车场。车场信号控制室设置车场信号楼值班员,负责排列车场内的调车作业和列车进出车场的运行进路。

2. OCC、DCC、车场信号控制室及车站的工作关系

主任调度员是 OCC 轮值调度班组长,各调度员由主任调度员协调统一指挥。在处理突发事件或事故时,各调度员有责任向主任调度员提供本岗位的协助处理方案,并及时报告相关信息。

行车工作由行车调度员统一指挥,供电设备运作由电力调度员统一指挥,环控和防灾报警设备运作由环境调度员统一指挥。行车设备的维护与故障处理由行车调度员统一指挥,有时也设有综合维护调度员负责行车设备的维护和故障处理。

DCC 是运营分公司的二级调度机构,服从 OCC 统一指挥。车站的行车工作由值班站长负责,车场的行车工作由车场调度员统一指挥。

二、列车出段出场

1. 车辆段、场的工作任务

车场行车作业是整个城市轨道交通系统行车组织的重要组成部分之一,它在上级运营指挥部门的统一指挥下,按运行图制订的行车计划完成日常的车辆运用工作。其日常工作范围包括如下几个方面:

(1)负责所辖各运行线路内的电动列车运用、检修、整备任务,确保上线运用列车状态良好;
(2)确保上线运营列车准点出场、回库,能顺利进行运用列车的调整;
(3)配合维修人员完成列车的保养、维修、调试等工作;
(4)安排场内调车作业以及正线开行施工列车;

(5)协调场内各专业技术工种在规定范围和规定界面的施工作业;

(6)协助正线事故救援工作;

(7)编排列车运用计划,按运行图要求配置列车及乘务人员;

(8)对车辆乘务人员及站场行车人员的行政管理、技术管理等。

2. 列车运转流程

列车运转流程指的是每日列车运用过程,包括四个环节,即列车出段场、列车正线运营、列车入段场及列车段场内检修及整备作业。这些作业由车辆运用部门各个岗位协同配合共同来完成。列车周转过程,如图2-18所示。

3. 调车指挥

一般情况下,使用手信号调车时,调车指挥人员由信号楼值班员或由段指定胜任人员、车站综控员担任。使用手信号进行调车作业时,由调车指挥人员单一指挥。作业开始前,调车指挥人员须将作业计划与方法向调车司机及有关人员传达清楚后,必须督促有关人员做好充分准备,认真进行检查,方准开始调车作业。车辆段有关行车岗位设置,如图2-19所示。

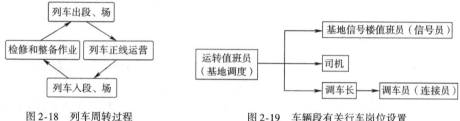

图2-18 列车周转过程　　　　图2-19 车辆段有关行车岗位设置

调车指挥人员在作业中应做到:

(1)组织调车人员正确及时地完成调车任务;

(2)正确及时地显示信号,指挥调车;

(3)负责调车人员的人身安全和行车安全。

调车中变更作业计划必须首先终止作业,由调车指挥人员将变更后的计划向调车司机和全体参加调车作业人员传达清楚后,方准继续进行调车作业。

4. 调车速度要求

调车作业要准确掌握速度。遇瞭望困难或天气不良时,应适当降低速度。不同的车辆段场所限制的速度略有差异,常见的调车限制速度见表2-27。

常见的调车限制速度　　　　表2-27

项　目	限制速度(km/h)(北京某地铁线路)	限制速度(km/h)(天津某地铁线路)
车场内空线牵引运行	40	25
车场内空线推进运行	30	25
调动装载货物的车辆	15	15
在尽头线调车	5	10
在库内及维修线上运行	5	10
接近被连挂的车辆时	3	5

5. 列车出场

列车出场作业包括编制发车计划、司机出乘、列车出库与出段三部分。其中司机出乘还包括检修交车、确认计划、司机出勤、出车检查；列车出库与出段包括列车出库和出段。如图 2-20 所示。

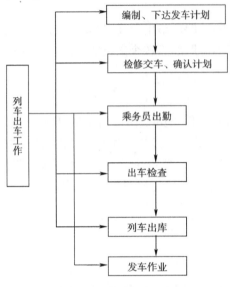

图 2-20　列车出场作业内容

（1）编制发车计划：发车计划由运转值班员（车场调度员）根据使用列车运行图、运营检修用车安排、车场线路存车情况等编制。其内容包括列车车次、待发股道、运用车编号等。编制发车计划时，应注意避免交叉发车和保证列车出库顺序无误。发车计划编制完毕后，除应将计划下达给车场信号楼值班员外，运转值班员还应将计划中列车车次、车号、有无备车、备车车号上报给行车调度员。

（2）司机出乘：电动列车司机应在充分休息的情况下出勤，按规定时间、地点办理出勤手续，领取相应物品。在办理出勤手续时，司机应查看行车通告揭示牌牌上的行车命令、指示及安全注意事项，了解列车出库股道，并认真回答运转值班员的提问，听取运转值班员传达的有关事项。

办妥出勤手续后，司机应对安排值乘的列车按照突出重点、兼顾一般的原则进行出车前检查，检查合格后方能发车。检查时发现车辆故障不能担负列车任务时，应及时上报运转值班员并按其指示执行。运转值班员应立即通知检修部门检修故障列车，及时调整司机值乘列车的出车次序，并向信号楼值班员传达变更出车计划。

备用司机应与值乘司机同时出勤，完成备用列车检车程序后，备用司机应在车上待命。在发车工作结束后，方可回到司机休息室待命。

（3）列车出库与出段：列车启动前应确认信号开放与库门开启正常，并注意平交道是否有人员、车辆穿越。在规定的出库时间已到而出库信号仍未开放时，司机应主动询问信号楼值班员，联系不上时可通过运转值班员询问。

正常情况下，列车经由出段线出段。列车出段凭防护信号机的显示，在出段线的有码区按人工 ATP 方式运行，在出段线的无码区按限速人工驾驶方式运行。在设备故障（咽喉道岔、道岔区轨道电路、牵引供电）或检修施工（车场路线、信联闭设备、接触网）时，列车可以由入段线出段，但应得到行车调度员准许。信号楼值班员在办理列车发车作业时，应确认区间空闲（出、入段线视为区间），停止影响发车进路的调车作业。

计划列车出场：为 ATS 系统所确认的计划列车，行车调度员应使列车在转换轨处进入系统，并确认 ATS 系统到点开放信号，使计划列车按图定时间发车。

非计划列车出场：行车调度员应在转换轨处应人工设置车次号，并人工排列出库进路，令司机确认信号后按收到的速度码发车。

三、列车入段入场

列车入段入场作业包括列车入段和入库、库内作业两部分。

1. 列车入段和入库

正常情况下,列车由入库线回段。列车入段凭证为防护信号机的显示,在入库线的有码区按人工ATP方式运行,在入库线的无码区按限速人工驾驶方式运行。在设备故障或施工作业时,列车可以从出库线入段,但应取得行车调度员的准许。信号楼值班员在办理接车作业时,应确认接车线路空闲并停止影响接车进路的调车作业。列车收车工作流程,如图2-21所示。

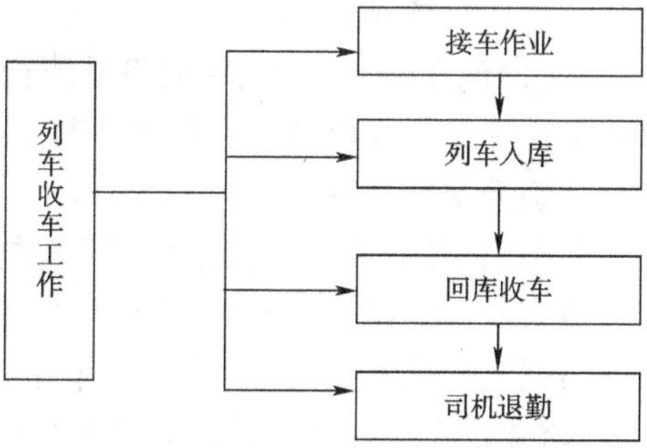

计划列车入场:列车为ATS系统所确认的计划列车,可由ATS系统自动控制列车;行车调度员应令运转预先办理入场进路,并确认计划列车目的地号,监督列车回库。

非计划列车入库:行车调度员应令运转预先办理入场进路,并人工排列回库进路,令司机确认信号后按收到的速度码回库。

图2-21 列车收车工作流程

2. 库内作业

列车进入车库停稳后,司机应对列车进行检查,在确认列车无异常后携带列车钥匙、司机报单及其他相关物品办理退勤手续;然后向乘务组长汇报当日工作情况,听取次日工作安排与注意事项。

在发现车辆技术状态不良时,司机应向运转值班员报告并做好记录。在发生列车晚点、掉线、清客、行车事故与救援时,运转值班员须组织当事人及有关人员填写情况报告并立即报有关部门处理。

四、调车作业

(一)调车工作的指挥原则

调车工作的指挥原则包括:统一领导原则和单一指挥原则。

调车作业都是通过调车作业计划来实现的,所以对于调车作业来说,调车作业计划是进行调车作业的凭证与根据。

(二)调车作业计划

调车作业计划是指调车工作的有关领导人(运转值班员或行车值班员)向调车作业人员以书面形式下达或口头布置方式的调车作业通知。其内容包括:起止时间,担当列车(机车)作业顺序,股道号、摘挂辆数(编组车号或车位),安全注意事项等。

1. 调车作业计划的编制、传达

(1)由于调车作业中地点比较分散,涉及作业部门较多,钩数不易记忆,环境因素对作业影响较大,所以一般规定调车作业钩数在三钩以上时应由行车管理的有关部门制订调车作业计划[所谓调车作业中的"一钩"作业,一般是指机车(列车)或所挂车辆的运行由线路的一股道到另一股道并且改变运行的方向]。

(2)调车作业计划的制订或编制,应由运转值班室值班员或行车值班员根据生产部门提出的要求,根据运行实际状况正确、合理、及时地制定。

(3)制订调车作业计划时,应充分考虑各方面的因素与条件,力求在确保行车安全的前提下,提高调车作业效率,以最少的作业钩数、最短的调车行程,完成相应的调车工作任务。

2. 计划传递

(1)调车领导人(运转值班员或行车值班员)在编完调车作业计划后,应向信号楼值班员、调车长等参加作业的人员传达清楚;参加调车作业的有关人员在接受调车计划时必须复诵、核对正确无误后执行。

(2)为了正确、及时地完成调车作业任务和要求,调车指挥人员(调车长)在向参加作业的其他人员传达调车计划时,应预想作业安全事项、进行具体作业方法、注意事项等情况的部署,并与调车长核对复诵计划;在调车作业开始之前,必须使参加调车作业的人员都做到心中有数,避免误听、误传而引起作业重复,以及产生其他不良后果。

(三)调车作业过程

1. 调车作业过程中应该看清与确认的情况

(1)线路情况、停留车位置情况;

(2)道岔开通情况、信号显示情况;

(3)车下障碍物与异物情况;

(4)检修线以及所进入线路作业情况及进出库房大门情况;

(5)连挂的车辆情况;

(6)走行速度情况、道口四周情况;

(7)参加调车作业的人员情况等。

2. 注意事项

(1)所有在车站进行的调车作业,应以确保正线正常运营为基础条件合理安排调车作业程序、时机,不得以任何理由影响和干扰正线运营。

(2)基地接车前10min停止调车作业,不迟于列车到达前4min开放接车信号。

(3)基地发车前10min停止调车作业,不迟于列车发车前2min开放发车信号。

(4)基地在列车运行图规定的接发列车以外时间,运转值班员可以确定场内的调车作业;但与行车调度员布置的临时接发列车命令有抵触时,以接发列车作业为主,必须先进行调车作业时,应得到行车调度员的批准同意。

调车作业时因特殊需要必须越出站界、场界调车时,应事先报告行车调度员,得到批准同意后,由行车调度员发给调车作业有关人员调度命令,越出站界、场界进行调车的凭证,调车人员应严格按命令要求执行。

3. 终止调车作业条件

(1)在调车作业中,调车人员显示的信号得不到司机回示或认为速度过快以及其他异常情况必须立即显示停车信号。

(2)司机在无法瞭望信号、信号中断、联络中断或者认为有异常情况时必须立刻停车。

(3)信号楼信号员发现调车作业人员或作业过程有违反安全规定时,应立即采取措施,命令调车作业终止。

(4)基地或车站管理人员发现有危及调车作业安全、设备安全、人身安全的情况时,应立刻通知有关人员停止调车作业。

4.调车作业中"连挂"与"摘钩"

在一般的调车作业中,除了列车、机车的转线、出场以外,调车过程均通过"连挂"作业后的移动来实现调车作业的目的,因此,在其他相关的作业中,"连挂"是最重要的环节。

在调车作业中的"摘钩"或"解钩",是由于"连挂"而产生的。它是确定调车过程中列车或车辆的停放位置。

我们通常说的"连挂"是指在调车作业过程中列车、车辆、机车相互连接组编成为一组或多组的调车作业过程。调车作业中的"连挂"与"摘钩"是通过调车作业人员的操作由机械或电子设备的动作而完成的,参加调车作业的调车人员应根据有关制度规定执行操作程序。

(1)连挂作业前,推进车辆进行时,调车人员必须向司机显示"三、二、一车"距离信号,如果调车人员没有显示"三、二、一车"的距离信号,则不准进行连挂;调车人员显示的信号若没有得到司机的回示,则应立刻显示停车信号。此外,没有停留车位置的距离信号,司机应拒绝挂车。

(2)单机或牵引车辆挂车时,由于司机的瞭望视线不受影响,调车人员可以不显示"三、二、一车"距离信号,但是为了确保连挂作业的安全,调车人员应在与被连挂车辆即停留车位置接近三车距离时,显示连接信号,调车司机在瞭望后确认鸣笛回示。

(3)"三、二、一车"距离信号除了表示距离的含义外,通常还包含以下意义:

①"三车"时司机应掌握运行速度8km/h;

②"二车"时司机应掌握运行速度5km/h;

③"一车"时司机应掌握运行速度3km/h。

为了不使司机对信号显示产生误解,在显示距离信号后,一般不再显示减速信号。

(四)调车作业的基本因素

任何一种调车作业都是由若干调车钩和调车程这两种基本因素组成。调车钩通常是指机车连挂或摘解一组车辆的作业,它是衡量调车工作量的一种基本单位,调车作业计划就是以调车钩为单位,按作业顺序排列的。调车程是指机车或机车连挂车辆加减速一次的移动,调车程按其组成因素有以下六种类型,如图2-22所示。

(1)加速—制动型,即机车加速到一定速度后立即制动。

(2)加速—惰行型,即机车加速到一定速度后以惰力运行。

(3)加速—惰行—制动型,即机车加速到一定速度后,以惰力运行一段距离,然后制动停车。

(4)加速—定速—制动型,即机车加速到一定速度并定速运行一段距离后制动。

(5)加速—定速—惰行型,即机车加速到一定速度并定速运行一段距离后,以惰力运行。

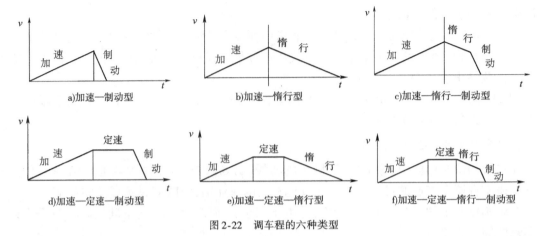

图 2-22 调车程的六种类型

(6) 加速—定速—惰行—制动型，即机车加速到一定速度后定速运行，走行一定距离后，先惰行后制动停车。

根据调车作业的种类和调车距离，可采用不同的调车程。短距离调车，通常采用前三种类型的调车程；长距离调车，通常采用后三种类型的调车程。各种调车程所需的时间决定于很多因素，其中主要的有：调车机车类型，调车程长度，调动车数和重量，调车允许速度，调车设备条件，气候及调车人员技术水平等。

(五) 车辆段场内手推车辆调车作业

为加速调车作业，短距离移动车辆，可使用手推调车。调车负责人在得到手推调车的许可后，确认道岔开通方向正确，依据调车信号机或调车人员的手信号显示进行。为保证手推调车作业的安全，应严格控制调车速度，一般不得超过 3km/h，每次只准许调一辆车，并采用铁鞋以防车辆运行失去控制造成事故。

(六) 调车作业的限制

进行调车作业时，由于行程短，经常变更走行方向，所以，调车速度应按《技规》规定严格掌握；遇有天气不良时，应适当降低运行速度。在尽头线上调车，距线路终端应有 10m 的安全距离；遇特殊情况，必须近于 10m 时，应严格控制速度，采取制动措施。地铁线路上严禁使用溜放调车。

遇到特殊情况需要越出车场占用出入段线进行调车时，原则上按照列车办理，未经行车调度员同意不能使用出入段线进行调车作业。

知识链接

某地铁运营分公司车场乘务应急处理规定(部分)

1. 信号设备故障的应急处理程序

1.1 道岔故障的应急处理程序

1.1.1 信号楼值班员在办理电客车出入车场时，道岔故障出现红闪，必须立即报告场调，由场调报维修调度员，待信号人员到信号楼值班室确认信号设备故障情况。信号楼值班员按场调的指示，做好故障道岔封闭后，排列变更进路或人工排列进路进行办理接、发车；

1.1.2 道岔发生故障时,信号楼值班员应在控制台上做好防护措施,谨防错办进路;

1.1.3 发生道岔尖轨不密贴时,信号楼值班员立即通知场调,场调报维修调度员,待工务人员、通号值班人员到现场确认,经同意,人工加锁道岔后方可使用。

1.2 轨道电路故障的应急处理程序

1.2.1 接发车线路轨道电路故障时。

(1)线路有机车车辆占用,但轨道电路无显示时,信号楼值班员必须在微机联锁工作站上封闭相关信号机;

(2)线路无机车车辆占用,而轨道电路显示红光带时,信号值班员立即报场调,场调报维调,待信号维修人员、工务人员到现场处理。

1.2.2 转换轨有红光带无法出清时。

信号楼值班员在TYJL-Ⅱ系统上发现转换轨有红光带无法出清时,应立即报告车场调度员。由车场调度员向维修调度员和行车调度员报告上述情况。在接、发列车过程中出现的问题严格执行行车调度员的指令进行行车。发车时:信号楼值班员在得到确认转换轨空闲可以发车命令后,首先应排列股道至转换轨间进路,如遇信号机无法开放的应接通光带操作所需道岔到达正确位置后进行单锁。在确认进路完整后方可通知司机该条进路开放,允许越过某个信号机到达什么位置。同时做好记录。在接车时:信号楼值班在与司机确认列车进入转换轨停稳后,可以按照正常调车方式办理进路。

1.2.3 转换轨占用不能正常显示时。

(1)电客车出入车场,转换轨出清后,转换轨不正常解锁时,信号楼值班员应立即报告场调,由场调报告行调,待值班的信号维修人员检修处理;

(2)未办理电客车出入车场作业,但转换轨线路光带点亮,在未查明原因情况下,禁止办理电客车出入车场作业。

1.2.4 排列进路,开放信号后,进路光带没显示时。

排列进路,开放信号后,进路光带没显示时,必须通过接近光带和道岔定/反位表示确认进路上道岔位置正确,并单独加锁进路道岔。

1.3 信号机故障的应急处理程序

1.3.1 发现信号机故障时,电客车司机立即停车报告信号楼值班员,并按照命令动车。

1.3.2 信号楼值班员立即报告场调,场调报维调,及时调整出入车场进路安排,待信号值班人员到现场处理。

1.3.3 信号楼值班员及时通知电客车司机和工程车司机信号机故障情况,并要求其按命令行车。

2.挤岔的应急处理程序

2.1 信号楼值班员的应急处置

2.1.1 微机联锁设备有"挤岔报警"时,信号楼值班员须立即确认报警信息和机车车辆动态。确认为挤岔时,信号楼值班员立即用手持台呼叫"车场内所有司机紧急停车";同时向场调报告,报告内容包括挤岔号码、发生挤岔的机车车辆号码等。

2.1.2 发生挤岔后,信号楼值班员根据场调的要求设置封锁防护,同时通知封锁范围以外的车辆可继续按照信号显示运行。

2.1.3 信号楼值班员密切与事故处理负责人联系,积极配合,正确及时按抢修需要准备进路,开放信号。

2.1.4 当机车车辆移出事故地点,被挤坏的道岔已修复,经试验良好后,信号楼值班员、通号值班员及工务人员共同确认并办理交付使用手续。

2.2 司机的应急处置

2.2.1 司机在车辆运行过程中发现走行部有异响或信号楼值班员呼叫"紧急停车"时,应立即紧急制动停车,经场调批准后下车确认道岔情况。

2.2.2 确认已挤岔后立即报场调,并按场调指令执行,严禁擅自动车;事故处理中,司机须积极配合事故抢修工作,严格按照现场指挥的指示的运行方向、规定速度和运行距离动车,并密切监视机车车辆动态,发现异常及时采取措施。

2.2.3 属于严重挤岔,造成电客车脱轨时,按照相关预案执行。

2.2.4 当机车车辆移出事故地点,机车车辆具备运行条件时,按照场调指令将机车车辆开到指定地点停车。

2.3 场调的应急处置

2.3.1 接到司机、信号楼值班员或其他人员"挤岔"报告后,首先了解具体地点、挤岔号码、发生挤岔的机车车辆等情况,立即把情况报告行调和轮值工程师,并及时通知派班员。

2.3.2 向当事人了解有关情况,并令派班员配合按《应急信息报告规定》报相关人员。

2.3.3 如果抢修需要接触网停电,场调须与电调联系落实停电事宜。

2.3.4 需要动车前,须经现场指挥确认车辆状态、线路、道岔状况达到运行条件并同意动车后,场调方可按要求指挥司机动车。

2.3.5 当机车车辆移出事故地点后,封锁事故现场进行抢修,被挤坏的道岔修复,经试验良好后,抢修负责人到场调处补办登记手续和办理交付使用手续。

2.4 派班员的应急处置

2.4.1 派班员接到挤岔报告后,配合场调按《应急信息报告规定》报相关人员。

2.4.2 向出勤司机传达相关信息和安全注意事项。

3. 脱轨的应急处理程序

3.1 司机的处理

3.1.1 发生脱轨时,司机立即施加紧急制动严禁擅自动车并报告场调。

3.1.2 做好事故现场的防护工作,收集现场情况,等到现场处置机构临时指挥负责人赶到现场时做好交接工作。

3.2 场调的处理

3.2.1 场调接到报告后立即报行调和轮值工程师,根据车辆脱轨发生的地点判断是否影响正线运营,并将现场情况汇报行调。

3.2.2 如果事故地点不影响正线运营,则组织现场人员对脱轨电客车和所在线路进行抢修;如果事故地点影响正线电客车正常运营,立即将现场情况报告行调,本着"先通后复"的原则,按照《列车事故救援应急预案》的规定处理,首先保证正常接发电客车,其次对脱轨电客车进行修复。

3.2.3 通知信号楼值班员及时变更接发电客车线路。

3.2.4 通知派班员和车辆轮值工程师及时安排替班司机和替用车辆。
3.2.5 确认有无人员伤亡,视现场伤亡情况拨打120。
3.2.6 场调按《应急信息报告规定》进行通报。
3.2.7 做好车场广播和安全防护工作。
3.3 信号楼值班员的处理
3.3.1 接到场调的通知后,立即根据现场情况做好电客车出入库线路的安排,并做好安全防护。
3.3.2 如果影响正常接发车作业,及时与十三号街车站联系,听从行调的统一安排。
3.4 派班员的处理
接到场调的通知后根据要求立即安排备用司机上线运营,保证正线正常运营。
4. 车场内撞压人的应急处理程序
4.1 按照救人第一的原则进行处理。
4.2 司机立即向场调报告,降弓、关主控钥匙,了解事故原因,尽可能找目击证人(2人以上)待公安到场后移交公安。
4.3 场调向信号楼发布该区域的封锁命令,通知公安、120急救中心,担任"现场处置机构临时指挥",指挥抢救,及时将伤者送医院抢救。
4.4 场调通知轮值工程师派人检查被撞电客车、机车车辆的受损情况。
4.5 出清线路后,场调向信号楼值班员发布取消封锁线路命令。
4.6 向行调通报伤亡的情况。

实训2-4 模拟车辆段内应急处理

(1) 搜集各地地铁运营公司车场乘务应急处理规定,并比较各地的异同。
(2) 演练某地铁运营公司车场乘务应急处理作业。

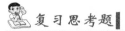

复习思考题

一、简答题

1. 什么是车辆段及综合基地?其由哪些组成部分?
2. 车场接发车作业主要有哪些内容?
3. 调车作业的要求有哪些?

二、判断题(正确的画√,错误的画×)

1. 闭塞区间是指由信号机划分的办理闭塞或完成闭塞功能的区间。　　　　(　　)
2. 接近区段是指对车站接车站线或所防护的道岔而言,进站信号机、防护信号机后方的一段线路。　　　　(　　)
3. 闭塞原则指保证同一区间或闭塞区间内,只允许一个列车占用。　　　　(　　)
4. 限界的安全空间是指在车辆接近限界与设备接近限界之间留有一定的空间。　(　　)
5. 联锁基本原则之一是列车、调车进路上的所有道岔扳动到所需的位置后,防护此进路的

信号机才能开放。 ( )

6. 联锁基本原则之一是当某一进路上的信号机开放后,所有敌对进路的信号机全被锁闭,不能开放。 ( )

7. 按超速防护自动闭塞法行车,列车由车站发车的凭证为车载信号及发车信号机的绿色灯光。 ( )

8. 手摇道岔接发车作业时,必须在行车调度员或车站行车值班员的统一指挥下办理。 ( )

9. 运营时间内,严禁检修闭塞设备、信号设备、联锁设备。 ( )

10. 正在检修中的设备需使用时,经行车调度员同意后即可使用。 ( )

11. 北京地铁行车闭塞法中,超速防护自动闭塞法、自动闭塞法、站间自动闭塞法、电话闭塞法属于基本闭塞法。 ( )

12. 为保证接发列车及调车作业的顺利进行,将道岔与有关信号机或闭塞设备建立起一种相互联系、相互制约的联锁关系,由车站负责管理、统一操纵。 ( )

13. 当转辙机机械锁闭失去控制时,不能实现机械锁闭时,可进行人工加锁。 ( )

14. 分界标设于超速防护自动闭塞区段的两个闭塞区间之间分界点处,安装在右侧墙上。 ( )

15. 信号机故障是指信号机灯光熄灭、显示不正确或不明了等,使行车人员不明确列车运行条件的现象。 ( )

16. 联锁是为保证行车安全,通过技术方法使信号、道岔和进路间建立的一种相互联系、相互制约的关系。 ( )

17. 冲突是列车、车辆之间或与其他设备发生碰撞,引起的各种行车事故。 ( )

18. 进路是指列车、调车车列在站线范围内运行所经过的路径。 ( )

19. 远离区段是对车站发车站线而言,出站信号机内方的一段线路。 ( )

20. 闭塞是为了防止列车在区间发生冲突或追尾事故,使列车按照空间间隔或时间间隔安全运行的技术方法。 ( )

21. 闭塞原则是保证同一区间或闭塞区间内,同时只允许一个列车占用。 ( )

22. 行车闭塞法是为保证行车安全,通过相邻两站间、闭塞分区、ATP区间或人工控制,使一条线路上对向列车不能同时开出,同向列车之间保持一定距离的技术方法。 ( )

23. 闭塞分区是以超速防护闭塞的分界标或自动闭塞的通过信号机(包括防护信号机)为分界线,而划分的闭塞区间。 ( )

24. 基本闭塞法是为保证列车运行安全,地铁根据各条线路的站间距离、行车密度等因素的需要,采用不同的闭塞设备,各条线路在基本设备正常时所使用的闭塞方式。 ( )

25. 超速防护自动闭塞是根据列车自动防护系统和列车的运行而自动完成闭塞的一种行车组织方法。即将站间区间划分为若干个区间,并安装轨道电路,借助轨道电路发出的速度码自动控制列车运行的行车闭塞法。 ( )

26. 自动闭塞是依据列车运行自动完成闭塞的行车组织方法。即将站间区间划分为若干个区间并装置轨道电路,在每一个闭塞分区入口处安装通过信号机,借助轨道电路自动控制通过信号机的显示,控制列车间隔的行车闭塞法。 ( )

27. 站间自动闭塞是以车站进、出站信号机或指定的分界点信号机为分界线,能自动完成闭塞的行车闭塞法。　　　　　　　　　　　　　　　　　　　　　　　　(　　)

28. 电话闭塞法是人工办理闭塞的一种方法,是由相邻两个车站的行车值班员利用行车专用电话进行联系,以电话记录的方式共同确认闭塞区间空闲后,方准列车进入该闭塞区间运行的行车闭塞法。　　　　　　　　　　　　　　　　　　　　　　　　　　　(　　)

29. 代用闭塞法是当基本闭塞设备故障或其他原因不能使用时,为保证列车运行,达到闭塞区间只有一列列车运行的目的,而临时采用的闭塞法。　　　　　　　　　(　　)

30. 行车凭证是准许列车占用闭塞区间(或闭塞分区)的依据。　　　　　　(　　)

三、实训练习题

2011 年的 4 月,北京地铁 10 号线在正常运营期间,巴沟控区信号设备被雷电击中,使信号系统陷入瘫痪,巴沟至知春路区段的所有列车无信号显示,无法继续按正常模式运行。此种状况,应该怎么组织 10 号线的行车呢?

项目三　城市轨道交通非正常行车组织

学习目标

1. 知识目标
(1) 了解列车运行调整的方法；
(2) 知晓发布调度命令的时机要求；
(3) 了解调度命令的分类和内容、格式样板及传达；
(4) 了解电话闭塞法的接发车作业程序；
(5) 了解电话闭塞解除法；
(6) 了解取消闭塞；
(7) 了解手摇道岔；
(8) 了解组织反方向行车、列车退行；
(9) 了解组织救援列车和工程列车的开行；
(10) 了解在信号故障时接发列车；
(11) 了解在恶劣天气下行车组织。

2. 能力目标
(1) 能够阐述列车运行调整的方法；
(2) 知道发布调度命令的时机要求；
(3) 会发布调度命令；
(4) 能够阐述电话闭塞法的接发车作业程序；
(5) 会利用电话闭塞解除法接发列车；
(6) 会取消闭塞；
(7) 会手摇道岔；
(8) 会组织反方向行车、列车退行；
(9) 会组织救援列车和工程列车的开行；
(10) 能够在信号机故障时接发列车；
(11) 能够在恶劣天气下进行行车组织。

3. 德育目标
(1) 树立城市轨道交通运输生产全局意识；
(2) 培养掌握应急行车安全的意识，树立保证运输生产秩序意识；
(3) 培养多种情况下的有关行车处理的能力；

(4) 理解行车安全第一、冷静沉着应急处理的原则；

(5) 培养团队协作的精神和能力。

项目案例

【案例3-1】 2013年6月19日中国新闻网报道了"杭州地铁18天数次因故障停车,民众质疑其安全性"。

6月5日,杭州地铁1号线因信号系统电源故障,两列车被紧急扣停,引起列车延误20min;此后6月10日,又因计轴控制器故障致部分列车降速行驶,2h后排除故障后才恢复正常行驶,其中26趟列车受影响。

6月13日,杭州地铁1号线中途停留了2次。杭州地铁解释原因为,前日是端午节,下沙方向出现客流高峰,地铁增开加班车,因此部分时段和路段出现了列车延长站停时间配合调度让行的情况。

6月18日下午四时,由湘湖开往文泽路站的地铁列车出现了故障。当时列车是在闸弄口站出现故障的,而离闸弄口站最近的是打铁关站。发生故障后,杭州地铁立即调派了在打铁关运行的一辆列车,将该列车上的乘客清空后,并由打铁关站的这辆列车将故障车辆牵引回车辆基地。

对于频繁的非正常停车,杭州民众对其安全性不免产生了质疑。一个月多次发生故障停车,以后若出现类似情况应该如何组织行车呢?

【案例3-2】 2011年6月23日,因北京大雨造成多线多起安全事故,包括地铁1号线古城洞口进水,如图3-1所示4号线陶然亭站进水,13号线西直门站电缆起火,亦庄线肖村至旧宫区间有钢板卷入等。其中仅1号线古城洞口进水一项,即造成停运35列,晚点153列,中途折返72列,清人80列。

【案例3-3】 2013年1月至10月北京地铁10号线8次信号故障(见表3-1)和5次车辆故障。设备在运营初期有一个磨合的过程,难免出现较多设备故障现象,如何在设备故障的情况下组织行车,是行车组织人员面临的问题。

图3-1 雨水进入地铁车站

北京地铁10号线2013年部分故障　　　　　　　表3-1

时　　间	故　　障
1月16日早	地铁10号线1071次列车在长春桥站发生信号故障,部分列车晚点
1月24日下午	信号故障,列车间隔较大,导致部分列车晚点
2月6日早	1061次列车发生信号故障,导致部分列车晚点运行
7月3日早	西钓鱼台下行出站信号故障,导致部分列车晚点
8月2日早	因信号故障,导致部分列车晚点运行
10月9日早	安贞门至惠新西街南口区间列车信号故障,部分列车晚点
10月23日晚	因信号故障,导致部分列车晚点,部分列车间隔较大
10月24日早	因信号故障导致部分列车晚点

任务描述

在遇到各种各样突发情况的时候，城市轨道交通是如何进行行车组织的呢？控制中心行车调度员如何指挥监督列车运行？车站行车人员又是如何接发列车？列车在区间的运行如何才能保障安全？

非正常情况下行车组织是相对于正常情况行车组织而言的，主要是指由于设备故障、火灾、大客流或运行秩序紊乱等原因不能继续采用正常情况下行车组织方法组织行车。非正常行车作业常见的有信号故障时的行车、列车限速运行、列车人工限制向前运行、列车退行、列车反向运行、列车切除ATP运行、救援列车运行、手摇道岔、信号闭塞降级运行、中断运营等行车过程。

城市轨道交通由于采用较先进的设备，自动化程度较高，正常情况时行车组织作业主要是利用先进设备监控列车运行。然而越先进的设备，由于平时很少遇到故障情况，一旦出现故障，则越考验各级行车人员的行车组织能力、事故处理能力及应变能力。因此，城市轨道交通运营企业非常重视非正常情况下行车组织演练，以加强员工对非正常情况下的处理能力的培养。

本项目学习城市轨道交通系统非正常情况下行车组织的基本方法，以国内部分轨道交通系统设备为例介绍具体操作程序及作业流程。其具体操作程序及作业流程与所采用的运输设备有关，本项目提供的流程仅供参考。

一般出现非正常情况时，调度员是以调度命令的方式来指挥列车运行，所以正确发布调度命令是调度员的基本功。那么，调度员是如何发布调度命令的呢？

任务一　发布调度命令

一、列车运行调整的方法

实践证明，行车组织的主要困难在于发生列车运行秩序混乱时的调度指挥。当列车偏离运行计划不大时，ATS系统可以进行自动列车运行调整。超出一定范围时，需要行车调度员人工干预进行列车运行调整。

一般情况下，列车运行调整方法主要有如下几点：

(1) 始发站提前或推迟发出列车。

(2) 组织列车赶点，即根据车辆的技术性能、司机操作水平和线路允许速度，组织列车加速运行，恢复正点。

(3) 压缩中间站停站时间，即通过组织车站快速作业，压缩停站时间。

(4) 组织列车不停车通过部分车站。列车不停车通过可分为载客通过和列车放空通过两种情况。应严格控制列车载客通过车站，仅因车辆故障、设备故障、事故或车站因乘客滞留造成人多拥挤等原因引起运行秩序紊乱，或特殊需要，方准列车载客通过车站，而末班车不能载客通过车站。在组织列车通过车站时，行车调度员应提前下达命令。司机和车站有关人员应对乘客做好宣传解释工作，以防乘客恐慌。车站应维持秩序，严密组织好乘客乘降，确保乘客安全。

(5)变更列车运行交路,组织列车在有条件的中间站折返。

(6)组织列车反方向运行。在双线线路上,如一个方向列车密度较大,另一个方向列车密度较小,为恢复正点运行,可利用有道岔的车站的渡线,将列车转到列车密度较小的线路上反方向运行。

(7)扣车。当一条线路的列车由于车辆、设备故障或其他原因不能正常运行,造成换乘站站台上乘客拥挤时,行车调度员可采取扣车措施,即将另一条线路的列车扣在换乘站附近的各个车站,以缓解换乘站的压力。扣车时间一般应控制在 10min 内,如果堵塞线路的列车在短时间内不能恢复正常运行,可组织扣下的列车在换乘站通过。

(8)调整列车运行行车间隔。当换乘站由于客流剧增造成作业困难时,行车调度员可根据列车的运行情况,适当调整列车运行时间间隔,尽量避免各线列车同时到达换乘站。

(9)抽线停运列车。调度员调整列车运行,可根据列车运行的实际情况进行选择,也可将上述列车运行调整方法综合使用。

调度员进行列车运行调整过程通过发布调度命令的方式来实现。

二、发布命令的时机

调度命令是行车调度员在调度指挥过程中对行车有关人员发出的要求,并强制其配合完成的指令。行车调度员在发布命令之前,应详细了解现场情况,并听取有关人员的意见。一般遇到如下情况之一时需要发布调度命令。

(1)封锁、开通区间;
(2)开行施工列车、试验列车;
(3)有关人员登乘驾驶室;
(4)封站或解除封站;
(5)控制权转换;
(6)临时变更或恢复原行车闭塞法;
(7)反方向运行;
(8)列车限速运行;
(9)区间疏导乘客;
(10)列车在站通过;
(11)列车清人;
(12)列车救援;
(13)行车调度员认为有必要发布命令的其他情况。

三、发布调度命令的要求

发布调度命令时应当注意:
(1)调度命令只能由调度员发布。
(2)调度员发令前,应详细了解现场情况,使得命令准确无误、切实可行。
(3)先拟后发,正确及时,一事一令。其内容简明扼要、用语标准。
(4)下达命令时,应填记《调度命令登记簿》,指定受令人员中一人复诵,再给发令时间和命令号码。如图3-2所示受令人员可以包括车站行车值班员、司机、车辆段值班员、施工负责人或其他相关人员。

(5)严格使用标准用语,尽量使用模板命令。

(6)限速调度命令一般应停车传达。

(7)一般不能以周、日、临时施工计划代替调度命令,尤其是有关限速的施工。

(8)临时限速调度命令给未出乘司机可由车辆段车场交付;在正线运行的列车应由停车站交付,不能遗漏。

(9)变更闭塞一定要确定列车位置、区间空闲。

(10)发布关于施工或限速的调度命令要注意线别、里程数要按运行方向排序,尤其是限速命令。

【案例3-4】 如图3-3所示,因捣固轨枕施工,科技园至世界之窗站间上行线15km+800m~15km+500m处限速45km/h,公里数位置不能相反。

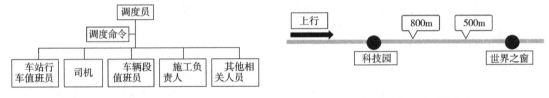

图3-2 调度命令受令人　　　　　图3-3 限速命令位置描述示意图

四、调度命令分类

指挥行车工作的指令有口头通知和调度命令(包括口头命令和书面命令),如图3-4所示。各种调度命令的区别见表3-2。调度命令内容包括命令时间、命令号码、受令处所、命令内容、受令人姓名、复诵人姓名及发令人姓名或代号。

1. 口头命令(相关教学资源见二维码13)

口头命令一般为单个受令对象,多为列车司机,多为短期性指令;口头命令同样具有调度命令的严肃性,用于行车指挥工作的调度电话、自动电话和无线电话,须有良好的录音装置。通信内容须录音保存。

图3-4 调度命令分类

二维码13

各种调度命令的异同点　　　　　表3-2

区别项目 \ 命令形式	口头命令	书面命令
发布方式	口头	书面
发令对象	一般为一个	一般为两个以上
内容性质	短期性指令	较长时间影响行车
共同点	都是正式调度命令,都需要下达发令时间,命令号,需要在《调度命令登记簿》上登记	
口头通知与上述两种调度命令的区别	无须调度命令号码,不必在《调度命令登记簿》上登记的口头指示	

行车调度员遇有下列情况时,通常发布口头调度命令:

控制权下放或收回;列车改按降级驾驶模式运行时;须使列车限速运行;有车线引导接车;站内或区间退行;列车临时需要清客;停止或恢复售票;特殊情况下需要封站时;在发生灾害的特殊情况下,停站列车临时改为通过时等情况。

口头通知常用于提醒等情况。例如:行车调度员给出口头命令:"命令号321,01103次华强北站广播清客",司机复诵:"01103次华强北站广播清客,01103次司机明白"。又例如:行车调度员口头通知司机"01103次六约站停站超时,晚点1分20秒,注意运行",司机复诵"01103次注意运行,司机明白"。

2. 书面命令

书面命令一般至少有两个受令对象,有时还需要送达司机;较长时间影响行车的命令一般以书面命令的形式发布。图3-5a)所示为停运加开列车的调度命令;图3-5b)所示为变更闭塞方法的调度命令。

a) 停车加开列车的调度命令

b) 变更闭塞方法的调度命令

图3-5 调度命令示例

在录音设备故障时,遇有救援列车、反方向行车以及ATP切除运行均需要发布书面调度命令。调度命令须在执行前发布给命令执行人。若无法直接发布时,由综控员以书面形式转交给命令执行人。

五、调度命令的内容和格式

(一)调度命令的内容

调度命令的内容包括发令人、受令单位、受令人、命令要求等。书写调度命令应简明扼要、用语规范。常见的书面命令样板如下:

1. 采用站间电话联系法行车命令

受令者:□□站至□□站,□□站并交□□司机

内容:"因_____站联锁设备故障,自发令时起,_____站至_____站_____行线正线采用站间电话联系法组织行车。"

2. 区间下人命令

受令者:□□站并交□□司机

内容:“自______时起,准__________单位人员__________,凭令登______次列车,在______站至______站______行区间抢修施工。”

3. 救援命令

受令者:□□站至□□站,□□站并交□□司机

内容:“自______时起,准______站______行故障列车清客,同时,______次在______站清客后开救________次至______站(站外)与故障车连挂(牵引/推进)运行至______站(回段/折返线)。”

4. 限速命令

受令者:□□站至□□站,车辆段派班室,□□站(车辆段派班室)并交□□司机

内容:“自______时起,至______时止,______站至______站______行线列车限速______公里/小时运行。”

5. 取消限速命令

受令者:□□站至□□站,车辆段派班室

内容:“自______时起,取消______站至______站______行线列车限速______公里/小时,恢复正常速度运行。”

6. 封锁区间命令

受令者:□□站至□□站并交□□司机

内容:“自______时起,至______时止,段(站)发______次至______站(站外或折返线),______站(站外或折返线)至______站(站外或折返线)封闭,准______次凭令进入封锁区间。______次至______站(站外或折返线)后,封锁区间自行解除。”封锁命令与解除命令成对出现。如图3-6a)为封锁调度命令;图3-6b)为封锁区间解除调度命令。

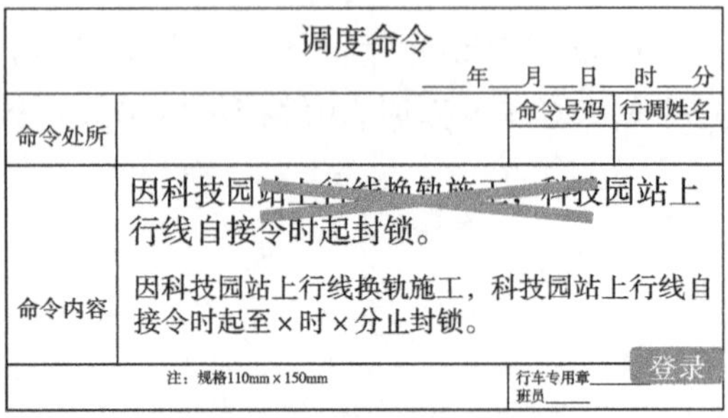
调度命令
___年___月___日___时___分
命令处所
命令号码
行调姓名
命令内容
因科技园
技园站上
行线自接令时起封锁。
因科技园站上行线换轨施工，科技园站上行线自接令时起至×时×分止封锁。
注：规格110mm×150mm
行车专用章
班员
登录

a)封锁调度命令

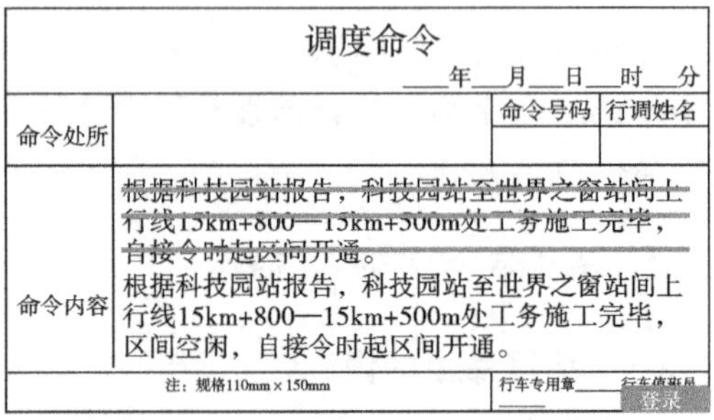
调度命令
___年___月___日___时___分
命令处所
命令号码
行调姓名
命令内容
根据科技园站报告，科技园站至世界之窗站间上行线15km+800—15km+500m处工务施工完毕，自接令时起区间开通。
根据科技园站报告，科技园站至世界之窗站间上行线15km+800—15km+500m处工务施工完毕，区间空闲，自接令时起区间开通。
注：规格110mm×150mm
行车专用章
登录

b)封锁区间解除调度命令

图3-6　封锁区间调度命令示例

7. 加开施工列车命令

受令者:车场信号楼、派班室(站)至站、车场派班室(站)并交司机

内容:“因______单位施工需要,准(车场)______站至______站上/行正线加开__________次,返程______站至________站(车场)开________次;______次由车场(______站)时分开;________次凭地面信号显示行车;______次到______站上/下行站台待令。”

为使行车调度命令发布规范化、用语标准化,调度命令内容更加准确、简练、清晰、完整,从

而提高工作效率,确保生产安全,各城市轨道交通运营企业通常对常用的行车调度命令格式和用语进行统一规定,目的是强化发布调度命令的标准化作业,保证行车安全。

(二)调度命令的格式

目前,我国城市轨道交通行车还没有统一的技术管理规程和调度工作规则,随着轨道交通事业的蓬勃发展,相应的技术管理规程、调度工作规则及行车组织规则等重要规章会逐步进行统一颁布。

为使行车调度命令格式化,借鉴国铁,以国内部分城市轨道交通系统为例,常用的调度命令格式可参见表3-3。

调度命令　　　　　　　　　　　　　　　　　　表3-3

_____年___月___日___时___分

受令处所		命令号码	行车调度员姓名
命令内容			

1. 救援命令

(1)救援列车加开命令格式,见表3-4。

救援列车加开命令格式　　　　　　　　　　　表3-4

受令处所	××站至××站(车辆段信号楼、派班室),××站(车辆段)交××次司机	日期	命令号码	行车调度号代号	发令时间
		×××	×××	×××	×××
命令内容	①因××次在××站上/下行线(××站~××站上或下行线××km+××m)故障请求救援,准××站(车辆段)~××站上/下行线加开××次到××站上/下行线(××站~××站上或下行线××km+××m)担任救援工作,连接××××次后,推送到××线(车辆段)[或返程××站~××站上/下行线开××次到××线(车辆段)]。 ②××次由×××次担任,在××站清客担任救援。 ③注意防护信号和安全。 ④××次到××站上/下行站台待令				

(2)封锁命令的格式,见表3-5。

封锁命令的格式　　　　　　　　　　　　　　表3-5

受令处所	××站至××站,××站交××次司机	日期	命令号码	行车调度员代号	发令时间
		×××	×××	×××	×××
命令内容	①自发令时起,××站至××站上/下行正线线路封锁。 ②准××次进入该封锁线路进行救援工作				

(3)解封命令的格式,见表3-6。

解封命令的格式　　　　　　　　　　　　　　表3-6

受令处所	××站至××站,××站交××次司机	日期	命令号码	行车调度员代号	发令时间
		×××	×××	×××	×××
命令内容	自发令时起,前发×××号令取消,××站至××站上/下行正线线路开通				

2. 限速和消限命令

(1) 限速命令的格式,见表3-7。

限速命令的格式 表3-7

受令处所	车辆段派班室、车辆段调度、××站至××站,车辆段派班室交各次列车司机(××站交××××次司机)	日期	命令号码	行车调度员代号	发令时间
		×××	×××	×××	×××
命令内容	①根据×××的要求,自发令时起至另有通知时止,××站至××站上/下行线(××km+××m～××km+××m,轨道区段×××),限速××km/h。②各次列车司机加强瞭望,注意安全,出现问题及时采取措施,及时与行车调度员联系				

(2) 消限命令的格式,见表3-8。

消限命令的格式 表3-8

受令处所	车辆段派班室、车辆段调度、××站至××站,车辆段派班室交各次列车司机	日期	命令号码	行车调度员代号	发令时间
		×××	×××	×××	×××
命令内容	自发令时起,前发×××号令取消,××站至××站上/下行线(××km+××m～××km+××m,轨道区段×××)限速取消,恢复正常速度运行				

3. 站间电话联系法

(1) 采用站间电话联系法的格式,见表3-9。

采用站间电话联系法的格式 表3-9

受令处所	××站至××站,××站交××××次司机	日期	命令号码	行车调度员代号	发令时间
		×××	×××	×××	×××
命令内容	因××站联锁设备故障,自发令时起,××站至××站上/下行正线实行站间电话联系法组织行车				

(2) 停止使用站间电话联系法的格式,见表3-10。

停止使用站间电话联系法的格式 表3-10

受令处所	××站至××站,××站交××××次司机	日期	命令号码	行车调度员代号	发令时间
		×××	×××	×××	×××
命令内容	自发令时,前发×××号令取消,××站至××站恢复正常信号行车				

4. 开行调试列车命令

(1) 信号系统正常的调试命令格式,见表3-11。

信号系统正常的调试命令格式 表3-11

受令处所	车辆段信号楼、派班室、××车站,车辆段派班室(××站)交×××次司机	日期	命令号码	行车调度员代号	发布时间
		×××	×××	×××	×××
命令内容	①因××调试需要,准车辆段至(××站)至××站上/下正线加开×××次,××站至××站上/下行线加开××××/××××次、×××××/×××次……,××站至××站(至车辆段)加开×××次。②各次列车按信号显示及调试负责人的指示动车。③×××次到××站上/下行站台待令				

（2）信号系统不正常的调试命令格式，见表3-12。

信号系统不正常的调试命令格式 表3-12

受令处所	××站至××站，××站交××××次司机	日期	命令号码	行车调度员代号	发令时间
		×××	×××	×××	×××
命令内容	①自发令时起，××站至××站上/下行正线线路封锁。 ②准××××次进该封锁线路并往返调试。 ③××××次作业完毕到××站上/下行站台待命				

注：车次按调试时刻表进行。若无时刻表，封锁线路的调试，上、下行各给一个车次；不封锁线路的调试，先联络负责人，确定跑几个往返后编定车次。

5．调车命令

调车命令的一般格式，见表3-13。

调车命令的格式 表3-13

受令处所	车辆段信号楼（××站）至××站，车辆段（××站）交××××次司机	日期	命令号码	行车调度员代号	发布时间
		×××	×××	×××	×××
命令内容	①自发令时起，准××××次占用××站至××站上/下行正线进行调车作业。 ②加强瞭望，注意安全				

六、调度命令的传达

行车调度员发布调度命令时，在车辆段由派班员负责传达，在正线由车站值班站长（行车值班员）负责传达，传达给司机或其他有关人员的书面命令应盖有车站（车辆段）行车专用章。

行车调度员在发布调度命令时，须指定受令人员中一人复诵，认真核对受令人员的复诵内容，发现错误应及时更正。受令人员在接收命令中如有遗漏或不明之处，应及时向发令行车调度员提出核对、更正。如调度命令需要转交时，须根据命令内容所涉及的单位或人员，及时转交调度命令。

书面调度命令须填写《调度命令登记簿》，见表3-14。

调度命令登记簿 表3-14

年　月

月日	命令				复诵人姓名	接受命令人姓名	行车调度员姓名	阅读时刻（签名）
	发令时间	命令号码	受令及抄知处所	内容				

行车调度员应掌握工程车的运行，了解装卸车作业进度，检查工程车进出工程领域的情况，以确保运营安全。

七、发布调度命令案例

【案例3-5】 2011年12月1日当前时分，如图3-7所示，深圳地铁021次载客列车在华侨城站清客,原车体加开 211 次运行至深圳大学站。请向司机发布清客调度命令,发布临时停运、加开列车的列车调度命令。

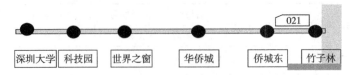

图 3-7 当前运行状况示意

这种情况下,司机发布清客调度命令时常常会口头命令,命令号码×××,021 次列车华侨城站广播清客。随后发布停运加开列车书面命令,见表 3-15。

停运加开列车书面命令　　　　　　　　　　　　　　　　　　　表 3-15

调度命令 2011 年 12 月 1 日 10 时 27 分				
受令处所	侨城东站至科技园站,华侨城交 021 次司机	命令号码	行车调度员代号	
^	^	102	287	
命令内容	准 021 次华侨城站停运,原车体华侨城站至深圳大学站间加开 211 次,按现行时分运行			
注:规格 110mm×150mm		行车专用章××× 行车值班员×××		

如果前面发的调度命令错误,应先取消前发的调度命令,再发新的调度命令。命令内容为:自发令时起,前发×××号命令取消。

【案例 3-6】　如图 3-8 所示,2013 年某月某日当前时分,侨城东站至科技园站下行线(竹子林到深圳大学方向)联锁设备故障,拟改用电话闭塞组织行车。请在适当时间内,向相关单位发布调度命令。

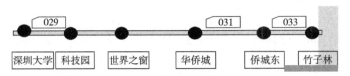

图 3-8 位置示意图

这种情况下,调度员会首先发布口头调度命令,受令处所是 031 次司机、华侨城站。内容为:准 031 次列车越过××信号机,按照人工引导接车办法运行至华侨城站台停车,命令号码 103,调度员 287。然后接着发布书面命令,内容见表 3-16。

变更闭塞为电话闭塞法行车　　　　　　　　　　　　　　　　　表 3-16

调度命令 2011 年 12 月 1 日 10 时 55 分				
受令处所	侨城东站至科技园站,华侨城交 031 次司机,侨城东站交下行各次司机	命令号码	行车调度员代号	
^	^	104	287	
命令内容	因侨城东站至科技园站间信号联锁设备故障,自接令时起,侨城东站至科技园站间下行线改用电话闭塞法行车			
注:规格 110mm×150mm		行车专用章××× 行车值班员×××		

> **实训 3-1　发布调度命令和接受调度命令**
>
> 请模拟不同场景发布调度命令,并完成表 3-4～表 3-13 调度命令的填写。
> 请扮演调度命令接受人,接受复诵调度命令内容过程。
> 请在《调度命令接受簿》抄写调度命令。

任务二　站间自动闭塞法行车

一般基本闭塞法为超速防护自动闭塞时,遇到 ATP 车载设备故障时会改按站间自动闭塞法行车或有时按照进路闭塞法行车。

站间自动闭塞以车站进、出站信号机或指定的分界点信号机为分界线,能自动完成闭塞的行车闭塞法。

一、闭塞分区

站间自动闭塞分界线包括有:进、出站信号机,防护信号机,分界点信号机。

闭塞区间包括多种情况:出站信号机—进站信号机;出站信号机—出站信号机(例如北京地铁 5 号线、机场线);出站信号机—防护信号机;出站信号机—区间分界点信号机;区间分界点信号机—进站信号机;区间分界点信号机—区间分界点信号机。

二、闭塞设备

闭塞设备:站间自动闭塞设备。
实现方法:由设备自动完成。

三、行车凭证

行车凭证:车站出站信号机或分界点信号机闪动的绿色灯光或闪动的黄色灯光。

四、工作原理

站间自动闭塞有时作为基本闭塞方法,有时是代用闭塞法的一种。当基本闭塞法因故不能使用时,通过车站综控员的操作,人工转换为站间自动闭塞。

如图 3-9 所示,出站信号机或区间分界点信号机与同方向相邻区间分界点信号机或相邻前方站进站信号机间,地面信号系统根据列车前方站间区间的占用情况,自动控制后方站出站信号机的关闭和开放。当前次列车整列进入前方闭塞区间后,自动开放后方站出站信号机或区间分界点信号机,出站信号机或区间分界点信号机显示闪动的绿色灯光(或闪动的黄色灯

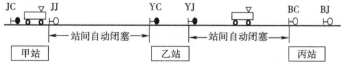

图 3-9　站间自动闭塞工作原理和闭塞区间示意

光)。司机根据地面的信号机的显示驾驶列车。

五、行车注意事项

站间自动闭塞作为一种代用闭塞法只能由车站综控员办理。

列车到达前方站后,后方站出站信号机可自动开放,减少人工办理,提高运营效率。其通过能力低于超速防护自动闭塞,但通过能力及安全系数高于电话闭塞。

任务三 进路闭塞法行车

一、闭塞分区

进路闭塞是以同方向两架相邻信号机为分界线,能自动完成闭塞的行车闭塞法。

进路闭塞分界线:出站信号机,防护信号机,顺向阻挡信号机。闭塞区间:同方向两相邻信号机间。

二、闭塞设备

闭塞设备:进路闭塞设备。
实现方法:由设备自动完成。

三、行车凭证

行车凭证:信号机稳定的绿色或黄色灯光。

四、工作原理

进路闭塞常常是作为代用闭塞法使用,当基本闭塞法因故不能使用时,通过设备自动转换或人工操作,使地面信号机由灭灯状态转换为点灯状态。

地面信号系统根据列车运行前方区间的占用情况、进路排列情况,自动控制后方信号机的关闭与开放。司机根据地面的信号机的显示驾驶列车。

五、行车注意事项

进路闭塞可以作为基本闭塞法使用,有时常作为代用闭塞法,可由行车调度员集中办理,也可将控制权下放到车站办理。

列车到达前方相应区间后,后方信号机可自动开放,以减少人工办理,提高运营效率。其通过能力低于超速防护自动闭塞,但通过能力及安全系数高于电话闭塞。由设备自动完成闭塞区间内信号机的点灯,无须人工操作。

任务四 电话闭塞法行车

一般基本闭塞法为超速防护自动闭塞,遇到 ATP 车载设备故障时会改按站间自动闭塞法行车或有时按照进路闭塞法行车。当站间自动闭塞法行车或进路闭塞法行车仍不能进行时，往往采用电话闭塞法行车。

一、基本原理

1. 闭塞分区

电话闭塞法是人工办理闭塞的一种方法，是由相邻两个车站的行车值班员利用行车专用电话进行联系，以电话记录的方式共同确认闭塞区间空闲后，方准列车进入该闭塞区间运行的行车闭塞法。图 3-10 为电话闭塞工作原理示意。

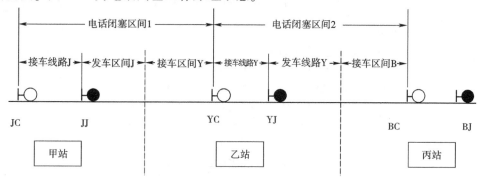

图 3-10　电话闭塞工作原理示意图

电话闭塞法分界线是各站出站信号机，闭塞设备是车站行车闭塞电话，实现方法是通过人工完成。闭塞区间是指车站出站信号机至前方相邻站出站信号机之间的范围。行车凭证是指出站信号机稳定的绿色灯光（人工控制）。

使用电话闭塞时应注意：电话闭塞应通过人工完成，所以闭塞区间的空闲应经人工确认。一个电话闭塞区间需两个车站共同确认。电话闭塞区间分为接车区间、接车线路、发车区间三部分，接车站需确认接车区间、接车线路空闲；发车站需确认发车区间空闲。电话闭塞一般作为代用闭塞法使用，只能由车站综控员办理。

2. 电话闭塞法的使用时机

通常遇到下列情况之一时，会改为按照电话闭塞法行车：

（1）列车反方向运行时；

（2）按进路闭塞法行车时，连续两个站间区间及其以上范围内计轴设备故障，无法通过控制台确认列车位置时；

（3）遇地面信号机因故不能开放，且行车调度员及综控员与列车间的无线通信均中断时；

（4）未安装 ATP 车载及无线通信设备的列车遇出站信号机因故不能开放时。

3. 电话闭塞行车凭证

一般情况，电话闭塞的闭塞区间是两相邻站出站信号机（含出、入段、场信号机）间。列车凭出站信号机（含出段、场信号机）的绿色灯光或黄色灯光进入闭塞区间。若信号机故障，则填发行车许可证；若反方向行车，则一般填写路票并交付司机，也有的线路一律填写电话闭塞行车许可证，如图 3-11 所示。不同线路的行车凭证的格式和使用略有区别。相关教学资源见二维码 14。

二维码 14

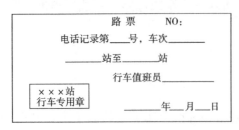

a)   b)

```
电话闭塞行车许可证(巡查列车不需要填写)
车站：(起始站)
列车车次号：(车次号及车体号)
列车可按电话闭塞法行车前往(终点站、即前方站)站
日期：(×年×月×日)    签名：(起始站手信号员签名)
时间：(同意列车发车时间)  级别：(起始站手信号员职级)
```

c)

图 3-11 电话闭塞常见行车凭证

二、电话闭塞法的接(发)车作业程序

1. 电话闭塞法的接车作业程序

电话闭塞法的接车作业程序见表 3-17;行车日志的式样见表 3-18。

电话闭塞法的接车作业程序　　表 3-17

程　序	作业程序及用语	
	值班站长	值班员(站务员)
一、办理闭塞	(1)听取发车闭塞请求,复诵"××次闭塞"； (2)根据《行车日志》和控制台确认区间空闲； (3)承认闭塞"电话记录××号××点××分××秒同意××次闭塞"	
二、准备接车进路	(4)布置值班员(站务员):"检查××道,准备××次××道接车进路"； (6)听取汇报后,复诵"××次××道接车进路好了"	(5)检查线路空闲并将进路上的道岔及防护道岔开通正确位置并加锁,经确认正确,向值班站长报告"××次××道接车进路好了"
三、引导接车	(7)听取发车站发车通知,并填写《行车日志》； (8)布置值班员"××次开过来,引导接车"	(9)复诵"××次开过来,引导接车"； (10)显示引导信号,监视列车进站停车
四、开通区间	(11)填写《行车日志》,报发车站"电话记录××次×点×分×秒到"并向行车调度员报点； (13)收回路票	(12)向值班站长交回路票

行车日志式样　　　　　　　　　　　　　　　　　　　　　　　　　　　　表 3-18

日期	命令				复诵人姓名	接受命令人姓名	行车调度员姓名	阅读时间（签名）
	发令时间	号码	受令单位	内容				

2. 电话闭塞法的发车作业程序

电话闭塞法的发车作业程序见表 3-19。

电话闭塞法的发车作业程序　　　　　　　　　　　　　　　　　　　　　表 3-19

程　序	作业程序及用语	
	值班站长	值班员（站务员）
一、办理闭塞	(1)根据《行车日志》确认区间线路空闲； (2)向接车站请求闭塞"××次闭塞"； (3)复诵接车站发出的电话记录："电话记录××号，××分××秒同意××次闭塞"	
二、准备发车进路	(4)布置值班员"准备××次发车进路"； (7)听取汇报，复诵"××次××道发车进路好"	(5)复诵"准备××次发车进路"； (6)将进路上的道岔及防护道岔开通正确位置并加锁，经确认正确后，向值班站长报告"××次××道发车进路好了"
三、填写路票	(8)填写《行车日志》，对照《行车日志》填写路票	
四、列车出发	(9)向值班员交付路票并共同核对； (11)指示值班员发车； (13)列车出发后，向接车站行车调度员报点	(10)接收路票并检查核对； (12)接受发车指令并付诸实施
五、开通区间	(14)复诵接车站列车到达时刻及号码"电话记录××次××分××秒到"； (15)填写《行车日志》，确认区间开通	

三、电话闭塞和站间自动闭塞的异同

1. 相同点

电话闭塞与站间自动闭塞的相同点在于：它们都是基本闭塞法无法使用时的一种代用闭塞方式；在一个站间区间只允许一组列车运行；控制方式均只能由车站控制。

2. 不同点

电话闭塞与站间自动闭塞的不同点在于：站间自动闭塞法是根据列车位置设备自动办理闭塞；电话闭塞是行车值班员根据列车位置与相邻站值班员口头确认闭塞，人工办理闭塞。站间自动闭塞法时，列车到达前方站台，后方站出发信号即可开放、发车；电话闭塞法时，需等列车从前方站开出后，后方站人工开放出站信号使列车出发。站间自动闭塞法时，列车占用区间的凭证是出发信号机显示闪动的绿色灯光；电话闭塞法时，列车占用区间的凭证是出发信号机显示的进行信号。

站间自动闭塞法因故不能使用时，需调度员下达书面命令改电话闭塞；电话闭塞法出发信号故障时，值班员得到邻站承认闭塞后，填写并交递司机绿色许可证，手信号发车。

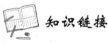 知识链接

上海地铁车调联控有关规定

1. 概念

车调联控作业是改进和加强上海地铁行车安全管理的一项重要措施，是指行车人员利用行车专用800兆无线对讲设备，确认行车要求、提示重要行车安全信息、确保行车安全的互控措施。

2. 车调联控作业的适用范围

在下列对行车安全有直接影响的作业时，行车人员必须进行车调联控作业，行车人员包括地铁行车调度员、车站值班员、信号楼值班员、列车司机、驻调司机各岗位作业人员。

1) 列车出库；2) 列车出场；3) 列车由出（入）场线进入正线；4) 列车由出（入）场线回库；5) 列车折返作业；6) 引导信号或手信号接发车；7) 取消、变更进路、关闭信号；8) 无ATP防护功能列车运行前方信号未开放；9) 无ATP防护功能列车授权运行；10) 列车限速运行；11) 运营期间人员下线作业；12) 线路发生险情；13) 电话闭塞法行车；14) 列车冒进、挤岔、掉道、越过警冲标；15) 运营列车切门控开门；16) 列车调车作业；17) 指路式行车（在此省略）；18) 问路式行车（在此省略）。

3. 车调联控作业程序及用语

1) 列车出库

列车由车库停车股道运行出库。

联控时机：

(1) 作业准备完成：列车司机作业准备完成，由列车司机向信号楼值班员进行联控；

(2) 出库信号开放：当出库信号办理妥当后，由信号楼值班员向列车司机进行联控。

联控岗位：列车司机、信号楼值班员。

2) 列车出场

列车出场至出场信号机前，出场信号机未开放。

联控时机：列车接近出场信号机前第一接近区段时，如出场信号机未开放，由信号楼值班员向列车司机进行联控。

联控岗位：列车司机、信号楼值班员。

3) 列车由出（入）场线进入正线

列车由出(入)场线进入正线时,前方道岔防护信号未开放。

联控时机:列车接近道岔防护信号机前第一接近区段时,如道岔防护信号未开放,则由行车调度员(车站值班员)向列车司机进行联控。

联控岗位:列车司机、行车调度员、车站值班员。

在中控情况下,行车调度员与列车司机进行联控作业。在站控情况下,车站值班员与列车司机进行联控作业。

4)列车由出(入)场线回库

联控时机:

(1)请求入场:列车由正线进入出(入)场线时,由列车司机向信号楼值班员进行联控;

(2)入场信号未开放:当入场信号未开放时,由信号楼值班员向列车司机进行联控;

(3)入场信号开放:当入场信号办理妥当后,由信号楼值班员向列车司机进行联控。

联控岗位:列车司机、信号楼值班员。

5)列车折返作业

无ATP防护功能列车办理进折返作业,折返信号未开放;列车办理进(出)折返作业。单司机办理折返作业。

联控时机:

(1)无ATP防护功能列车进折返作业,折返信号未开放:列车接近折返信号机前第一接近区段,如折返信号未开放,则由行车调度员向列车司机进行联控。

(2)列车进(出)折返作业:列车办理进(出)折返作业前,由接(交)车司机与交(接)车司机通过驾驶室联络进行联控。

(3)进折返线:接车司机与交车司机进行联控。

(4)出折返线:交车司机与接车司机进行联控。

(5)单司机办理折返作业,单司机进行折返作业前,由驻调司机向列车司机进行联控。

联控岗位:行车调度员、列车司机、驻调司机。

6)引导信号(手信号)接发车

由于设备故障或其他原因,需以引导信号(手信号)方式接发列车。

联控时机:列车接近(发车)时,由车站值班员(信号楼值班员)向列车司机进行联控。

联控岗位:车站值班员、信号楼值班员、列车司机。

7)取消进路、关闭信号

当人工进行取消进路或关闭信号操作时。

联控时机:行车调度员(车站值班员、信号楼值班员)在执行取消进路或关闭信号操作前进行联控作业。

联控岗位:列车司机、行车调度员、车站值班员、信号楼值班员。在中控情况下,行车调度员与列车司机进行联控作业;在站控情况下,车站值班员与列车司机进行联控作业;在车场,信号楼值班员与列车司机进行联控作业。

8)无ATP防护功能列车运行前方信号未开放

联控时机:无ATP防护功能列车运行时,前方信号未开放,由行车调度员向列车司机联控。

联控岗位:行车调度员、列车司机。

9) 无ATP防护功能列车授权运行

联控时机:列车由调度授权运行终点的前方车站发车时,由驻调司机向列车司机进行联控。

联控岗位:驻调司机、列车司机。

10) 列车限速运行

因危及行车安全原因。某区段实施限速且信号系统无法设置限速指令,具备ATP防护功能列车,以手动驾驶方式通过限速区段。

无ATP防护功能列车通过限速区段。

联控时机:列车在接近限速区段的前方车站(停车位置)发出时,由行车调度员(驻调司机)向列车司机进行联控。

联控岗位:行车调度员、驻调司机、列车司机。

无ATP防护功能列车通过限速区段,由行车调度员向司机进行联控。某区段实施限速且信号系统无法设置限速指令,具备ATP防护功能列车,以手动驾驶方式通过限速区段,由驻调司机向列车司机进行联控。

11) 运营期间人员下线作业

联控时机:列车进入人员下线区段前的前方车站,由该站车站值班员向列车司机进行联控。

联控岗位:车站值班员、列车司机。运营期间区间人员下线作业时,登记车站须告知下线作业区段范围内的所有车站及两端相邻车站相关人员下线作业信息。

12) 线路发生险情

联控时机:发现危及行车安全情况时,行车调度员(车站值班员)接报后向接近列车司机进行联控。

联控岗位:行车调度员(车站值班员)、接近列车司机。

13) 电话闭塞法行车

基本闭塞法停用,改用电话闭塞法行车时。

联控时机:列车司机收到路票发车前,由该站车站值班员向列车司机进行联控。

联控岗位:车站值班员、列车司机。

14) 列车冒进信号、挤岔、掉道、越过警冲标

联控时机:列车司机发现列车冒进信号、挤岔、掉道、越过警冲标时,由事发列车司机向接近列车司机进行联控。

联控岗位:事发列车司机、接近列车司机。

15) 运营列车切门控开门

运营列车在站停准、停稳后,司机须切除车门控制保护开门。

联控时机:司机在使用切门控方式开门前,司机与行车调度员进行联控。

司机切除车门控制保护开门作业结束,恢复门控保护及驾驶模式前,司机与行车调度员进行联控。

联控岗位:列车司机、行车调度员。

16)列车调车作业

运营期间正线手信号方式调车;运营结束后正线调车;场内调车。

联控时机:调车进路办理完毕后(如手信号方式调车,在显示调车手信号后),由进路办理方与列车司机进行联控作业。

联控岗位:列车司机、行车调度员、车站值班员、信号楼值班员。

4. 联控作业标准用语的相关规定

呼叫人在呼叫被呼叫人时,须在标准用语前增加"××呼叫",如"行车调度员呼叫"、"司机呼叫"、"××站呼叫"等。遇数字"0"、"1"、"2"、"7"须读"dong 洞"、"yao 幺"、"liang 两"、"guai 拐"。

四、电话闭塞解除法和电话联系法

1. 电话闭塞解除法

电话闭塞解除法是近年来在地铁运营过程中,为了提高正线通过能力而出现的基于电话闭塞基本原理上的简化方法。各电话闭塞解除法适用于正线各车站间人工办理行车闭塞。

电话闭塞解除法是实际行车指挥中常用的一种电话闭塞方法。使用电话闭塞解除法发出的首次列车,发车站值班员必须根据行车调度员改用电话闭塞解除法行车的调度命令,确认本站发车进路准备正确和前方区间空闲后,才能向前方站请求闭塞。接车站值班员必须确认后方区间空闲、前次列车已经出站、站台区域和第一离去区段空闲和接车进路准备妥当后,才能承认后方站的闭塞,给出电话记录号码。发车站值班员必须得到接车站值班员承认闭塞的电话记录号码,才能填写路票交付司机。司机确认车站交付的路票正确后,即可关闭屏蔽门(安全门)车门自行发车(车站不显示发车手信号)。首次列车以后,按电话闭塞解除法发出的各次列车,接车站值班员必须确认后方区间空闲、前次列车已经出站、站台区域和第一离去区段空闲和接车进路准备妥当后,才能向后方站报告"前次列车到达时间",即是接车站对下一次列车闭塞的承认(不再给电话记录号码)。发车站值班员得到接车站"前次列车到达时间"的报告,才能填写路票(不再填写电话记录号码)交付司机。各次列车的始发站一般提前30s开放出站信号机。

按电话闭塞解除法行车时,遇下列情况之一时须采用电话电报记录号码承认闭塞,一般情况下其余列车可实行电话闭塞解除法:最初列车;反方向运行的列车;进行站前折返的列车;跨调度区段运行的列车;车辆段、停车场与相邻站间相互运行的列车。

实行电话闭塞解除法时,一般符合下列规定,接车站即可通告发车站前次列车闭塞解除:

(1)接车站接到发车站通知向本站开来的列车已到达本站并已由本站发出或已进入折返线;

(2)接车进路已准备妥当。

实行电话闭塞解除法时,发车站收到接车站前次列车闭塞解除的通告,即是接车站对后一次列车闭塞的承认。此时,发车站发车后,须及时通知接车站发车车次及时刻。

2. 电话联系法

电话联系法适用于正线与车场间人工办理行车闭塞。电话联系法与常规的电话闭塞法无本质上区别,操作流程基本相同,因车场不具备交递路票的条件,故电话联系法以车地联控(有时称车调联控)的形式替代交递路票的流程。

五、取消闭塞

取消闭塞的情况有:因故不能接车或发车时,一般由提出方发出电话(电报)号码,作为闭塞取消的依据;列车由站间的途中退回到发车站时,由发车站发出电话(电报)号码,作为闭塞取消的依据;恢复基本闭塞法行车时,自动取消;每日最终列车过后,自行取消。

六、电话闭塞作业

1. 车站按电话闭塞法行车时的作业程序

(1)接收停止基本闭塞法,改按电话闭塞法行车和控制权下放的调度命令。
(2)与行车调度员核对车次、车号,接收控制权。
(3)关闭出站信号机。
(4)接到发车站的闭塞请求后,确认接车线路、接车区间空闲后,办理接车进路。
(5)在接车进路准备妥当后,发出电话(电报)号码和闭塞承认时间作为承认闭塞的依据。
(6)填写《行车日志》和《电话电报记录簿》。
(7)接到发车站的发车通报后,将发车车次及发车时分填入《行车日志》。
(8)确认发车区间空闲后,向前方站请求闭塞。
(9)得到前方站的闭塞承认后,将电话(电报)号码及闭塞承认时间填入《行车日志》及《电话电报记录簿》,开放出站信号机。
(10)列车到达后,将到达时刻填入《行车日志》。
(11)列车出发后,关闭出站信号机。
(12)向前方站通报发车车次及发车时分,填写《行车日志》。
(13)列车出站后,将接车进路准备妥当,向后方站发出闭塞解除时分,填写《行车日志》。
(14)后方站接收接车站的闭塞解除时分,填写《行车日志》。

若发车站不能发车时,则应立即关闭出站信号机;计划外由区间中途退回时,发车站应关闭进站信号机或手信号防护;由区间中途退回的列车在出站信号机内方停车,凭引导进站;列车到达后,向前方站通报列车到达时间;及时向行车调度员报告。

2. 按电话闭塞法行车,应填写的行车表报

(1)调度命令登记簿。
(2)始端站填调度命令纸。
(3)电话电报记录簿。
(4)行车日志。
(5)破加封登记簿。
(6)出站信号机故障时,填写绿色许可证。
(7)列车反方向运行时,填写路票。
(8)按调令填施工检修登记簿。

(9)车站行车作业登记簿。

3. 控制台上道岔位置表示灯无显示或显示不正确时的做法

(1)立即报告行车调度员,并通知信号工区检修。
(2)关闭相关信号机进行防护,通知邻站关闭相应出站信号机。
(3)确认有关列车停稳后,采用单独操纵道岔的方式转换道岔。
(4)若仍不能正确显示道岔位置,则应由外勤值班员赶赴现场确认,手摇道岔。

4. 特殊情况下接(发)列车时显示手信号的时机和地点(见表 3-20)

特殊情况下接(发)列车时显示手信号的时机和地点   表 3-20

手信号类型	何种情况下显示	显示时机	收回时机	显示地点
停车信号	站间电话行车法行车时	一看见列车头部灯开始	列车停车后	站台头端墙屏蔽门墙门外方
紧急停车信号	工程列车进站或通过车站出现危及行车安全情况,客车进站,发现危及行车安全情况但来不及按压站台紧急停车按钮或紧急停车按钮不起作用时	立即显示	列车停车后	就近显示
减速信号	发现工程列车或客车超速时	立即显示	列车头部越过信号显示地点后	头端墙侧扶梯口,靠近紧急停车按钮附近
引导信号	列车出发整列离开站台区,因故需退回车站时	看见列车头部灯开始	列车头部越过信号显示地点后	站台头端墙屏蔽门与线路间站台上
好了信号	车站相关作业完成时	进路准备好时	司机鸣笛回示后	规定的地点
道岔开通信号	现场须由人工准备手摇道岔准备进路时	进路准备好时	列车头部越过信号显示地点后	在操纵的道岔附近,车辆限界外

【**案例 3-7**】 如图 3-12 所示为某条线 A 车站控制台。根据调度指示,办理 1031 次入库线(13G)作业,行车值班员排列 F7-Z3 进路。进路形成后,自动触发 F5-F1 保护进路,待 1031 次列车进入库线后,13G 停稳表示灯因故不能开放,导致 F7-Z3 进路不解锁,F5-F1 保护进路也未解锁。此时 1032 次列车已经停于 7G,请叙述 1032 次经过 11G 正常运行的控制台办理过程。

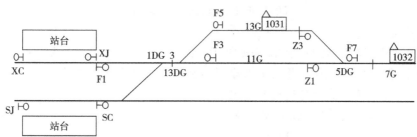

图 3-12 A 车站控制台

(1)确认现场 1031 次列车在 13G 停稳。
(2)使用区段故障解锁按钮+5DG 区段按钮。

(3)延时45s后,再次使用区段故障解锁按钮+5DG区段按钮。
(4)进路解锁同时保护进路F5-XJ解锁。
(5)排列F3-XJ进路,排列F7-Z1进路,接入1032次列车。

【**案例3-8**】 如图3-13所示为某线B控制台。根据调度指示,办理1801次列车出库(13G)放空回段,值班员将F5-XJ进路排通后,3DG突然出现红光带。请叙述1801次列车出库进路及后续1045次列车(经11G运行)的接车进路办理过程。

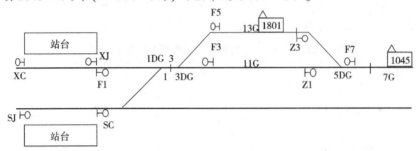

图3-13 某线B控制台

(1)确认红光带是由于轨道故障引起。
(2)按压F5引导信号,待1801次列车整列通过F5信号机后松开。
(3)使用轨道事故按钮+区段故障解锁+3DG区段按钮解锁白光带;区段故障解锁+1DG区段按钮解锁白光带(或总人解按钮+F5引导按钮)。
(4)使用轨道事故按钮+道岔总定位按钮+3号道岔按钮将3号道岔扳至定位。
(5)确认1号、3号、5号道岔定位后,开放F7引导信号,开放F3引导信号,待1045次列车整列越过F3信号机后松开按钮。

有时运营时间内不能正常办理进路,常见有以下原因:

道岔区段红光带;列车过后白光带没有解锁;列车没有出清道岔远离区段;办理调车进路时自动按钮未拉出;邻站办理与本站敌对进路时;排列进路时,按压进路始终端顺序有误;反向区间被占用,办理反向调车进路时;挤岔时;道岔按钮在拉出状态变更进路时;一条进路未建立又排列另一条进路时;总取消按钮延时灯亮时排列进路;未接受控制权就排列进路等。

知识链接

2011年上海地铁追尾事故

1. 事故经过

2011年9月27日13时58分,上海地铁10号线新天地集中站信号失电;

14时行车调度员命令1016号列车在豫园站至老西门站区间停车待命;

14时01分行车调度员开始进行列车定位;

14时08分行车调度员违规发布调度命令;

14时35分1005号列车从豫园站发车;

14时37分,1005号列车以54km/h的速度行进到豫园站至老西门站区间弯道时,发现前方有列车(1016号)停留,随即采取制动措施,但由于惯性仍以35km/h的速度与1016号列车发生追尾碰撞;

9月27日14时37分,上海地铁10号线两辆列车在豫园站至老西门站下行区间百米标176处发生追尾事故,295人到医院就诊检查,时隔十多天后还有70人住院和留院观察,无人员死亡。

2.事故调查结果

经事故调查组查明,在未进行风险识别、未采取有针对性防范措施的情况下,上海申通集团维保中心供电公司签发了不停电作业的工作票,并经上海地铁第一运营有限公司同意,9月27日13时58分,上海自动化仪表股份有限公司电工在进行地铁10号线新天地车站电缆孔洞封堵作业时,造成供电缺失,导致10号线新天地集中站信号失电,造成中央调度列车自动监控红光带、区间线路区域内车站列车自动监控面板黑屏。因此,地铁运营由自动系统向人工控制系统转换。此时,1016号列车在豫园站下行出站后显示无速度码,司机即向10号线调度控制中心报告,行车调度员命令1016号列车以手动限速方式向老西门站运行。

经事故调查组认定,事故的直接原因是:地铁行车调度员在未准确定位故障区间内全部列车位置的情况下,违规发布电话闭塞命令;接车站值班员在未严格确认区间线路是否空闲的情况下,违规同意发车站的电话闭塞要求,导致地铁10号线1005号列车与1016号列车发生追尾碰撞。

实训3-2　电话闭塞法行车演练

实行电话闭塞法行车涉及的行车岗位有行车调度员、车站行车人员和列车司机,使用的工具主要包括对讲机若干组、行车调度电台、信号灯等。

请同学们自行分组(教师辅助分组亦可)进行电话闭塞过程的演练,要求程序正确。要求演练的岗位角色有:行车调度员、车站行车人员、列车司机等,演练内容包括:

(1)演练电话闭塞法行车作业。
(2)演练电话闭塞解除法行车作业。
(3)演练电话联系法行车作业。

七、手摇道岔

(一)手摇道岔适用范围

当道岔发生故障不能通过车站工作站(LOW机或称ATS分机)进行遥控操作时,需车站人员进入轨行区人工手摇道岔办理进路。需采用手摇道岔方式接发车的情况常见有如下几种情况:

(1)转辙机发生故障,或发生停电、挤岔时。
(2)控制台上道岔表示灯失去表示,无法正确复示道岔位置时。
(3)控制台故障无法操纵道岔时。
(4)因停电导致道岔无法转换时。
(5)因道岔区有障碍物导致道岔无法转换时。

(二)手摇道岔办理进路的程序

1. 确认道岔的状态

(1)人员进入现场后,首先通过现场道岔号码标志,找到正确的道岔,由现场组长通过对讲机(使用数字集群车站台)与车控室值班员进行核对;核对时,车控室值班员须通过视频监控进行确认。

(2)找到对应的道岔后,现场人员应重点检查道岔外观有无异状(如尖轨和杆件有无明显变形)、滑床板有无异物卡阻、道岔是否密贴等情况,并及时报告车控室值班员。车控室值班员应及时将异常情况报告行车调度员,并根据行车调度员指示进行处理。

2. 确认道岔开通方向,并根据值班员命令转换道岔

组长接到和复诵车控室值班员排列进路的命令后,借助现场线路方向标志,逐一确认进路上各道岔的开通方向及密贴情况。若道岔开通方向与值班员下达的进路一致且道岔密贴,则无须转换该道岔;若不一致或道岔不密贴,则应转换该道岔。

转换道岔时,每副道岔由两人协调配合,同时进行。手摇转换道岔的步骤如下:

(1)首先用钥匙打开转辙机遮断器钥匙,并向上拉开遮断器。

(2)用专用手摇把打开手摇把孔盖,将手摇把插入摇把孔,直至不能再往里推为止。

(3)两人同时摇动手摇把(一般情况下,顺时针方向摇动时道岔尖轨向前移动,逆时针方向摇动时道岔尖轨向后移动。若发现道岔未动作时,则应反向摇动),直到正常力量摇不动为止。立即检查道岔尖轨与基本轨的密贴情况,目测确认密贴(指肉眼观察道岔尖轨与基本轨间无明显缝隙)后,现场人员必须及时取下手摇把。

3. 确认进路开通情况

待进路上所有道岔均转换到位、完成机械锁闭和道岔尖轨密贴后,现场组长带领人员共同确认进路开通情况。其方法是:面对尖轨,顺着未与尖轨密贴的基本轨的走向来判断进路方向,未与尖轨密贴的基本轨开通的方向即为进路开通方向。

4. 对进路上的所有道岔加锁

组长带领人员共同确认进路开通方向正确后,利用钩锁器将进路上的所有道岔进行加锁。利用钩锁器加锁的方法如下:

(1)加锁位置:在靠近尖轨段的转辙机两个连接拉杆中间处,对尖轨和基本轨进行钩锁。

(2)先用钩头钩住内侧尖轨,再用钩尾钩住外侧基本轨。

(3)先用手转动钩锁器尾端两颗螺母,再用扳手分别拧紧。

(4)用脚蹬碰钩锁器,以检验钩锁器钩锁是否牢固。

5. 向值班员汇报

进路上所有道岔钩锁完成,检查岔区无工具备品等遗留物品、进路上无障碍物后,现场组长利用对讲机(轨旁电话作为辅助联系方式)向车控室值班员汇报进路准备情况。其汇报用语为:"值班员,现场组呼叫,××进路已准备妥当、所有道岔尖轨密贴、钩锁器钩锁良好、进路无障碍物。"

6. 根据值班员要求再次确认

车控室值班员听取现场汇报后,向现场组长下达再次确认进路的命令,其用语为:"请现场组再次确认。"

现场组长带领人员再次确认进路开通方向、尖轨密贴情况、钩锁器钩锁情况和进路无障碍物后,向车控室值班员再次汇报。车控室值班员通过视频监控再次确认并回复现场组,其用语为:"经再次确认,××进路已准备妥当、所有道岔尖轨密贴、钩锁器钩锁良好、进路无障碍物,值班员明白。"

7. 填写和交付路票,折返时显示调车手信号

当需手摇道岔办理进路时,进路失去联锁保护,根据相关规定要求,采用电话闭塞解除法行车,列车出发及进入下一个车站的行车凭证为路票,接车站无须显示引导接车手信号。

8. 听取列车发车或折返报告

列车发车或折返后,现场组长向车控室值班员进行报告;同时车控室值班员应通过视频监控等设备进行确认,并填写《行车日志》。

(三)手摇道岔联系用语

1. 手摇道岔准备进路过程

(1)值班员向现场组长布置进路

值班员:"××车站现场组,请准备××(站名、车场、线类)上行(下行或出入段线、区间)至××(站名、车场、线类)上行(下行或出入段线、区间)的列车(调车)进路。"

现场组长复诵:"排列××(站名、车场、线类、区间、出入段线)上行(下行)至××(站名、车场、线类、区间、出入段线)上行(下行)的列车(调车)进路,××站现场组明白。"

(2)进路准备完毕

现场组长向值班员汇报:"××站车控室,××(站名、车场、线类、区间、出入段线)上行(下行)至××(站名、车场、线类、区间、出入段线)上行(下行)的列车或调车进路准备完毕。"

值班员:"××(站名、车场、线类、区间、出入段线)上行(下行)至××(站名、车场、线类、区间、出入段线)上行(下行)的列车或调车进路准备完毕,××站×××明白,请再次确认。"

(3)再次确认进路正确

现场组长确认后:"××站车控室,经再次确认,××(站名、车场、出入段线)上行(下行)至××(站名、区间、出入段线)上行(下行)的列车或调车进路已准备完毕。"

值班员:"再次确认,××(站名、区间、出入段线)上行(下行)至××(站名、区间、出入段线)上行(下行)的列车或调车进路准备完毕,××站车控室明白。"

(4)值班员确认进路正确

值班员确认进路已准备好后向行调汇报:"行车调度员,××(站名、区间、出入段线)上行(下行)至××(站名、区间、出入段线)上行(下行)的列车或调车进路已准备完毕。"

2. 手摇道岔举例

重庆地铁1号线马家岩车站与高庙村车站手摇道岔联系过程如下:

(1) 准备进路

高庙村车站："马家岩车站,请准备××(站名、车场、线类)上行(下行或出入段线、区间)至××(站名、车场、线类)上行(下行或出入段线、区间)的列车(调车)进路。"

马家岩车站复诵："请准备××(站名、车场、线类)上行(下行或出入段线、区间)至××(站名、车场、线类)上行(下行或出入段线、区间)的列车(调车)进路,马家岩车站明白。"

(2) 马家岩车站进路准备完毕

马家岩车站："高庙村车站,××(站名、车场、线类)上行(下行或出入段线、区间)至××(站名、车场、线类)上行(下行或出入段线、区间)的列车(调车)进路已准备妥当"。

高庙村车站复诵："××(站名、车场、线类)上行(下行或出入段线、区间)至××(站名、车场、线类)上行(下行或出入段线、区间)的列车(调车)进路已准备妥当,高庙村车站明白。"

(四) 手摇道岔六步曲

某市地铁运营公司将手摇道岔作业程序总结为"手摇道岔六步曲"如下:

1. 一看

看道岔开通位置是否正确,是否需要改变位置。

(1) 操作要点

①在进入隧道进行人工排列进路、手摇道岔前,须向行车调度员申请,待行车调度员允许后方可进入隧道。

②如图3-14所示,进入前必须在作业区域设置红闪灯进行防护。

在进行道岔转换试验和排列进路试验时,要使用道岔按钮及道岔总定(反)位按钮对道岔进行转换试验;使用信号按钮及总取消按钮按联锁图表进行进路排列试验。

③到达现场后遵循"从远到近"的原则,双人一起到离列车最远的道岔区段。

④双人确认该副道岔的位置是否开通到需要的方向,"是"则到进路中的下一副道岔,"否"则进行摇动道岔的操作。

图3-14　红闪灯防护

(2) 注意事项

如图3-15所示,手摇道岔人赶赴现场前要穿好绝缘鞋,携带手摇道岔所需工具(即手摇把和转辙机钥匙、信号灯、照明工具、便携式电话或手台),一般同时携带钩锁器及其锁和钥匙赶赴现场。

①人工排列进路必须遵循"从远到近"的原则,从离列车最远的道岔开始。

②确认时手指道岔尖轨处确认该副道岔开通位置,口呼道岔位置"×××道岔开通×位"。

③双人确认位置是否需要摇动道岔。

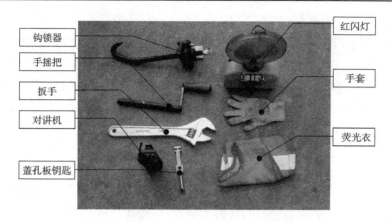

图 3-15 手摇道岔携带工具

2. 二开

打开盖孔板。如果有加钩锁器,则需打开钩锁器的锁,拆下钩锁器。

(1)如图 3-16 所示,找到转辙机侧边的"切断电源"插孔。

(2)旋开"切断电源插孔"小盖板。

(3)将蝶形钥匙有凸出的一端向下插入"切断电源插孔"。

(4)将蝶形钥匙逆时针旋转 90°切断电源。

(5)如图 3-17 所示,找到转辙机正面(或后面)的手摇把插孔盖板。

(6)将蝶形钥匙方孔一端插入盖板。

(7)顺时针旋转蝶形钥匙。

(8)如图 3-18 所示,蝶形钥匙顺时针旋转 90°后向上打开盖板。

图 3-16 转辙机侧边的"切断电源"插孔

图 3-17 手摇把插孔盖板

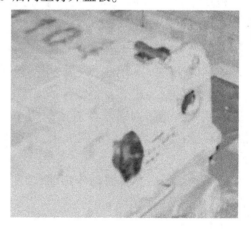

图 3-18 旋转钥匙打开盖板

3. 三摇

如图 3-19 所示,摇道岔转向到所需的位置,在听到"咔嚓"的落槽声后停止。

(1)操作要点

①双手水平握住手摇把旋杆,水平插入转撤孔同时左右转动手摇把杆,直到手摇把杆前端

的方孔与转撤孔内的方柱套牢。

图3-19　旋转手摇把

②插入手摇把,旋转手摇把时要始终向里施力。

③顺时针旋转手摇把时尖轨向离开转辙机方向运动;逆时针旋转手摇把时尖轨向转辙机方向运动。

④不断旋转手摇把,直至听到"嗒"的一声落槽声才停止。

(2)注意事项

①摇动的过程中,确认的人员不允许站在轨道中间。

②摇动的过程中,除摇道岔的人员外,禁止接触道岔的任何一部分,以防止造成夹伤。

4．四确认

手指尖轨:尖轨密贴开通×位,并与另一人共同确认。

(1)操作要点

①确认开通方向的人员在听到"嗒"的一声落槽声,与摇动道岔的人员汇报道岔摇动完毕后开始确认工作。

②确认尖轨密贴后大声确认"道岔开通右(左)位,尖轨密贴"。

③手摇道岔人员复颂"道岔开通右(左)位,尖轨密贴"。

(2)注意事项

①在听到落槽声后确认人员检查是否有碎石等物品夹在尖轨与基本轨之间。

②检查尖轨与基本轨之间的密贴情况,尖轨与基本轨之间的缝隙要求小于4mm。

③检查完毕后,面向尖轨手指密贴处大声确认"道岔开通右(左)位,尖轨密贴"。

④手摇道岔人员必须复诵确认。

5．五加锁

双人确认道岔位置开通正确后,用钩锁器锁定道岔尖轨。

(1)操作要点

①确认人员使用钩锁器在道岔的两个连接杆之间钩锁住密贴位置(如果此位置不能加锁,则在车站选定的加锁处加锁)。

②拧紧钩锁器后左右摇动钩锁器,若能摇动则再次拧紧,直到无法摇动则加锁。

(2)注意事项

①钩锁的位置必须是尖轨密贴处。

②如图3-20所示,加锁时要确认钩锁器的梅花旋钮孔洞相互成一直线。

③加锁前要使用扳手旋紧钩锁器的梅花旋钮,以防止钩锁器松脱。

图3-20　加锁

6. 六汇报

向车控室汇报道岔开通位置是否正确。

(1)操作要点

确认道岔加锁完毕后,摇道岔人员使用对讲机或隧道电话向车控室报告该道岔现在开通的位置。

(2)注意事项

①汇报时必须说清楚该道岔的标号、道岔位置和是否加锁完毕。比如"×××道岔开通左(右)位,尖轨密贴,加锁完毕"。

②汇报完毕后,必须收拾好所有携带的物品再向下一副道岔前进。

③所有进路上的道岔摇动到正确位置后,人员撤离到安全位置才能向车控室汇报"进路排列完成,线路出清",得到车控室同意后才能向列车司机打出"好了"信号。

(3)钩锁器的使用

将钩锁器的钩部由密贴一侧的尖轨与基本轨底部由内向外穿过,钩住轨底部后将扣板卡住,旋紧螺母板,将螺母板与扣板的锁孔对准后进行加锁。加锁后钥匙由加锁人保管。螺母板旋紧后可一手握住钩头,一手握住螺母板,一边晃动钩头,一边继续拧紧螺母板,此操作可使钩锁器与钢轨底部结合更加紧密。

实训 3-3　手摇道岔

(1)实训工具包括手摇把、把手、对讲机、插孔电话、钩锁器、信号灯、手电、安全防护工具等。

(2)请分组进行手摇道岔作业程序。

任务五　反方向行车、列车退行

一、列车反方向运行

1. 定义

列车反方向运行是指在双线区间,列车的运行方向与线路规定的使用方向相反。

2. 反方向行车发车手续

(1)接受调度命令(变更闭塞、列车反方向运行、调控权下放),接受控制权。

(2)核对运行计划,确认列车车次及位置。

(3)发车站确认发车区间空闲后,向接车站请求闭塞。

(4)接收电话(电报)号码及承认时分,填写《电话电报登记簿》及《行车日志》。

(5)办理发车进路(按正方向办理)。

(6)确认发车进路道岔位置正确且锁闭。

(7)填写路票,交递路票,手信号发车(始发站交递调度命令)。

(8)列车出发后,向接车站通报列车车次及发车时分,双方填写《行车日志》。

(9)接受闭塞解除时分,填写《行车日志》(只作为前发列车闭塞的结束,不作为下次列车承认闭塞的依据)。

3. 反方向行车接车手续

(1)接受调度命令(变更闭塞、列车反方向运行、调控权下放),接受控制权。

(2)接受发车站的闭塞请求。

(3)确认接车区间、接车线路空闲,办理接车进路(按正方向办理)。

(4)确认接车进路道岔位置正确且锁闭。

(5)向发车站发出电话(电报)号码及时分,填写《电话电报记录簿》和《行车日志》。

(6)接受发车站发车车次及时分,填写《行车日志》。

(7)待列车到达出站信号机内方,显示引导手信号将列车引导进站。

(8)列车整列到达后,填写《行车日志》。

(9)向发车站发出闭塞解除时分,填写《行车日志》(只作为本次列车闭塞的结束,不作为下次列车承认闭塞的依据)。

4. 手信号接(发)车

(1)发车

①外勤值班员与内勤核对列车运行计划,确认车次及闭塞承认号码及时分。

②填写路票,始发站转抄调度命令。

③与司机核对车次车号,并说明有关行车事宜,转交路票(始发站交递调度命令)。

④在进站信号机相对应的站台末端,显示发车手信号发车。

⑤待列车发出后,向内勤值班员报告发车车次及出发时刻。

(2)接车

①外勤值班员与内勤值班员核对列车运行计划、列车运行方向。

②得到内勤值班员的允许后,在来车方向的出站信号机相对处显示引导手信号,黄色灯光高举头上左右摇动,接入列车。

③向内勤值班员通报接车情况。

5. 反方向运行时的操作规程

以北京地铁13号线为例,列车反方向运行时的操作规定如下:

(1)行车调度员发布调度命令,司机确认行车凭证。

(2)模式开关至EUM位,加强瞭望,限速35km/h。

(3)进站前凭引导手信号进站,限速15km/h。

6. 办理反向进路时的注意事项

按站间闭塞法行车,如需办理反向进路,应注意如下几点:

(1)及时通知邻站。

(2)控制台上反向空闲表示灯点亮(反向区间空闲)。

(3)进站方向站间闭塞表示灯灭灯(后方站未办理向本站的站间闭塞)或进站方向站间闭塞表示灯亮红灯,且站间闭塞扣车表示灯亮白灯时(后方站虽已办理了向本站的站间闭塞,但已扣车)。

二、列车退行

1. 定义

列车退行是指使列车运行方向与列车原运行方向相反的列车。

2. 办理手续

(1) 确认接车线路空闲后(退行列车至接车站进站信号机),关闭进站信号机进行防护。
(2) 办理接车进路,广播通告站内候车乘客注意退行列车。
(3) 列车在出站信号机内方停车,凭引导手信号进站。
(4) 向行车调度员报告接车情况。

3. 注意事项

(1) 在实行电话闭塞法行车时,待列车整列退回到车站后,应与邻站办理取消闭塞的手续,发出电话(电报)号码作为取消闭塞的依据。
(2) 预定退行的列车或区间有作业的列车发出后,出站信号机应显示停车信号,须确定该列车已回到本站或已到达前方站后,方准显示绿色灯光。

三、列车反方向运行与列车退行的不同点

(1) 定义不同。列车反方向运行是指在双线区间,列车的运行方向与线路规定的使用方向相反;列车退行是指使列车运行方向与列车原运行方向相反的列车。
(2) 运行区间不同。列车反方向运行是由车站运行至车站;列车退行是由区间运行至车站(或由车站运行至区间)。
(3) 闭塞方式不同。列车反方向运行按电话闭塞法办理行车;列车退行不办理任何闭塞手续。
(4) 列车进入区间的行车凭证不同。列车反方向运行进入区间的行车凭证为路票及发车手信号;列车退行的凭证为行车调度员发布的调度命令。
(5) 运行速度不同。一般列车反方向运行速度为35km/h;一般列车退行的速度为15km/h。

任务六 救援列车和工程列车的开行

一、救援列车开行

正线运行的列车发生故障需要救援时,一般遵循"顺向救援"原则,以确保正线其他列车的运行秩序,即应尽量采用相邻后续列车正向推进故障列车的方法进行救援。

1. 定义

救援调车是指当列车因故障在正线上迫停,为尽快开通线路,需要开行救援列车去故障列车迫停点的作业过程。救援列车连挂牵引或推送故障列车到适当的车站清人,返回车辆段,称

为救援调车。

救援列车是指故障车与担当救援任务的列车连挂完毕后,所组成的车列统称救援列车。

2. 救援的分类

(1)车站救援。它是指列车连挂位置在站内的救援。列车在车站救援时,按有车线接车办理,凭值班员调车手信号引导进站。

(2)区间救援。它是指列车连挂位置在区间的救援。列车在区间救援时,须将相关线路封锁,救援列车凭调度命令和值班员手信号进入封锁区间。

3. 列车救援适用范围

(1)列车发生故障或火灾,处理后仍不能维持运行时。

(2)制动装置发生故障致使全列车不能制动或不能缓解时。

(3)发生严重故障,可能危及行车安全,司机认为必须救援时。

(4)运营车辆场指定人员确认必须救援的其他故障时。

4. 请求救援列车时向行车调度员报告的内容

(1)列车车次及车号。

(2)请求救援事由。

(3)迫停时间、地点(以百米标、公里标为准)。

(4)是否妨碍邻线。

(5)是否需要部分救援。

(6)其他需要说明的事项。

5. 列车救援过程(相关教学资源见二维码15)

二维码15

(1)首先行车调度员发布调度命令,当行车调度员与司机间无线通信中断时采用调度书面命令。

(2)当故障列车在车站迫停时,采用有车线接车的方式或封锁区间的方式接入列车;当故障列车在区间迫停时,采用封锁区间的方式,向封锁区间开行救援列车。

(3)若需对连挂完毕救援列车后面的列车清人时,则应依据当时所采用的行车闭塞方式的有关规定,使列车前部越过出站信号机进入区间停车。

(4)一般救援列车凭调度命令和发车手信号,有时也凭出站信号进入封锁区间。

(5)最后连挂后的救援列车采用推进运行时,有时需依据调度命令按电话闭塞法办理行车,有的线路按原闭塞办理。

在救援过程中,一般行车调度员会通知故障车禁止移动,开行救援列车不办理任何闭塞手续,列车进入封锁区间的行车凭证多为调度命令及发车手信号,区间的封锁与解除凭调度命令办理。超速防护自动闭塞发车时,若被救援列车的车载信号出现故障,救援列车的开行则须依据调度命令改按电话闭塞法行车。

6. 不同情况下的救援过程中的具体做法

不同情况下的救援过程中的具体做法略有区别,见表3-21。

某线路不同情况下的救援过程中的具体做法　　　　表 3-21

不同情况	前方站	后方站
（1）故障车在区间，救援车在站台	①填写《区间救援》命令接受改按电话闭塞法行车、故障列车清人及调控权下放等书面命令，接受控制权； ②与接车站办理电话闭塞手续，得到接车站的闭塞承认后，办理进路； ③向故障车司机转交《区间救援》命令，组织故障车清人； ④列车发出后通知后方站解除扣车	①填写《区间救援》命令，接受列车清人担当救援、救援列车车次、运行路径及调控权下放等书面命令，接受控制权； ②向在站列车司机转交《区间救援》命令，组织救援列车清人； ③确认所有道岔位置正确且锁闭后发车（若出站信号机无法开放时手信号发车）； ④列车发出后，依据调度命令关闭出站信号机； ⑤得到前方站通知或调度通知后，开放出站信号机
（2）故障列车在区间，利用后方同一区间列车救援	①填写《区间救援》命令，需交递前后列车司机各一份，接受改按电话闭塞法行车、故障列车清人命令； ②接受救援列车清人、救援列车车次、运行路径及调控权下放等的书面命令，接受控制权； ③列车前部进入站线，向故障车司机转交《区间救援》命令，组织故障车清人； ④待救援列车头部进入站台后，向担当救援列车司机交递《区间救援》命令； ⑤与接车站办理电话闭塞手续，得到接车站的闭塞承认后，办理进路，手信号发车； ⑥列车发出后通知后方站解除扣车	①依据调度命令关闭出站信号机； ②得到前方站通知或调度通知后，开放出站信号机
（3）故障列车在车站，利用后方区间列车救援	①填写《清人》、《车站救援》命令，接受清人命令，交递《清人》命令，组织清人； ②若司机请求救援，接受改按电话闭塞法行车、救援列车清人、救援列车车次、运行路径及调控权下放的书面命令，接受控制权； ③待故障列车推出站台后，向救援列车司机交递《车站救援》命令，组织清人； ④与前方站办理电话闭塞手续，得到接车站的闭塞承认后，办理进路，手信号发车； ⑤列车出发后通知后方站解除扣车	①依据调度命令关闭出站信号机，扣车； ②得到前方站通知或调度通知后，开放出站信号机
（4）故障列车在车站，利用后方车站列车救援	①填写《清人》命令，接受清人命令，交递《清人》命令，组织清人； ②若司机请求救援，接受改按电话闭塞法行车及调控权下放的书面命令，接受控制权； ③与前方站办理电话闭塞手续，得到接车站的闭塞承认后，办理进路，手信号发车； ④列车出发后通知后方站解除扣车	①填写《车站救援》命令，接受列车清人担当救援、救援列车车次、运行路径及等书面命令； ②向司机转交《车站救援》命令，组织救援列车清人； ③待列车发出后，关闭出站信号机（调控权下放）； ④得到前方站通知或调度通知后，开放出站信号机（调控权下放）

知识链接

某条线路对救援的规定

首先,需要说明的是,不同的线路规定救援的情况也不同。

某条线路的规定如下:

1. 下列故障允许运营列车请求救援

(1)列车发生故障,进行处理后前方驾驶室仍不能牵引全列车维持运行时。

(2)制动系统发生故障致使全列车不能缓解时。

(3)电动列车发生火灾处理后无法运行时。

(4)发生严重故障有危及行车安全的可能,司机认为必须救援时。

2. 下列故障准许运营列车立即清人掉线

列车掉线是指列车还未完成计划,运行任务中途退出运营。

(1)高、低压导线及电气设备接地、短路发生冒烟或着火时。

(2)列车发生异味冒烟时。

(3)走行部(包括齿轮箱、轴箱、联轴节、牵引装置、牵引电动机等)故障或有异音。

(4)全列无法正常开(关)门,经处理无法恢复时。

(5)列车发生故障需闭合关门旁路隔离开关(SK1)维持运行时。

(6)车门故障,手动不能关好(门开度大于100mm)时。

(7)动车过少,全列有2辆动车(即2/3)失去牵引力时,就近入库。

(8)制动机发生故障,全列有2个转向架(含2个转向架)以上失去1/6制动力时。

(9)列车运行中显示列车"缓解不良",且无法确认列车制动系统状态时。

(10)驾驶室门机械故障无法开启时。

(11)驾驶室门关不上,就近入库。

(12)机械部位发生故障,致使车轮不转时。

(13)机械、电器等发生故障,危及人身安全时。

(14)车辆重要部件脱落,危及行车安全时。

(15)列车驾驶室自动广播和人工广播同时发生故障时。

(16)列车无线电台故障或复读装置无法记录行车调度命令时。

(17)两个前照灯同时故障不亮时。

(18)列车风压不足7.0bar时。

(19)列车在运行中MMI监控装置故障,无法正常显示车辆运行状况(如黑屏、花屏、乱码、网络故障)时。

(20)列车故障,MMI监控显示器显示立即掉线时。

(21)MMI监控显示器或门显示灯显示不正常,无法确认门状态时。

(22)全列车紧急制动不缓解,处理后仍无法正常使用但可缓解时,就近入库。

(23)车轮擦伤严重时,就近入库。

(24)列车运营中紧急逃生门故障无法关闭时。

(25)列车发生故障,需要紧急牵引时。

(26) 发生严重故障,司机认为不能继续载客运行时。

(27) 列车中一辆车空气弹簧不充气时。

7. 特殊情况下的救援组织方法

(1) 在辅助线附近实施"逆向救援"。"逆向救援"是指利用前行列车反向推进故障车进行救援的方法。根据故障车的不同位置可以分为以下两种情况:

① 如图3-21a)所示,当下行0213次列车故障需要救援时,如果由前行0913次列车逆向运行对故障车实施救援,能够很快将故障车推入K站存车线;如果由后续0613次列车实施救援,采用正向推进将距离其他辅助线较远,而采用逆向牵引至K站存车线则要换端耽误时间,并且存在救援后恢复运行较困难等问题。

② 如图3-21b)所示,下行0813次列车刚完成折返时突发故障需要救援,此时1012次列车无法对故障车进行救援,行车调度员只能命令前行0713次列车清客后实施"逆向救援",将0813次列车推入存车线后再恢复运行。

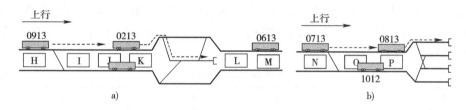

图3-21 逆向救援示意图

(2) 利用渡线变逆向牵引为顺向牵引。为了避免在救援过程中逆向牵引故障车对运营秩序的影响,行车调度员可以利用渡线变逆向牵引为顺向牵引。如图3-22所示,当1312次列车在F站附近出现故障要求救援时,行车调度员命令0114次列车清客后前往救援。由于故障地点在车辆基地附近,因此两车连挂后不是向前推进而应逆向牵引回车辆基地。同时为了避免对其他上行列车的干扰,0114次在牵引故障车到F站清客后,经F站渡线至下行线再牵引回车辆基地,这样就变逆向牵引为顺向牵引,使上行线能够很快开通;同时对下行线列车运行的影响也在可控的范围内,从而将救援工作对列车运行的总体影响降到最低。

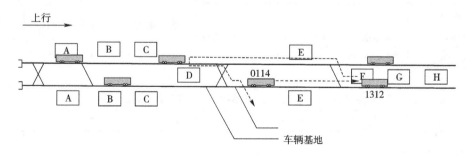

图3-22 后端动车顺向牵引示意图

(3) 利用后端动车避免救援。由于列车两端具有驾驶室的特点,有时行车调度员可以要求故障列车司机在故障处理中尝试利用后端动车以避免救援。有如下两种利用后端动车的情况：

①当列车在辅助线附近突发故障需要救援时，行车调度员除安排救援外可以要求司机尝试列车后端驾驶室是否能够动车，如果后端能够动车则命令司机清客后直接将故障车逆向牵引至辅助线退出运营。这相对于由其他列车实施救援具有节省时间和减少清客等明显优点。

②当1312次列车在F站附近突发故障需要救援时，行车调度员也可以要求司机尝试利用后端驾驶室是否能够动车，如果后端能够动车则命令司机经过F站渡线至下行线后顺向运行至D站后再推进回车辆基地。

司机或车长应根据救援列车开来方向，以列车前照灯的灯光对列车进行防护。当遇弯道瞭望距离不足50m时，要在距列车防护一端50m处，以手信号向救援列车显示停车信号。

当救援列车接近被救援列车时，须一度停车。停车位置距被救援列车的距离不小于30m；在24‰及其以上的下坡道上，距离不小于50m，然后根据司机或车长的要求与被救援列车连挂。

救援列车的发出、折回或到达前方站，相关站行车值班员均应及时报告行车调度员。接入救援列车的车站行车值班员应将确认后的接入车辆数同时报告行车调度员。表3-22给出了某线路救援行动举例。

某线路救援行动 表3-22

时间	故障列车	救援列车
第1min		通过行车调度员了解故障列车情况
第2min	司机先期处理3min	接受行车调度员提前发布的清客命令1min
第3min		清客并接受行车调度员预发的救援命令2min
第4min	司机在车辆检修调度员的指导下处理2min	
第5min		接受行车调度员发布救援命令生效动车命令1min
第6min	行车调度员向司机发布清客及救援命令2min	动车及接近故障列车0码处转换驾驶模式2min
第7min		
第8min	司机在车站的协助下清客2min	连挂故障列车并试拉完毕6min
第9min		
第10min	司机做好联系与防护并继续故障的处理直至连挂4min	
第11min		
第12min		
第13min		
第14min	两列车连挂妥当后，故障列车司机隔离第一节车厢常用制动1min	
第15min	故障列车司机及救援列车司机联系准备动车及动车1min	

二、工程列车开行

1. 开行依据

(1) 按《施工行车通告》或日补充计划或临时补修计划的规定和要求执行，发布工程车开行的调度命令；

(2)临时的特殊情况按行车调度员命令执行。

2. 工程车开行指挥的规定

(1)非运营时间，行车调度员负责工程车进路监控，与工程车司机、车长的联络及与各站布置、落实工程车开行的有关事宜。

(2)负责与相关车站办理施工清点登记、审批和销点工作；工程车开车前发布好相关的书面调度命令。

(3)行车调度员在同意工程车开车前，必须在《线路施工作业登记表》上确认工程车运行的前方进路无施工作业，并在OCC联锁工作站上确认工程车运行的前方进路已准备好。

(4)工程车司机在出车前，应仔细检查轨道平板车和内燃机车的连挂情况；连挂达不到规定要求，工程车不允许开行。

(5)在工程车出车辆段前，工程车司机要与行车调度员试验无线电的性能；工程车在运行中，行车调度员要加强与司机和车长的联系，掌握工程车运行计划，确认进路。

(6)行车调度员组织工程车正线运行时，应尽量避免分段行车；当前方施工作业未按时结束或因特殊情况须组织工程车分段运行时，应提前一个站扣停工程车，并使用调度电话通知工程车司机允许运行的起、止站，受令人必须要原话复诵。

3. 遇到以下情况时，行车调度员应提前通知车站接发工程车

(1)向司机发布书面调度命令。

(2)当行车调度员使用无线电联系不到司机时，须通过车站拦停工程车询问情况。

(3)临时需要拦停工程车。

在正常情况下，工程车在正线运行时，应按闭塞方式组织运行，凭地面信号及调度命令行车。一个联锁区同一线路原则上只准有一列工程车运行，工程车之间至少应保证一个区间的间隔。同一联锁区必须开行多辆工程车或间隔不能满足时应由值班主任同意。工程车在区间、非联锁站及无信号机的车站作业后折返时，凭调度命令行车。

4. 在特殊情况下，工程车采用封锁区间运行的方法

在特殊情况下，可根据控制中心行车调度员的调度命令，采用封锁区间运行的方法，但必须符合下列要求：

(1)封锁区间的所有道岔均应保持锁闭，开通列车运行方向。

(2)封锁区间内无其他施工、维修作业。

(3)列车不准越出封锁区间范围运行。

(4)列车必须按规定的时间离开封锁区间。

(5)封锁区间两端须按规定设置防护设施。

5. 工程车进行转线调车作业或在道岔区段排除信号故障时，司机的处置方法

工程车在有道岔车站进行转线调车作业时，司机应在道岔区段防护信号机前规定的位置停车，使用无线手持台向车站行车值班员报告说明车辆现在的位置、去向和行车相关的作业；车站行车值班员接到司机的行车报告后，检查线路，办理相关的进路，开放信号，司机按照相应的显示信号并确认道岔位置(道岔处于定位或反位)正确后进行转线调车作业。

在道岔区段防护信号出现故障时,工程车进入线路道岔区段,车站行车值班员必须将线路上道岔按工程车运行方向在 ATS 单元控制台(或鼠标控制台)上将道岔进行锁闭;司机按车站行车值班员引导手信号进行相关的作业。

6. 工程车停车位置、防溜措施及其出行前和行车中的注意事项

(1) 工程车司机应注意工程车停车位置,尽量使工程车停在平直长坡道上;不能停在平直长坡道上的工程车,应注意做好防溜措施,必须在车辆两端放置防溜设施,防止车辆溜放。

(2) 工程车司机应在出车前对车辆(含轨道平板车)的走行部位、连挂装置和制动装置进行性能检查,状态良好、合格后方能使用;在行车中工程车司机应注意观察车辆的状态,确保施工作业过程中工程车的安全运行。

(3) 工程车可以牵引运行,也可推进运行,各站按正常列车办理。

(4) 工程车中车辆编挂作业由车长负责检查。工程车装载货物高度超过距轨面 3800mm 时,接触网必须停电。

7. 工程车进出正线的规定

(1) 工程车必须在本线路最后一列电客车之后运行,并保持数个(一般情况下 4 个站间距)站间区间的间隔,以保证运行安全。

(2) 工程车必须在正线第一列客车运营前 60min 出清正线。

(3) 工程车在车站始发或停车后再开时,司机要确认地面信号或按行车调度员的命令行车。

(4) 车站原则上不用接发列车,工程车在运行中司机、车长通过电台加强与车站联系,掌握运行计划,确认运行进路。开行超长、超限、超重货物的工程列车时,车站必须派人在站台监督列车运行,发现危及安全时应及时显示停车信号并报告行车调度员。

(5) 工程车到达指定的施工作业区域后,行车调度员应根据施工计划及时发布书面命令封锁该作业区,并布置有关防护措施。待施工结束后,再开通有关线路,安排工程车回车辆段。

(6) 工程车编挂有平板车时,因施工或装卸货物的需要,可以在中途站甩下作业,但要做好安全防护及防溜安全措施,返回时要挂走。平板车在区间原则上不准甩下作业。工程车在有坡度的线路上施工停靠时,不得进行分解、连挂等一系列作业。

(7) 工程车司机应随时注意出车前、行车过程中的车辆运行状态,发现问题应及时报告控制中心行车调度员。

(8) 工程车载有工具、物品和空载运行时,都不得侵入行车限界。工程车载有工具、物品时,应安放稳固,必须有防范工程车在行驶过程中工具和物品滑落的安全措施。工程车在区间装卸工具、物品时,施工负责人应指挥工程车停于指定的规定位置,不得主观随意停放,要确保工具、物品装卸的安全。

(9) 工程车在线路上行驶时,工程车司机应注意瞭望前方线路情况,防止有施工工具、材料、物品和施工人员突然侵入行车限界,并注意前方道岔开行方向是否正确。工程车在线路行驶过程中,要平稳地走行,不得急停急动。

(10)内燃机车在连挂轨道平板车时,轨道平板车不允许载人。工程车在运行过程中,车上人员应按相关的规定要求站好,不得妨碍司机瞭望。

(11)工程车在线路上临时停放时,必须放置防滑、防溜装置,车辆两端要放置警示标志。

(12)遇有线路、道岔等行车设备检修完工后,按规程规定使用工程车配合试运转作业时,要有施工负责人和专业工程技术人员在现场负责技术问题,由施工负责人指挥工程车运行。

(13)工程车司机必须掌握好工程车运行速度,按规定速度操作运行。

任务七 信号故障情况下行车

信号故障在此泛指信号机、联锁设备、闭塞设备和列车自动控制系统之一发生故障的情况。具体常见情况有信号机故障、控制中心的 ATS 设备故障、车载 ATP 设备发生故障、车站 ATO 设备发生故障、地面 ATP 设备故障、车站联锁设备故障等。

注:信号机故障与信号故障不是一个概念,信号机故障只是指信号机灯光熄灭、显示不正确或不明了等,使行车人员不明确列车运行条件的现象。

一、信号机故障时的行车组织

1. 进站信号机故障

当进站信号机发生故障时,行车值班员在确认站线空闲后,开放引导信号或手信号引导接车。

2. 防护信号机故障

当防护信号机发生故障时,行车值班员确认道岔区段空闲,确认道岔位置正确且锁闭,即可根据列车运行位置,适时开闭引导信号。

3. 预告信号机故障

当预告信号机发生故障时,列车应在信号机前一度停车,若该信号机仍未显示进行信号时,以可以随时停车的速度继续运行;到达次一架信号机前方,按其显示要求运行。

4. 出站信号机故障

(1)超速防护自动闭塞时出现出站信号机故障有以下三种情况:
①车载信号故障,出站信号机正常时,改按站间自动闭塞行车;
②出站信号机故障,车载信号正常时,按车载信号绿色灯光运行;
③车载信号及出站信号机均故障时,改按电话闭塞办理行车。
(2)站间自动闭塞时出现出站信号机故障时,改按电话闭塞办理。
(3)电话闭塞时出现出站信号机故障时,可以交递绿色许可证、手信号发车。

5. 车场与正线连接站间信号机故障

车场与正线连接站间信号机故障时,车场与车站间采用站间电话闭塞法组织行车,以路票为行车凭证。

（1）行车调度员向车站和车场发布执行站间电话闭塞法的口头命令后，车站或车场通知司机调度命令内容，通过车站值班员（工作人员）和信号员一起确定第一趟出发的列车前方区段为空闲。

（2）每一闭塞区段内只能允许一趟列车占用，列车占用闭塞区段的行车凭证为路票。

（3）收到车站确定闭塞区段内的线路空闲之后，再给发车站认可发车闭塞号。发车站接到车站（场）同意发车的承认闭塞号，填写路票并自检后叫值班员；值班员逐字逐项复诵，核对无误后，复诵传达并交给司机。

（4）在值班人员交换路票时，必须核对以下内容：日期与车次，区间和闭塞号，行车专用章等。

（5）值班员接车从司机处回收路票后应打叉号（"X"）并上交。

二、控制中心的 ATS 设备故障时的行车组织

ATS 系统主要功能是监督和控制列车按列车运行图来运行，控制发车时刻，办理列车进路，收集和记录列车的运行信息，追踪列车的位置、车次，然后绘制出实际列车运行图，在控制中心实时显示该列车的信息和线路情况。

当 ATS 系统故障时，此时行车调度员将人工介入来掌管线路上的信号机还有操作道岔，给列车办理进路，实现列车运行和指挥。如果中央 ATS 系统不显示的话，行车调度员可以把权限授权给联锁站，让联锁站实现对列车的控制，也可以实现站控。

（1）在进路排列的情况下，联锁车站值班员应先在降级模式的 ATS 远程终端控制单元设备确认联锁站是否被激活；如果降级模式被激活，联锁站将不用采取任何行动，列车能够自动排列进路和自行解锁。一旦没有激活降级模式，行车调度人员没有任何指示的时候，该站必须在车站按正常情况下实行手动排列进路解锁进路。如果工作站上不能对运营停车点进行取消的话，应该立即上报行车调度员，让行车调度人员告知司机，用 RM 模式（人工模式）让列车驶离车站，一直到改变为 ATO 模式，在车站取消了运营停车点，但客车的目标速度依然是零，而且超出原定时段时，车站工作人员应立即上报行车调度员，司机应当听从行车调度员的指示驾驶列车，当恢复了 ATO 驾驶模式后，应该向行车调度员报告。

（2）列车运行信息处理系统故障将会影响列车 ATS 系统，包括列车的位置、车次、列车运行信息的记录，而且影响列车运行的统计。所以 ATS 设备故障时，司机应手动输入车次号，实施相反操作；然后填写新的车次编号。所有报点站要按照规则向行车调度员呈报每次列车的到站与出发时间，行车调度员会以报点站为单位手动绘出列车运行图。

三、ATP 设备发生故障时的行车组织

ATP 系统是列车运行安全的重要保障，它由地面设备和车载设备共同组成。列车通过地面 ATP 装置接收并操作该区域的目标速度，确保在不超过目标速度的条件下运行，从而保证两辆列车之间可以有一段非常安全的距离。对于联锁站来说，ATP 系统必须保障只能有一条进路有用。ATP 是监督安全门与列车车门的打开和关闭的平台，确保操作安全，保证乘客乘降安全。

如果 ATP 地面设备出现故障，那么 ATO 车载设备就不能接收到限制速度的指令，所以不

能够按照自动闭塞法行车。要是设备故障的范围比较小的时候,可以让行车调度人员确定发生的故障区间进入空闲后,下令让司机在发生故障的区间按照 RM 模式限制速度,通过原定数量的轨道电路在还没有恢复到 ATO 模式时,行车调度员须指挥司机按照 RM 模式驾驶列车抵达前方车站或者到达终点站。如果故障范围比较大,一定要停止自动闭塞法的应用,要让车站来对列车进行控制,此时要按照电话闭塞法进行组织行车。

ATP 车载设备故障时,此时列车将无法接到 ATP 车速限制的指令,所以我们要优先解决列车的模式问题。ATP 车载设备的一般故障:行车调度人员要指派司机实施人工驾驶,就是以 URM 模式驾驶列车,直至抵达站台;列车在抵达前方车站时,如果还是不能完成修复,要由行车调度人员命令车站人员和司机,并且值班站长须登乘列车在沿途上协助司机进行瞭望,司机收到行车调度人员指令需按照 URM 模式驾驶列车抵达下一站然后退出正线,组织开入车辆段进行维修。URM 模式时登乘人员应协助司机瞭望,监视列车时刻表的速度,依照规定的速度行驶,不允许超速;进入有屏蔽门的车站时,应帮助司机开关屏蔽门。在超速行驶的情况下,以提醒司机控制车速;必要时,应立即按下紧急停车按钮。行车调度员应该注意故障 ATP 车载设备的列车的运行状态,严格控制车速,确保在一个区间内只有且只能有一辆列车运行;如果在一个区间内有两辆列车在运行时,应采取紧急措施扣停后面的列车。

在列车行驶时,如果因为道岔发生故障而导致列车被迫紧急停车的,该站应上报行车调度人员告知信号维修人员,并立刻呼叫站台站务携带钩锁器抵达事故现场将道岔加上钩锁器固定。之后司机根据行车调度员命令限速离开道岔区。

若列车在站台出发前无法收到 ATP 速度显示时,则司机应立即上报行车调度人员,在收到命令后才能使用 RM 模式发车。

四、车站 ATO 设备发生故障时的行车组织

ATO 系统的重要功能是对列车在站间运行的控制。为确保列车按列车时刻表并且以最高的可能性地按照节能原理来自行调整运行的时分和列车停止时间,定位控制停车站,控制车门和站台安全门开启。

ATO 子系统故障时,该自动运行的功能列车将无法完成,所以列车要改成 SM 人工驾驶模式,列车的运行情况在 ATP 车载设备的控制下,将依照列车内的速度信号器显示。ATO 车载设备故障时,列车门与安全门不能实现联动时,通过行车调度人员告知下一站工作人员,协助司机开关安全门。

五、地面 ATP 大规模设备故障时的行车组织

当出现地面 ATP 大规模设备故障时,一般按站间电话联系法组织行车,表 3-23 和表 3-24 列出发车站发车作业程序和接车站接车作业程序。

车站间电话联系法组织行车的规定包括:相关车站的值班站长要及时回到综控室负责车站的行车组织作业,并且依照行车调度员发出的指令就地组织控制行车,安排车站值班员到站台接发列车,通知相邻车站采用站间电话联系法组织行车,并将调度命令的内容告诉司机。

发车站发车作业程序　　　　　　　　　　　　　表3-23

程序	值班站长	值班员
（1）请求发车	①根据《行车日志》调度命令，确认区间空闲； ②向前方站发出请求："某站某次某分某秒请求发车"	
（2）准备发车进站	③布置值班员："准备某次某道发车进路"； ⑥接受汇报情况，复诵"某站某次某道发车进路完成"	④复诵"准备某次某道发车进路"； ⑤将进路上的道岔开通正确位置并加锁，确认正确后，向值班站长报告"某站某道发车进路完成"
（3）发出列车	⑦复诵"某站同意某次发出列车"； ⑧填写《行车日志》； ⑨通知值班员"某次某道可以发车"	⑩复诵"某次某道可以发车"； ⑪确认乘客上下完成，列车车门关闭，屏蔽门关闭后向司机显示绿色发车指示信号
（4）列车出发	⑬复诵"某次出发"，填写《行车日志》； ⑭列车出发后，向前一站报告时间，"某次某分某秒驶离我站"，当列车尾部驶离站台头端墙后，向后面车站报告："某次某分某秒开出"	⑫列车出清站台区后，向站控室报"某次出发"

接车站接车作业程序　　　　　　　　　　　　　表3-24

程序	值班站长	值班员
（1）听取发车请求	①听取后方站发车请求，复诵"某站某次请求发车"； ②根据《行车日志》确认站内线路空闲	
（2）检查及准备进路	③布置值班员（站务员）："检查某道，准备某次某道接车进路"； ⑥接受汇报情况，复诵"某次接车进路完成"	④复诵"检查某道，准备某次某道接车进路"； ⑤在进路上开通正确的位置并且加锁后，确定开通位置；之后向值班站长报告"道岔已开通××位，×次×道接车进路完成"
（3）同意发车	⑦通知发车站"某站某点某分某秒同意某次发车，填写《行车日志》，准备接车"	
（4）接车	⑧听取发车站的发车通知复诵："某次某分某秒开"，填写《行车日志》，并向前方站请求发车； ⑨布置值班员"某次开过来了，准备接车"	⑩复诵"某次开过来了，准备接车"； ⑪监视列车进站停车
（5）区间开通	⑬复诵"某次到达"，填写《行车日志》，向行车调度员报点	⑫列车对位停车后，向值班站长报"某次到达"

六、车站联锁设备故障时的行车组织

（1）行车值班人员发现异常的联锁设备后，应立即汇报行车调度员，告知值班站长，并记录在《施工检修作业登记簿》上。

（2）行车值班员应指派相关人员抵达现场确认进路是否空闲，有没有影响行车安全的情况。

（3）行车调度员应迅速向相关车站以及司机宣布调度命令："从某点某分开始，在某站至某站之间实行站间电话闭塞法组织行车"。调度指令可以由行车调度员向列车司机直接宣布，或者通过车站向列车司机口头传达调度命令的实质内容。

(一)道岔区段出现红光带造成进路排列不出时的处理

(1)行车值班人员应立即上报行车调度人员、信号维修部门、值班站长,而且要登记在《施工检修作业登记簿》上。

(2)行车调度员授权给站控室后行车值班人员应该使用其他的进路,保证正常的接车和发车。

(3)若是必须利用这条进路时,行车值班人员能够利用单操道岔的方式,将道岔切换到所需的位置和单锁,确认线路空闲及安全的条件下,开放引导信号接车或者发车;如果单操不能转换道岔位置的时候,就需要派遣相关人员到现场去手摇道岔准备进路,按非正常办法接发列车。

(4)值班站长接到故障报告之后,应在车站控制室把关,协助行车值班员做好行车组织工作。

(5)信号维修人员检修完成后,应登记在《施工检修作业登记簿》上;工作人员确认进路恢复正常并且签字确认后,应告知行车调度人员,设备已恢复正常,可以使用。

(二)道岔发生故障时的处理

当道岔发生危及行车安全时:

(1)行车值班人员应立刻报告行车调度员,防止列车驶过道岔;如果有列车在线路上,行车值班人员应指派车站人员保护现场,以防止列车通过道岔,通知有关人员维修并且登记在《施工维修作业登记簿》上。

(2)行车值班员应报告值班站长;值班站长在车站控制室把关监督组织。

(3)相关人员在维修完成后应在《施工维修作业登记簿》上签字确认后,行车值班人员尝试排进路或单操道岔试验后,才可以告知行车调度人员,ATS设备恢复正常可以使用。

(4)恢复使用前,行车值班员应利用其他进路确保正常发车。

(三)道岔区段轨道电路故障(红光带),开放引导信号接车

(1)值班人员报告行车调度员,通知信号区维修人员,在《施工维修作业登记簿》上进行登记。

(2)值班员或值班站长指派有关人员抵达现场确认进路是否空闲,有无影响列车行车的安全情况。

(3)准备接车进路,开放引导信号。

(4)值班员确定引导信号已经开放之后,用手台呼叫司机"某信号机引导信号已经开放"或使用引导手信号引导列车进站。

(5)司机接收到"某信号机引导信号已经开放好"后并复诵;确定引导信号已开放后,按照规定速度运行,驶过信号机,并随时准备停车。

(6)值班员确认列车整列到达后解锁接车进路。

(四)道岔防护信号机不能正常显示时的处理

(1)如果主灯丝断丝报警,通过一个中央调度终端确认进路已被正确对齐,与司机确认列车信号显示正常,这就说明现场的信号灯出现故障。

(2)如果列车司机或者是车站工作人员告知信号机出现不正确的显示,但不是主要灯断

丝报警,应立即通过一个中央调度终端进行进路是否正确排列的确认;与车站进行确认是否有关报警出现;与列车司机确认列车车载信号显示是否正常。如果列车车载信号和进路排列全部正常,则为现场信号机故障。

(3)通知维修人员,再进一步检查。如果维修人员需要下路轨进行检查时,行车调度员要根据当时在线列车的情况决定是否授权。

(4)需要与即将通过联锁区的列车司机取得联系,通知其信号机显示故障,当列车到达该联锁区时与列车司机确认车载信号是否正常,而且要通知列车司机注意道岔位置;如果位置正常的车载信号和道岔开关位置正确,则列车司机应依照指示依靠车载信号让列车驶过该联锁区。

(五)进路道岔区段道岔失去表示,开放引导信号接车

(1)值班员报告行车调度员,在《施工检修作业登记簿》上进行登记。

(2)值班人员要指派有关工作人员抵达现场确认进路是否空闲,有没有影响行车安全的情况,检查并且确认故障区道岔位置是否正确。

(3)准备接车进路开放引导信号。

(4)车站值班人员在确认引导信号已开放后,用手台呼叫司机"某信号机引导信号已实现开放"。

(5)司机在收到"某信号机引导信号已经开放好"后,要复诵一遍;确认引导信号已实现开放后,根据规定的速度运行列车,驶过信号机并且要做好随时停车的准备。

(6)车站值班员需要确认列车整列到达接车线股道停止后,解锁接车进路(使用引导总锁闭按钮,道岔就复位)。

 **案例分析**

地铁道岔事故案例

2013年某月某日4点9分,某站行车值班员发现该站6号道岔无法摇至反位,则立即通知了值班人员。4点51分维修人员接到通知后,迅速准备工具,联络综控人员开门。5点15分综控人员开站,维修人员进入车站。

5点18分维修人员抵达信号机房检查设备情况;5点22分维修人员到达综控室进行登记后,请求对5号道岔进行试验操作。通过试验,发现5号道岔的电流表有晃动,但是反位位置并没有显示出来。之后维修人员进入区间内操作道岔,在把5号道岔扳到反位时,因为维修人员的技术本领有限,导致定位密贴和表示调乱,从而使道岔失去定位表示,维修人员重复操作该道岔多次,仍未能将道岔调整恢复。在抢修人员抵达现场后,为了尽快恢复地铁运营,首先对5号道岔进行定位密贴的调整。

6点39分又对5号道岔进行重新定位密贴调整后,告知行车部门先让列车通过,之后再对道岔进行操作。

6点54分列车在通过后,抢修人员再次向行车调度人员要点下轨对5号道岔定位进行调整。

6点56分在恢复定位显示后,行车调度人员通知值班人员将道岔进行加锁,恢复运营状态。于是道岔反位没有再进行过任何操作,等待夜间地铁停运后再进行恢复。

停止运营后,通号调度组织有关人员对5号道岔进行恢复调整。

事故影响:造成晚点的列车达到4列,中途进行清人作业的列车1列,加开临客回空各1列。

对事故原因分析:事故的直接原因是5号道岔显示缺口,5号道岔反位位置没有显示。

间接原因:

(1)因为维修人员的技术本领有限,没能迅速分辨出道岔显示故障,对道岔的密贴、表示操作不妥,致使影响扩大。

(2)项目部对于相应的应急抢险预案实施没有到位。4点11分项目部调度员在收到通号调度的告知后,没能迅速地通知项目部领导、信号技术主管,在长达1时6分的时间里没能及时对现场情况进行了解,也没有启动相应的应急预案,从而失去了最佳的抢险时机。项目部调度员没能在10min内依照抢修流程与应急预案的指示在收到故障通知后向通号公司的调度人员传达现场的处理状况。

(3)工作人员对"运营第一"的观念了解不够深刻,对相关的应急抢险预案实行不够到位;维修人员对此次事故可能对运营造成的严重后果没有意识,应急预案中规定"道岔的故障维修人员抵达现场15min后还不能完成处理时,应立刻申请支援",而此案例现场的维修人员直到5点15分才通知项目部调度室请求支援。

(4)在排除故障的过程中,反映了员工的技术水平过低,故障判断错误和处理时间太长。

七、其他设备故障时的行车组织

1. 列车启动后又突然停车

(1)车站内勤值班员应确认信号设备状况。
(2)外勤值班员应及时了解列车运行情况及现场设备情况。
(3)内勤值班员应将情况及时报告行车调度员。
(4)若为信号故障所致,则应补开信号机,做好改变闭塞方式的准备。
(5)如果是列车故障所致,就应做好救援列车的准备。
(6)若为地外伤害所致,则应及时通知公安人员,做好处理地外伤害事故的准备。

2. 车门监视系统故障情况

(1)车站应及时报告行车调度员。
(2)通知设备维修人员。
(3)指示助理值班员携带发车牌,到站台进行人工确认车门作业。
(4)通知后方站转告后续列车司机"本站改按人工确认车门办理"。
(5)在《设备检修登记簿》内记录故障相关内容。
(6)维修单位对电视监视设备进行维护保养;故障处理均须在车站办理登记注销手续。

3. 车站照明熄灭的处置办法

(1)行车值班员应立即向行车调度员及相关单位报告;做好清人封站的各项准备。报告内容包括:照明熄灭情况、列车运行位置及信号控制台受影响情况、车站内乘客滞留情况。

(2) 车站正常照明熄灭,但事故照明亮灯时,行车值班员还应报机电公司相应部门,可组织正常的运营。

(3) 车站正常照明、事故照明同时熄灭时,但应急照明亮灯时。

① 行车值班员应立即报告有关单位。

② 利用车站广播或便携喇叭向乘客广播宣传,稳定其情绪。

③ 如长时间不能恢复照明,应拿着应急照明灯、手电筒和信号灯等照明用具,在现场负责人的指挥下,疏导乘客有序出站。

④ 对于没有接到通过命令的列车在站停车后,应通知司机不得开门;对于已开门的列车,现场人员应及时将乘客疏散。

4. 车站火灾事故时

(1) 车站发生火灾事故后,就近岗位人员应迅速查明发生的时间、地点、简要情况等,并立即向值班站长及行车值班员报告。

(2) 接到相关报告后,行车值班员应立即向行车调度员、公安、站区领导及客运公司生产值班室报告,必要时可拨打火警电话报警。

(3) 调控权下放时,行车值班员应立即通知邻站采取扣车措施。

(4) 利用各种广播设备做好宣传工作,稳定乘客情绪,引导乘客迅速有序地疏散出站。

5. 溜车

(1) 行车值班员发现溜车或接到溜车的报告,应设法阻止溜动列车继续运行。

① 放置铁鞋。

② 往道床钢轨上扔棉被。

③ 有条件的车站可将列车引入无列车、无车辆占用的线路上。

(2) 及时报告行车调度员,采取一切措施防止事态的扩大。

(3) 必要时通知有关车站采取扣车措施,以避免发生列车冲突。

(4) 妥善保管各类抢险物品,不得随意挪用、损毁。

知识链接

某地铁非正常行车作业部分规定

1. 列车限速运行

适用范围:列车运行过程中,发生人员、设备侵限或设备状态异常等情况,需降低列车运行速度继续运行时。

弓网拉弧现象,列车限速45km/h。

车辆运行状态异常(异声、异味、不明晃动)时,但可维持运行时,列车限速45km/h。

发生人员、设备、异物侵入线路及设备冒火星等异常情况,但未影响列车运行时,列车通过异常情况区段运行限速20km/h。

司机严格控制列车运行速度,遇线路限速低于上述规定限速,按线路限速执行;司机必须加强瞭望,遇紧急情况必须立即停车,并立即报告行车调度员。

2. 列车人工限制向前运行

适用范围:发生信号或其他设备故障(如计轴受扰、道岔、信号机、轨旁、车载信号、屏蔽门等设备故障),导致列车无法继续以 ATP 方式运行时,必须降级为人工限制向前方式(CLOSE-IN、RMO、RMF、授权模式)维持运行。

行车调度员经报调度长审批,并授权同意后,向司机发布调度命令,明确列车运行方式与授权运行终点;司机以人工限制向前方式行车必须得到调度命令授权,严禁擅自动车。

司机根据调度命令运行,不间断瞭望,严格确认前方安全行车条件(道岔位置正确、线路空闲、信号机显示状态)及授权运行终点。

司机严格控制列车运行限速 20km/h,遇线路限速低于 20km/h,按线路限速执行;司机必须加强瞭望,遇危及行车安全的情况必须立即停车,并立即报告行车调度员。

3. 列车退行

列车办理停站作业时越过规定停车位置,且列车冲出站台不超过 1 节车厢,后方列车距站台末端大于 100m,方可组织列车退行;如不满足上述条件,列车在该站办理通过作业。

司机得到允许退行的调度命令后,限速 3km/h 进行退行对位。

司机退行对位,办理乘降作业完毕后,应及时向行车调度员汇报,并根据调度指令动车。

4. 列车切除 ATP 运行的作业规定

司机应严格执行 40km/h 的限速要求。

行车调度员控制故障列车与前行列车行车间隔至少为一站一区间,遇设备限速低于 40km/h,按设备限速执行;在遇 400m 及其以下半径的弯道等瞭望条件不良的区段时,以不高于 30km/h 的速度通过(其中 5 号线东川路站至金平路站区间 300m 半径弯道以不高于 25km/h 的速度通过)。

行车调度员控制故障列车与前行列车行车间隔至少为一站一区间。调度通知就近车站派专人登乘切除 ATP 列车的驾驶室,跟车监护,负责提示司机严格执行 40km/h 的限速要求、督促司机执行标准化作业、协助司机对前方线路情况的不间断瞭望。

司机在确认车站跟车监护人员已登乘驾驶室后,根据调度命令运行,不间断瞭望,严格确认前方安全行车条件(道岔位置正确、线路空闲、信号机状态显示)及授权运行至终点。

司机驾驶列车运行至授权运行终点后,主动向行车调度员汇报,根据调度命令指示执行,严禁擅自运行超出授权运行范围。

列车以切除 ATP 方式行车时必须立即清客(列车位于区间则在前方车站进行清客),并就近退出正线运行,车站跟车监护人员跟车至列车退出运行(进存车线、回库)最后一站下车(如该站不具备下车条件,则在前一车站下车)。

5. 救援连挂列车运行的作业规定

推进方式救援或牵引方式救援,救援列车以切除 ATP 方式运行时,司机应严格控制列车限速 30km/h;如遇线路限速低于 30km/h,则按线路限速执行。

司机不得越过未经授权通过的禁行信号,如遇未经授权通过的禁行信号,或情况不明时,应立即停车严禁越过,确认情况,并汇报行车调度员,根据调度命令执行。

推进方式救援运行时,前车司机应加强瞭望,前后车司机应加强联系;遇危及行车安全的

6. 列车反向运行的作业规定

具备 ATP 防护功能的反向运行列车,根据 ATP 指令速度运行;不具备 ATP 防护功能的反向运行列车运行速度,按列车切除 ATP 运行的作业规定执行。

运营期间非图定列车区间反向运行,由集团(副)总调度长授权;其余非图定列车反向运行由调度长授权。

图定反向列车运行时,应根据运行图规定进行行车作业;非图定反向列车运行时,必须得到调度命令授权,根据调度命令行车,严禁擅自动车。

【案例 3-9】 如图 3-23 所示,2111 次列车在车站库线(13G)折返发出后,在 15G 留下红光带,2112 次列车仍利用 13G 库线折返发车。请叙述甲站 2112 次控制台折返办理过程。

(1)现场确认红光带是由轨道故障引起。
(2)排列 SC—XJ 进路。
(3)列车在 13G 停稳后,单扳 1/4 道岔定位。
(4)单独锁闭 1/4、2/3 道岔。
(5)开放 XJ 引导信号,待 2112 次列车头部越过 XJ 信号机后松开引导信号。

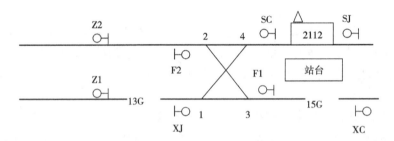

图 3-23 甲站控制台示意图

【案例 3-10】 如图 3-24 所示,在站间闭塞条件下,根据调度指示办理 1802 次列车出库(13G)放空回段,值班员将 F5—XJ 进路排通后,3DG 突然出现红光带。请叙述 1802 次列车出库进路办理过程及后续列车 1133 次(经 11G 运行)的接车进路办理过程(不需叙述改变闭塞办理过程)。

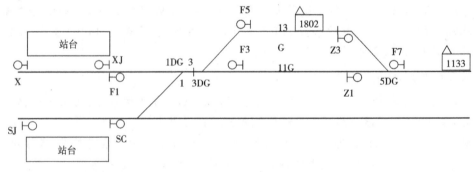

图 3-24 乙站控制台示意图

(1) 确认红光带是由于轨道故障引起的。
(2) 按压 F5 引导信号,待 1802 次列车整列通过 F5 信号机后松开。
(3) 使用总人解按钮+F5 引导按钮,解锁引导进路。
(4) 使用总人解按钮+进路始端按钮、总人解按钮+进路终端按钮、总人解按钮+3DG 区段按钮、总人解按钮+1DG 区段按钮,解锁白光带。
(5) 使用轨道事故按钮+道岔总定位按钮+3 号道岔按钮,将 3 号道岔扳至定位。
(6) 确认 1 号、3 号、5 号道岔定位后,开放 F7 引导信号,开放 F3 引导信号,待 1133 次列车整列越过 F3 信号机后松开按钮。

【案例 3-11】 如图 3-25 所示,1052 次列车在车站折返线(6G)临时折返,列车在 6G 停稳后,在 2DG 留下红光带(反位)。请叙述控制台折返办理过程。

(1) 确认红光带是由轨道故障引起的。
(2) 按压 2DG 区段故障和人工解锁按钮,解锁白光带。
(3) 强扳道岔定位,按压人工解锁按钮、2DG 区段故障,另一人按压道岔定位按钮和 2 号道岔按钮。
(4) 按压总引导按钮和 8A 始端按钮,开放 8X 引导信号。
(5) 待 1052 次列车整列越过 8X 信号机后,松开 8A 始端按钮,关闭引导信号。

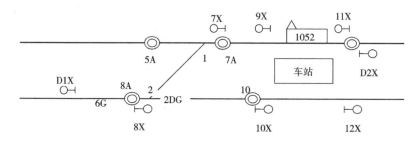

图 3-25 丙站控制台示意图

任务八　恶劣天气下行车组织

地面或高架线路遇恶劣天气时,以暴风雪为例,行车值班员应立即向行车调度员及站区领导、值班站长及客运公司生产值班室报告;在保证安全的情况下,采取一切措施确保道岔处于良好状态;必要时在得到行车调度员及有关部门批准后,人工进行铲冰除雪工作;遇夜间连续降雪,致使道岔区段发生积雪影响道岔正常使用时,站区夜间值班领导应安排各有道岔车站于送电前进行铲冰除雪工作,除雪工作完毕后,行车值班员应进行道岔转换试验,此项工作应于早晨送电前结束;在铲冰除雪工作过程中,车站全体职工应服从站区领导(或值班站长)统一安排,道岔处于正常使用状态后,行车值班员应向行车调度员及客运公司生产值班室汇报。

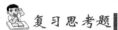 复习思考题

一、简答题

1. 遇到什么情况时,应将控制权由中心下放到设备集中站办理?
2. 须使列车停车时,可采取哪些方法?
3. 哪些情况时须按电话闭塞法行车?
4. 按电话闭塞法行车时,应填写那些行车报表?
5. 列车反方向运行时,填写路票应注意什么?
6. 列车反方向运行时,发车站外勤值班员应做哪些工作?

二、实训题

按照某条实际线路的不同情况的应急预案或者设计非正常情境,组织学生分组根据本项目内容,进行各种非正常情况下的演练。

项目四　列车运行计划和运输能力计算

学习目标

1. 知识目标

(1) 了解客流计划和全日行车计划；
(2) 了解列车开行方案；
(3) 了解列车运行图和列车运行图指标；
(4) 了解车辆运用计划和绘制车辆周转图；
(5) 了解乘员配备计划；
(6) 了解运输能力计算；
(7) 了解扩能措施。

2. 能力目标

(1) 能够制定客流计划和全日行车计划；
(2) 了解列车折返方式及列车交路，会确定列车开行方案；
(3) 识读和编制列车运行图和理解并能够计算小时列车开行数、全日列车开行数、列车满载率及列车平均满载率；
(4) 能够制定车辆运用计划和绘制车辆周转图；
(5) 基本会制定乘员配备计划；
(6) 能够进行运输能力计算和能提出扩能措施。

3. 德育目标

(1) 树立城市轨道交通运输生产全局意识；
(2) 按照计划行车的意识，树立保证运输生产秩序意识；
(3) 培养从充分满足市民出行的角度编制列车运行图和运用运行图的能力；
(4) 理解"行车无小事"的安全重要性；
(5) 培养团队协作的能力严谨务实的工作作风。

项目案例

截至 2014 年 1 月，北京市地铁共有 17 条运营线路，覆盖 11 个市辖区，拥有 273 座运营车站。以客运量计，北京已经建成中国大陆最繁忙的城市轨道交通系统，日均客运量在 1000 万人次左右，是中国运营时间最久、乘客运载最多、早晚峰值最忙的城市轨道交通系统。

2012 年，北京市某条城市轨道交通线路开通试运营，根据客流预测，编制其开通试运营列车运行图，如图 4-1、图 4-2 所示，包括平日列车运行图和双休日列车运行图。

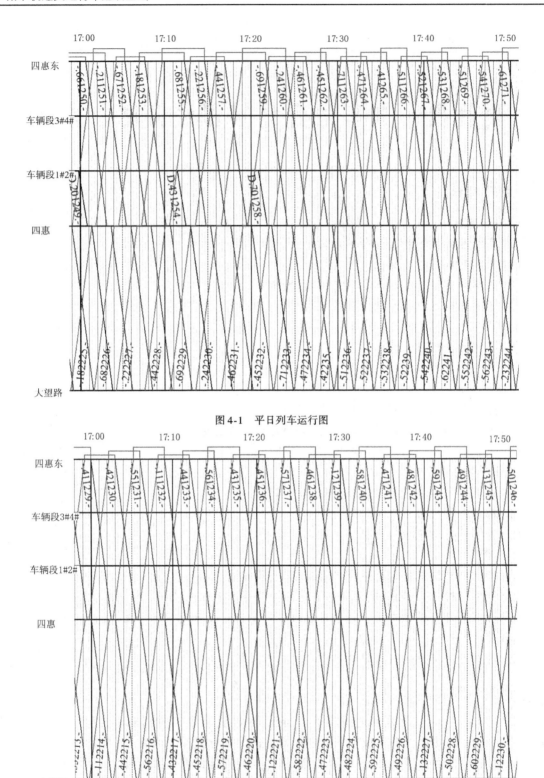

图 4-1 平日列车运行图

图 4-2 双休日列车运行图

根据不完全统计,2007年以来,如表4-1所示,北京市地铁十多次进行列车运行间隔的缩短调整,提高了运力,最高增幅达到52.5%。

2007年以来部分间隔调整 表4-1

序号	日期(年·月)	最小行车间隔调整	运力增幅(%)	备注
1	2007.5	八通线由5分缩短至4分	25	
2	2007.10	1号线由3分缩短至2分45秒	9	
3	2007.10	2号线由3分30秒缩短至3分	16.7	
4	2007.10	13号线由4分缩短至3分45秒	14.3	
5	2007.10	八通线由4分缩短至3分30秒	14.3	
6	2007.12	13号线由3分30秒缩短至3分	14.3	
7	2007.12	1号线由2分45秒缩短至2分30秒	10	
8	2008.6	2号线由3分缩短至2分30秒	52.5	含车辆更新
9	2008.7	5号线由4分缩短至3分30秒	14.3	
10	2008.7	5号线由3分30秒缩短至3分	16.7	
11	2008.8	八通线由3分30秒缩短至3分	16.7	
12	2009.4	1号线由2分30秒缩短至2分15秒	11.1	
13	2009.4	2号线由2分30秒缩短至2分	25	
14	2009.5	5号线由3分缩短至2分50秒	5.9	

任务描述

城市轨道交通运营计划,包括客流计划、列车开行计划、列车运行图、车辆运用计划、人员配备和乘务安排计划等。

城市轨道交通客流计划如何确定?城市轨道交通列车运行计划是什么样的?列车运行图依据什么编制而成?什么样的列车运行图算是比较好的呢?我们可以用什么指标来分析列车运行计划呢?车辆运用计划、人员配备和乘务安排计划主要解决什么问题?城市轨道交通的运输能力又是如何计算的?

任务一 识读和编制列车开行计划

列车开行计划是城市轨道交通系统日常运输组织的基础。列车开行计划编制的基础是客流、技术设备及其能力等。列车开行计划的内容除了全日开行计划外,还包括列车交路、列车停站设计和车辆运用计划等。

一、客流计划

客流计划是指计划期间城市轨道交通系统线路客流的规划。对新线来说,客流计划要根据客流预测资料来编制,既有线则可根据统计和调查资料来编制。它是全日行车计划、列车运行计划和车辆运用计划编制的基础。客流是指在单位时间内,城市轨道交通线路上乘客流动人数和流动方向的总和。客流概念既表明乘客在空间上的位移及其数量,又强调位移带有方向性和具有起讫位置。客流可以是预测客流,也可以是实际客流。在建成新线投入运营的情况下,客流计划根据客流预测资料进行编制;在现有运营线路的情况下,客流计划根据客流统计资料和客流调查资料进行编制。

客流计划的主要内容包括:站间发、到客流量,各站分方向上下车人数,全日、高峰小时的最大断面客流量和低谷小时的断面客流量,分时断面客流量等。

断面客流量是指在单位时间内通过轨道交通线路某一地点的客流量。最大客流量是指在单位时间内,通过轨道交通线路各个断面的客流量一般是不相等的。最大客流量是指最大客流断面的客流量。相关教学资源见二维码16。

二维码16

高峰小时最大断面客流量通常是指在以小时为单位计算断面客流量的情况下,分时断面客流量最大的小时称为高峰小时。高峰小时最大断面客流量是指高峰小时最大客流断面的客流。

客流计划以站间发、到客流量数据作为原始资料,如表4-2所示,站间发、到客流量斜表,通过计算得到各站分方向上下车人数。表4-3所示是各站上下车人数,通过计算还可以得到表4-4各区间断面客流量等客流数据。如图4-3所示,根据断面客流量可以绘制断面客流图。如图4-4所示是实际某条线路的断面客流图。在客流计划编制过程中,高峰小时的断面客流量可以通过高峰小时站间发、到客流数据来计算,也可以通过全日站间发、到客流量数据来估算。在用全日站间发、到客流数据时,在求出全日断面客流量数据后,高峰小时的断面客流量按占全日断面客流量的一定比例来估算,比例系数的取值可通过客流调查来确定。客流在不同的车站在24小时内呈现出不同的变化特点,往往呈现一种早高峰、晚高峰的双峰特征。

站间客流 OD 表　　　　　　　　　　　　　　　　　　　　　　　　　表4-2

始发\终到	A	B	C	D	E	合计
A		3260	22000	1980	1950	29190
B	2100		21900	2330	6530	32860
C	5800	4900		3220	4600	18520
D	5420	4100	3200		4390	17110
E	1200	4320	7860	3420		16800
合计	14520	16580	54960	10950	17470	114480

各站上下车人数统计　　　　　　　　　　　　　　　　　　　　　　　表4-3

下行上车人数	下行下车人数	站名	上行上车人数	上行下车人数
29190	0	A	0	14520
30760	3260	B	2100	13320
7820	43900	C	10700	11060
4390	7530	D	12720	3420
0	17470	E	16800	0

根据站间客流数据和各站上下车人数统计,可以计算各区间各方向断面客流。计算公式为:

$$P_{i+1} = P_i - P_x + P_s \tag{4-1}$$

式中:P_{i+1}——前区间的断面客流量(人次);

P_i——计算区间的断面客流量(人次);

P_x——连接两区间车站的下车人数(人次);

P_s——连接两区间车站的上车人数(人次)。

以 A—B 区间下行方向断面客流计算为例。根据公式,需知道 A—B 之前的区间的断面客流量即在 A 站上车、下车的人数。

下行:

$$P_{A-B} = 0 - P_{AX} + P_{AS} = 0 - 0 + 29190 = 29190$$

同理得:

$$P_{B-C} = P_{A-B} - P_{BX} + P_{BS} = 29190 - 3260 + 30760 = 56690$$

$$P_{C-D} = P_{B-C} - P_{CX} + P_{CS} = 20610$$

计算得到表 4-4。

断面客流量 表 4-4

下行(人次)	区间	上行(人次)
29190	A – B	14520
56690	B – C	25740
20610	C – D	26100
17470	D – E	16800

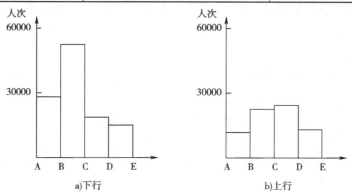

图 4-3 区间断面客流

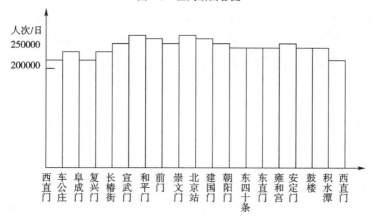

图 4-4 北京地铁 2 号线区间断面客流

二、全日行车计划

(一)全日行车计划

全日行车计划是营业时间内各个小时开行的列车对数计划。它规定了城市轨道交通线路的日常运输任务,是编制列车运行图、计算运输工作量和确定车辆运用的基础资料。

全日行车计划一般根据各个小时的最大断面客流量、列车定员人数和车辆满载率,以及希望达到的服务水平等综合考虑编制。

(二)全日行车计划编制资料

1. 营业时间

城市轨道交通系统营业时间的安排,主要考虑了两个因素:一是方便乘客,满足城市生活的需要,即考虑城市居民出行活动的特点;二是满足轨道交通系统各项设备检修养护的需要。根据资料,世界上大多数城市的轨道交通系统营业时间在 18~20h 之间,个别城市是 24h 运营,如美国的纽约和芝加哥。适当延长运营时间,是城市轨道交通系统提高服务水平的体现。

2. 全日分时最大断面客流量

分时最大断面客流量有两种确定方法:在已知高峰小时最大断面客流量的基础上,根据分时客流占高峰小时客流的比例进行确定;或在已知全日最大断面客流量的基础上,根据分时客流占全日客流的比例进行确定。

3. 列车定员数

列车定员数是列车编组辆数和车辆定员数的乘积。在客流量一定的情况下,为达到一定的运能,除可采用增加列车编组辆数措施外,也可采用缩短行车间隔时间的措施。但在行车密度已经较大时,为满足增长的客流需求,首选增加列车编组辆数。

车辆定员数的多少取决于车辆的尺寸、车厢内座位布置方式和车门设置数。在车辆限界范围内,车辆长宽尺寸越大,则载客越多,车厢内座位纵向布置较横向布置载客要多,车厢内车门区较座位区载客要多。

4. 线路断面满载率

线路断面满载率是指在单位时间内、特定断面上的车辆载客能力利用率,指实际载客量与设计载客容量之比。它反映了系统的服务水平。在实际工作中,线路断面满载率通常是指早高峰小时单向最大客流断面的车辆载客能力利用率,计算公式如下:

$$\beta = \frac{P_{\max}}{C_{\max}} \times 100\% \tag{4-2}$$

式中:β——线路断面满载率;

$P_{\max}$——单向最大断面客流量;

$C_{\max}$——高峰小时线路输送能力。

线路断面满载率既反映了高峰小时开行列车在最大客流断面的满载程度,也反映了乘客乘车的舒适度。为了提高车辆运用效率、降低运输成本和提高经济效益,在编制全日行车计划时,平峰时满载率可取 0.75~0.90,高峰时往往满载率可采取列车在高峰小时适当超载的做法,比如取值 120%。

(三)全日行车计划编制程序

1. 计算运营时间内各小时应开行列车数

$$N_i = \frac{P_{\max}}{P_{列}\beta} \tag{4-3}$$

式中:N_i——全日分时、分方向开行列车数(列);
$P_{列}$——列车定员数(人);
β——列车满载率(%)。

2. 计算行车间隔时间

$$T_{间隔} = \frac{3600}{N_i} \tag{4-4}$$

式中:$T_{间隔}$——计算行车间隔时间(s)。

在实际运行中,常用发车间隔 $T_{间隔}$ 来评价行车计划。

3. 最终确定全日行车计划

在已经计算得到各小时应开行列车数和行车间隔时间的基础上,应检查是否存在某段时间内行车间隔时间过长的情况。行车间隔时间过长,会增加乘客候车时间,降低乘客的出行速度,不利于吸引客流。为方便乘客、提高服务水平,轨道交通系统在非高峰运营时间内,如 9:00 ~ 21:00 间,最终确定的行车间隔时间标准一般不宜大于 6min;而在其他非高峰运营时间内,最终确定的行车间隔标准也不宜大于 10min。另外,对全日行车计划中的高峰小时行车间隔时间,应检验是否符合列车在折返站的出发间隔时间。

三、制订全日列车开行计划案例

1. 具体已知资料

营业时间:5:00 ~ 23:00。
早高峰小时(7:00 ~ 8:00)客流量:32000 人。
图 4-5 所示为全日分时最大断面客流分布。
列车编组 6 辆,定员为 260 人。
满载率:高峰小时 120%,其他时间 90%。
高峰小时每列车乘客人数:

$$260 \times 6 \times 1.2 = 1872$$

其他时间每列车乘客人数:

$$260 \times 6 \times 0.9 = 1404$$

2. 计算过程及结果

计算过程及结果,如表 4-5 所示。

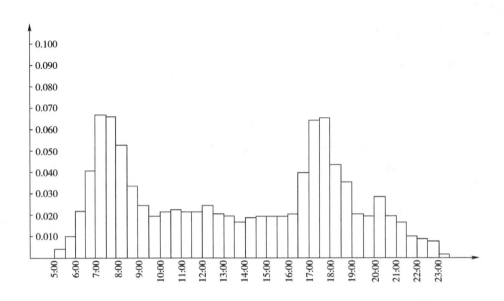

图 4-5 全日分时最大断面客流分布图

列车开行数量计算　　　　　　　　　表 4-5

时　间	全日分时最大断面客流分布比例(%)	单向最大断面客流量(人)	分时开行列车数	实际开行列车数	间隔
5:00~6:00	15	4800	4	6	10min00s
6:00~7:00	50	16000	12	12	5min00s
7:00~8:00	100	32000	18	18	3min20s
8:00~9:00	70	22400	16	16	3min45s
9:00~10:00	50	16000	12	12	5min00s
10:00~11:00	40	12800	10	10	6min00s
11:00~12:00	45	14400	11	11	5min25s
12:00~13:00	50	16000	12	12	5min00s
13:00~14:00	55	17600	13	13	4min40s
14:00~15:00	60	19200	14	14	4min20s
15:00~16:00	60	19200	14	16	3min45s
16:00~17:00	70	22400	16	16	3min45s
17:00~18:00	90	28800	16	16	3min45s
18:00~19:00	60	19200	14	14	4min20s
19:00~20:00	50	16000	12	12	5min00s
20:00~21:00	30	9600	7	10	6min00s
21:00~22:00	20	6400	5	6	10min00s
22:00~23:00	15	4800	4	6	10min00s

续上表

时间	全日分时最大断面客流分布比例(%)	单向最大断面客流量(人)	分时开行列车数	实际开行列车数	间隔
5:00~6:00	15	4800	4	6	10min00s
6:00~7:00	50	16000	12	12	5min00s
7:00~8:00	100	32000	18	18	3min20s
8:00~9:00	70	22400	16	16	3min45s
9:00~10:00	50	16000	12	12	5min00s
10:00~11:00	40	12800	10	10	6min00s
11:00~12:00	45	14400	11	11	5min25s
12:00~13:00	50	16000	12	12	5min00s
13:00~14:00	55	17600	13	13	4min40s
14:00~15:00	60	19200	14	14	4min20s
15:00~16:00	60	19200	14	16	3min45s
16:00~17:00	70	22400	16	16	3min45s
17:00~18:00	90	28800	16	16	3min45s
18:00~19:00	60	19200	14	14	4min20s
19:00~20:00	50	16000	12	12	5min00s
20:00~21:00	30	9600	7	10	6min00s
21:00~22:00	20	6400	5	6	10min00s
22:00~23:00	15	4800	4	6	10min00s

四、列车开行方案

列车开行方案是列车运行图编制中的基本依据和内容包括列车的种类、起讫点和数量。列车开行方案包括列车编组方案、列车交路方案和列车停站方案三部分。列车编组方案规定了列车是固定编组还是非固定编组，以及编组辆数。列车交路方案规定了列车的运行区段与折返车站。列车停站方案规定了列车是站站停车还是非站站停车，以及非站站停车的方式。此外，列车开行方案还规定了按不同编组、交路和停站方案开行的列车数。

列车开行方案是日常运营组织的基础。列车开行方案的比选应遵循客流分布特征与运营经济合理兼顾的原则，以实现既能维持较高的乘客服务水平，又能提高车辆运用效率的目标。

列车开行方案常用列车交路计划、列车停站方案和分时列车开行对数来描述。

1. 列车交路计划（相关教学资源见二维码17）

列车交路计划是指根据运营组织要求和条件，按列车运行图或列车调度计划，列车在规定区段内运行、折返的开行计划。其主要内容包括运行区段、折返车站、按不同交路运行的列车对数。

二维码17

如图4-6所示，列车交路有长交路、短交路和长短交路三种。列车在全线各站间运行，为全线提供运输服务,列车到达终点站返回。短交路是指列车在线路的某一区段内运行,在指定的车站上折返,它可为某一区段旅客提供服务。长短交路是指列车在线路上的运行有长短交路并存的情形。

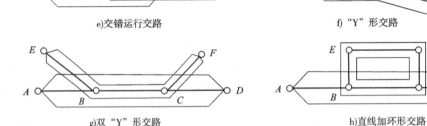

图 4-6 不同的列车交路

如图 4-7 所示,常见的城市轨道交通交路形式有 8 种。

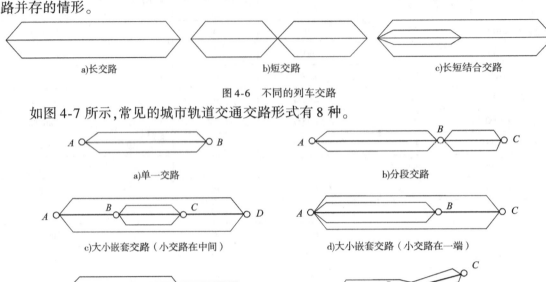

图 4-7 常见的城市轨道交通交路形式示意图

(1) 单一交路

单一交路为列车在线路起点站和终点站间按照最大需要开行贯通式列车的交路形式,折返站设置在线路两端的终点站。单一列车交路形式适用于整条线路断面客流量和全线客流都比较均匀的情况,列车运行组织比较简单,运营秩序紊乱时,运营调整压力小,乘客接受程度高。当全线客流分布不均衡时,会出现运能虚糜的现象,影响运输能力的综合利用。在城市轨道交通开通运营初期,轨道交通线路一般比较短,客流分布均匀,基本上采用单一列车交路。

(2) 分段交路

分段交路是组织不同编组辆数、不同开行对数的列车分段运行,甚至相邻区段的线路技术标准也可以不一致。分段交路的优点是对列车开行对数和运行周期之间的相互匹配无要求,两个区段可分别设定,能较好地解决相邻区段上客流差异较大的问题。其缺点是两个交路共用折返站的线路配置要求高,客运组织的要求也高。

(3) 大小嵌套交路

大小嵌套交路是根据线路高峰小时客流量不均匀的客流需要,组织不同编组、不同开行对数的列车在各区段运行,以满足客流需求,提高运营效益。按照小交路区段所在线路中的位置,大小嵌套交路分为两种:一种是小交路位于线路中间,一种是小交路位于线路一端。多数情况下,小交路区段客流量大,为市区段。市区段客流量远大于郊区客流量,需要开行的列车数量远超郊区段,采用大小嵌套交路方法可接受运用车数,提高车辆的利用率。

(4)交错运行交路

交错运行交路是两个小交路交叉重叠开行的一种交路形式。交错运行交路形式适用于郊区—市区间的向心客流,当市区段客流与郊区段客流之比在 1~2 之间时,比如:图 4-7e)中 AB 段和 CD 段是郊区段,BC 段位市区段,由于客流是向中心城区集中,具有明显的向心单峰客流特征,所以,开行两端郊区至中心城区的小交路列车可以满足不断增长的郊区到中心城区的客流需求,两个小交路区段交叉重叠的中心城区列车开行密度加大,可以满足高密度的中心城区内部出行需求。

(5)Y 形和双 Y 形交路

Y 形和双 Y 形交路的出现是由于线路初期设计或后期延伸时出现分岔,岔线又不宜采用独立交路形式运行而引起的,其缺点是对列车对数和运行周期的匹配性要求都很高,列车运行组织和调整都比较复杂。

(6)环线列车交路

环线列车交路是指列车在环形线路上运行的交路形式,列车无须折返始终向一个方向运行。环线列车交路因其便捷性而被较多的城市所采用,但采用此种交路应具备特定的环形线路条件形式。

(7)直线加环形交路

直线加环形列车交路是城市轨道交通网络中一种非常特殊的线路形式,其主要特征是由一条直线和一条环线组成,且环线可以与直线互通,环线可以连在直线的中间段,也可以连在两端,环线与直线存在共线区段,运输组织难度高。

2. 列车停站方案(相关教学资源见二维码18)

城市轨道交通中列车的运行速度一般是一致的,不同的列车种类常常指列车的停站方案不同。常见的列车停站方案有站站停车、跨站停车、分段停车等停站方案。编制列车运行图前,应明确列车停站方案。

二维码18

(1)站站停车列车运行方案

多数线路的多数列车采用站站停车列车运行方案。

(2)跨站停车列车运行方案

如图4-8所示,常见的一种跨站停车列车运行方案是将全线车站分成 A、B、C 三类。A、B 两类车站按相邻分布原则确定,C 类车站按每隔 4 座车站选择一站原则确定。所有列车均应在 C 类车站停车作业,但在 A、B 二类车站则分别停车作业。

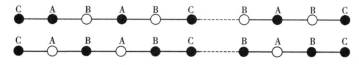

图4-8 跨站停车列车运行方案示意图

注:●为列车停车站。

跨站停车列车运行方案减少了列车停站次数,因而能压缩列车旅行时间和乘客乘车时间,提高旅行速度。同时,由于车辆周转加快,能够减少车辆使用,降低运营成本。

该方案的问题是:由于A、B两类车站的列车到达间隔加大,乘客候车时间有所增加;此外,在A、B两类车站间乘车的乘客需在C类车站换乘,带来不便。因此,该方案比较适用于C类车站客流较大,而A、B两类车站客流较小,并且乘客平均乘车距离较远的情况。

(3) 分段停车列车运行方案

如图4-9所示,在长短列车交路的基础上,规定长交路运行列车在短交路区段外每站停车作业,在短交路区段内不停车通过;而短交路运行列车则在短交路区段内每站停车作业;短交路列车的中间折返点作为换乘站。

图4-9 分段停车列车运行方案示意图

注:●为列车停车站。

分段停车列车运行方案减少了长交路列车的停站次数,因而能压缩长途乘客在列车上消耗的时间;列车旅行速度的提高也有利于加快长交路运行车辆的周转。该方案的问题是:上下车不在同一交路区段的乘客需要换乘,增加了在车站内消耗的时间。因此,采用分段停车列车运行方案的基本依据是乘客时间得到的总节约应大于增加的总消耗。

分段停车列车运行方案是在长短列车交路的基础上,规定长交路运行列车在短交路区段外每站停车作业,在短交路区段内不停车通过;而短交路运行列车则在短交路区段内每站停车作业;短交路列车的中间折返点作为换乘站。

3. 影响列车停站方案比选的因素

影响列车停站方案比选的主要因素有:站间OD客流特征、乘客服务水平、列车越行问题、运营经济性和运营组织复杂性等。

(1) 站间OD客流特征。在长距离出行乘客比例较大及某些发到站间的直达客流也较大时,采用非站站停车方案通常是有利的。在线路上以同一区段内发到的短途客流为主时,不宜采用非站站停车方案。

(2) 乘客服务水平。采用非站站停车方案是否可行,应根据站间OD客流,定量分析计算长途乘客节约的出行时间与部分乘客增加的换乘与候车时间。如果乘客的节约时间总和大于增加时间总和,或者乘客的节约时间与增加时间基本持平,采用非站站停车方案是可行的,能提高或至少不降低乘客服务水平。

(3) 列车越行问题。在采用非站站停车方案,必须对列车越行相关问题,如列车越行判定条件、越行站设置数量及位置等问题作进一步分析。

(4) 运营经济性。非站站停车方案能加快列车周转、减少运用车数,从而降低运营成本。但采用非站站停车方案时,通常要在部分中间站增设越行线,车站土建与轨道等费用的增加会引起车站造价上升。

(5) 运营组织复杂性:由于各类列车的停站安排不同,以及列车在中间站越行,控制中心、车站控制室对列车运行的监控以及站台上的乘车导向服务均应加强。因此,非站站停车方案的运营组织要比站站停车方案复杂。

4. 列车开行方案选优

列车开行方案选优的评价指标,包括以下五个方面:

(1)乘客服务水平。包括乘客乘车时间、候车时间、换乘时间、换乘次数和平均出行速度等。

(2)车辆运用。包括列车周转时间、旅行速度、运用车数、日车走行公里和车辆满载率等。

(3)通过能力适应性。主要是评价列车开行方案实施后的能力损失,以及最终通过能力是否适应。包括线路通过能力利用率、列车折返能力利用率等。

(4)运营组织复杂性。运营组织很复杂的列车开行方案,实践中通常不为运营部门所接受。在列车开行方案选优时,可用等级或排序的方式来反映运营组织的复杂程度。

(5)运输成本。包括车辆购置费用、增设折返线费用、增设越行线费用、列车运行距离相关费用和乘务人员费用等。

任务二 识读和编制列车运行图

一、认识列车运行图

1. 概念、作用和分类

(1)概念。

列车运行图是列车运行的时间与空间关系的图解,它是表示列车在各区间运行及在各车站停车或通过状态的二维线条图。有两种形式:横轴时间纵轴空间(国内一般采用这种形式)和横轴空间纵轴时间(欧洲常采用这种形式)(图4-10)。

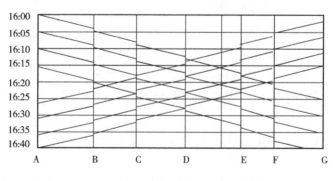

图4-10 列车运行图

列车运行图规定了各次列车占用区间的次序,各次列车在区间的运行时分,在车站的到达、出发或通过的时刻,在车站的停站时间和在折返站的折返作业时间,以及列车交路和列车出入车辆段时刻等,能直观地显示出各次列车在时间上和空间上的相互位置和对应关系。

(2)作用。

在运输生产过程中,列车运行是一个极其复杂的过程,它不但需要运用各种技术设备,而且要求各个部门、工种和各项作业之间互相协调配合。列车运行图作为组织列车运行的基础,在协调各部门、各工种和各项作业方面起着极为重要的作用。在运输企业内部,列车运行图不仅规定了线路、车站、车辆等运输设备的运用,同时也规定了各业务部门的工作要求。OCC应按列车运行图来指挥列车运行;车站应按照列车运行图的要求接发列车和组织客运工作;车辆段应根据列车运行图的要求,确定每天需要派出的运用车辆数、车辆出入段的顺序及时间,安排乘务员的作息时间和车辆的检修;供电、通信信号、机电、工务和建筑等部门,也都应根据列车运行图的规定来安排检修、施工计划。通过列车运行图使各行车有关部门严格按照一定的程序有条不紊地进行工作,把整个运输生产活动连接成为一个统一的整体。因此,供运输企业内部使用的列车运行图技术文件既是行车部门组织列车安全正点运行的列车运行计划,也是运输企业组织运输生产和运输营销的综合经营计划。列车运行图对运输企业的生产效率和经济效益有着直接的决定性的影响。

有的城市轨道交通列车运行图以列车时刻表的形式对外公布,欧洲城市公布较多,张贴在各个车站候车区域。如图4-11所示,德国德累斯顿市有轨电车车站均张贴了有轨电车时刻表。

(3)分类。相关教学资源见二维码19。

①根据竖线等分横轴的时间单位不同,列车运行图主要有以下四种格式:

一分格运行图,横轴以1min为单位进行等分。这是地铁、轻轨采用的列车运行图格式。

二分格运行图,横轴以2min为单位进行等分。这是市郊铁路编制新图时的列车运行图格式。

十分格运行图,横轴以10min为单位进行等分。这是市郊铁路日常使用的列车运行图格式。

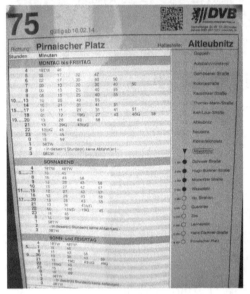

图4-11 德国车站有轨电车时刻表

小时格运行图,横轴以一小时为单位进行等分。这是编制旅客列车方案图、机车周转图或客车周转图时采用的格式。

②按区间正线数目的不同,列车运行图可分为以下三种:

单线运行图,在列车运行图上,上下行列车都在同一正线上运行,上下行方向列车交会必须在车站进行。

双线运行图,在列车运行图上,上下行列车在各自的正线上运行,上下行方向列车交会可在区间或车站进行。

单双线运行图,兼有单线和双线运行图的特点,列车在单线区间和双线区间分别按单线运行图和双线运行图运行。

③按列车运行速度的不同,列车运行图可分为以下两种:

平行运行图,在列车运行图上,同方向列车的运行速度相同。

非平行运行图,在列车运行图上,同方向列车的运行速度不相同。

④按上下行方向列车数目的不同,列车运行图可分为以下两种:

成对运行图,在列车运行图上,上下行方向的列车数目相等。

不成对运行图,在列车运行图上,上下行方向的列车数目不相等。

二维码19

2. 列车运行图识别

如图 4-12 所示,列车运行图利用坐标系直观地显示各次列车在时间和空间上的相互位置和对应关系。

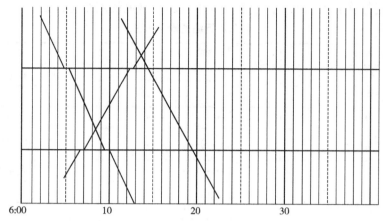

图 4-12 列车运行图表示

图中各部分的含义(相关教学资源见二维码 20):

(1) 横坐标:表示时间,按要求用一定的比例进行时间划分。

(2) 纵坐标:表示距离,根据区间实际里程或者区间运行时分,采用规定的比例,以车站中心线所在位置进行划分。

二维码 20

(3) 垂直线:一簇平行的等分线,表示时间等分段,若每一间隔是 1min,则列车运行图称为一分格列车运行图;若每一间隔是 2min,则列车运行图称为两分格列车运行图。以此类推,十分格列车运行图、半小时格列车运行图和小时格列车运行图。城市轨道交通中列车运行图以一分格和两分格列车运行图居多。

如图 4-13 所示,城市轨道交通中采用的一分格运行图有时以 5s 为最小时间单位,用特定符号表示 0s、5s、10s、15s、…、55s。

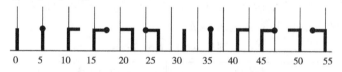

图 4-13 城市轨道交通运行图中时间表示方法

(4) 水平线:是一簇平行的不等分线,表示各个车站中心线位置,一般称为站名线。它的确定主要有如下两种方法:

①按区间实际里程比率确定,即按照整个区段各个车站实际里程的比例来确定站名线的位置。采用这种方法,列车运行图上的站间距能完全反映实际情况,能明显表示出站间距的大小。但是由于各区间线路和横、纵断面的不同,列车运行的速度也不相同,列车在整个区段的运行线是一条折线。这样画出来的列车运行图非常不美观,并且不利于发现区间运行时分上的差错,所以一般不采用此种方法。

②按区间运行时分比率确定,即按照整个区段内各车站间列车运行时分的比例来确定站名线的位置。采用这种方法,虽然不能表示出站间距的大小,但是在列车运行图上的运行线基

本上是一条斜直线,这样既美观,又可以直观地发现列车在区间运行时分上的差错,因此大多数企业采用此种方法。

(5)斜线:列车运行的轨迹,即运行线。一般以下斜线表示下行列车,上斜线表示上行列车。不同列车运行线的画法也不同。表4-6中列出了常见的列车运行线。

列车运行线的表示方法　　　　　　　　　　　　　　　　　　　　表4-6

列车种类	符号	说明
客运列车		红色实线
临时加开列车		红色虚线
专运列车		红色实线加箭头
排空列车		红色实线加圆圈
救援列车		红色实线加叉
调试列车		蓝色实线
施工列车		黑色实线

(6)车次:列车运行图上每次列车规定有自己的车次。一般来说,上行为偶数,下行为奇数。不同城市、不同线路列车车次的表示方法也不同。下面列出三种:

①以北京地铁某线为例,列车车次以十进制四位数表示。首位表示列车开行方向("1"为下行、"2"为上行),第三、四位表示列车运行顺序号。第二位表示列车性质:"0~4"表示计划客运列车;"5"表示临时加开客运列车;"6"表示调试列车;"7"表示救援列车;"8"表示回空列车;"9"表示施工列车。如列车2504表示:上行临时加开第04列客运列车。

②以沈阳地铁某线为例,列车车次由五位数字组成。前三位为服务号:101~999;后两位为行程号:01~99。尾号为单数表示下行;尾号为双数表示上行。车站与折返线(库线)间运行的列车,无须赋予车次。

③以重庆地铁某线为例,列车车次为三位数。运用列车:001~799,临时列车:801~849。回空列车:851~899;调试列车:901~949。专运列车:951~959;救援列车:961~999。

(7)列车运行图上的有关符号见表4-7。

列车运行图上部分符号　　　　　　　　　　　　　　　　　　　　表4-7

符号	含义	符号	含义
	列车始发		列车不停站通过
	列车终到		列车停站超时
	列车由临线转来		列车在区间停车
	列车开往临线		列车折返

3. 列车运行图基本要素

列车运行图基本要素主要有：列车区间运行时分、列车停站时分、区间列车追踪间隔时间、列车到发间隔时间、列车折返作业时分等。

(1) 列车区间运行时分

列车区间运行时分是指列车在两相邻车站之间的运行时间标准，它由车辆部门采用牵引计算和实际试验相结合的方法进行查定。

$$t = t_{纯运} + t_{起} + t_{停} \tag{4-5}$$

式中：t——列车区间运行时分；

$t_{纯运}$——列车不停车通过两个相邻车站所需的区间运行时分；

$t_{起}$——起车附加时分；

$t_{停}$——停车附加时分。

列车区间运行时分的运行距离为车站中心线之间的距离，由于上、下行方向的线路平面、纵断面条件等影响因素可能不相同，列车区间运行时分应按各种列车和上、下行方向分别查定。

(2) 列车停站时分

在正常运行情况下，城市轨道交通列车在中间车站停站进行客运作业，供旅客乘降。列车停站时间取决于下列因素：车站乘客乘降量、平均上下一位乘客所需时间（该项时间取决于车辆的车门数及车门宽度、车厢内的座椅布置方式、站台高度和车站客运组织措施）、开关车门时间、车门和车站安全门的同步时间、确认车门关门状态良好时间。停站时间组成有时表达为：

$$t_{站} = \frac{(p_{上} + p_{下})t_{上(下)}}{n_{高峰}md} + t_{开关} + t_{不同} + t_{确认} \tag{4-6}$$

式中：$p_{上} + p_{下}$——高峰小时车站上下车人数（人）；

$t_{上(下)}$——平均上（下）一个乘客所需时间（s）；

$n_{高峰}$——高峰小时列车数（列）；

m——列车编组辆数（辆/列）；

d——每一车辆的同时上下客的车门数量（个/辆）；

$t_{开关}$——开关车门时间（s）；

$t_{不同}$——车门和安全门的不同步时间（s）；

$t_{确认}$——确认车门关妥与信号显示时间（s）。

按上式计算的列车停站时间一般应适当加一余量并取整。在实际工作中，通常将全线各站的列车停站时间确定为 3～4 种时间标准。在客流高峰时段，列车停站时间有可能成为线路运输能力的限制因素，因此在满足作业需要的情况下，应最大限度地缩短列车停站时间，以提高线路通过能力和运输效率。

(3) 区间列车追踪间隔时间

城市轨道交通线路一般为自动闭塞或移动闭塞，在同一站间区间内，同方向列车追踪运行。区间内追踪运行的两列车在运行过程中相互不受干扰的最小间隔时间，称为区间列车追踪间隔时间。它决定于同方向列车间隔距离、列车运行速度及信联闭设备类型，应根据线路具体情况查定。

在城市轨道交通列车运营的各个时段内,由于客流的不均衡,列车开行的数量也不同。在城市上班早高峰、下班晚高峰,客流较大,需要开行较多数量的列车才能满足人们的出行需求;而在其他时段,客流较小,需要开行的列车的数量较少。根据客流的分布制定的分时列车开行对数也就对应了不同的列车间隔时间。

(4) 列车到发间隔时间

城市轨道交通线路上,很多非折返车站不设置配线,在同一时间内,同一方向上只能有一列列车在站停留,后行列车只有在前行列车出清车站后才能进站。当前行列车出清了车站闭塞分区,在确保列车安全的条件下,后行列车以列车运行图规定的速度恰好位于某一通过信号机或闭塞分区分界点的前方。

$$I_{发到} = t_{出清} + t_{确认} + t_{进站} \tag{4-7}$$

式中:$t_{出清}$——前行列车自站台启动至列车出清车站闭塞分区时间;

$t_{确认}$——确认进站信号机或闭塞分区信号机时间;

$t_{进站}$——后行列车自进站信号机处进站停车时间。

(5) 列车折返作业时分

列车折返作业时分,即列车折返作业时间标准,指列车到达终点站或在区间站进行折返作业的时间标准。折返作业时间标准受折返站布置形式、折返方式、列车长度、列车制动能力、信号设备水平、司机操作水平等因素的影响。

(6) 出入车辆段(停车场)作业时间标准

由于车辆段(停车场)与线路接轨形式的不同,列车出、入车辆段作业与正线列车到发、列车折返作业等可能存在交叉干扰,在编制运行图时,应考虑列车出入段的交叉干扰。

4. 城市轨道交通列车运行图特点分析

城市轨道交通列车运行图的特点主要有以下几个方面:

(1) 城市轨道交通多采用双线、追踪、平行、成对运行图。城市轨道交通一般为双线,在两条线路上按照右侧行车方式组织列车上下行追踪运行,列车车种单一,全部为旅客列车,且一般运行速度一致。通常情况下,城市轨道交通车站不设置站线,列车在车站上正线停车进行旅客上下车作业,列车之间无越行。因此,列车运行线为平行运行线,列车一般按时段成对开行。

(2) 列车运行时间短,起停车频繁,行车密度高。城市轨道交通在设计上一般是站间距离通常在1km左右,列车运行速度通常在80km/h左右;行车密度较高,通常最小行车间隔时间为2min左右。

(3) 列车发车间隔具有明显的时段性。由于客流在一天内的变化,城市轨道交通为满足不同时间段旅客乘车的需求,采用不同的发车频率,列车的发车时间间隔具有明显的时段性。

(4) 城市轨道交通列车运行图的种类多。由于城市地区客流的差异,城市轨道交通需要编制的运行图种类一般有平时运行图、周末运行图、节日运行图等。

二、编制列车运行图

城市轨道交通列车运行图编制与线路布置条件、折返站的布置形式、列车运行方式、列车开行交路种类、车场的位置、客流的时间和空间分布特点等诸多因素有关。如图 4-14 所示,城市轨道交通列车运行图编制总体结构,包括了收集数据、方案编制、铺画优化等阶段。

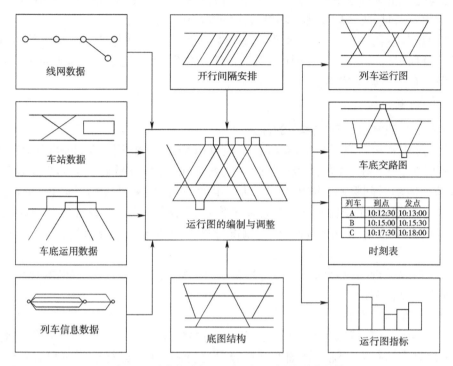

图 4-14　城市轨道交通列车运行图编制的总体结构

1. 编制要求

列车运行图应以客流量为依据,本着以人为本、方便乘客的原则确定列车对数,依据列车在各区间运行时分、各站停车时分、各折返站折返作业时分、各时段的列车间隔时分、不同季节的营业时间、客流量和可用列车数量编制而成。其编制应符合下列要求:

(1) 保证列车运行安全。
(2) 满足乘客乘车需要。
(3) 充分利用通过能力,提高运输效率。
(4) 经济合理地使用运用列车。
(5) 协调各单位的工作。
(6) 满足列车维护周期需要。
(7) 合理安排乘务人员的作息时间。

2. 编制原则

(1) 在保证安全可靠的条件下,提高列车的运行速度,缩小列车的运行时分。列车运行速度高是城市轨道交通系统的主要优势,在安全得到保证的前提下,通过提高列车运行速度,压缩折返时间,减少出入库作业时间等方式,提高系统的运行效率和服务水平。

(2) 尽量方便乘客。城市轨道交通系统是城市公共交通的重要组成部分,编制运行图时主要考虑列车发车间隔,在满足运行技术前提下,尽量选择最小值从而减少乘客的候车时间;

在安排低谷运行线时,最大的列车运行图间隔不宜过大。

(3)充分利用线路的能力和车辆的能力。通常情况下,折返站的折返能力是限制全线能力的关键,因此必须对折返线的折返作业时间进行精确计算,尽可能安排平行作业。当车辆周转达不到运营要求时,要合理安排车辆解决高峰客流组织。

(4)在保证运量需求的条件下,运营车底组数达到最少。在保证运量需求的条件下,综合考虑高峰时段列车运行速度、折返时间、列车开行方式等要素,使运营列车数量最少,从而降低系统的车辆保有量与运营成本。

3. 运行图编制步骤

(1)按要求和编制目标确定编图的注意事项。

(2)收集编图资料。主要包括:全线各区段分时班次计划,列车最小运行间隔,列车在区间计划运行时分,列车在各站的计划停站时间,列车在折返站/折返线上的折返及停留时间,列车出入车辆段的时间标准,可用列车或动车组的数量,换乘站能力及其使用计划,首班车时间和末班车时间,列车交路计划,供电系统作业标准及计划,乘务组工作制度、乘务组数量及工作时间标准,现行列车运行图执行情况分析及改进意见,沿线设备运用及进路冲突数据等。

(3)对于修改运行图应总结分析现行列车运行图完成情况和存在的问题,提出改进意见。

(4)确定全日行车计划。

(5)确定行车运行方案。

(6)征求调度部门、行车和客运部门、车辆部门的建议,对行车运行方案进行调整。

(7)根据列车运行方案铺画详细的列车分号运行图、列车运行时刻表和编制说明。为适应运量波动需要应编制分号运行图,一般情况,城市轨道交通列车运行图可以按照周一到周四、周五、周六、周日、十一黄金周等情况进行分号编制,以适应不同运量的需要。

(8)计算所需运用车底数量。

(9)列车运行图检查与修正,并计算列车运行图的指标。其检查内容包括:所需的车底数量是否满足要求;列车运行线的铺画是否符合规定的各项作业时间标准;乘务工作方案是否超过规定标准;对于岛式换乘车站,要检查车站列车到达的均衡性,避免列车集中到达造成拥挤;调试列车一般应安排在低谷客流量较低时开行。

(10)将编制完毕的列车运行图、时刻表和编制说明,报有关部门审核批准执行。

三、计算列车运行图指标

分析计算列车运行图指标主要有两种情况:编图检查阶段进行运行图指标计算,是为了优化修正列车运行图;运营阶段进行运营指标的统计,是为了查找运营和运行图存在的问题,改善运行图和改善运营过程。

列车运行图指标主要有:列车列数和折返列车数、车辆走行公里、列车速度、输送能力、车辆全周转时间和车辆周转时间、高峰小时运用列车数、兑现率、满载率、平均运距、列车正点率等。

1. 新图指标

(1)列车列数和折返列车数。包括客运列车数、空驶列车数、专运列车数、折返列车数、调试列车数等。一般按全日、上行、下行分别统计计算。

(2) 车辆走行公里。包括全日车辆总走行公里、车辆日均走行公里等。

全日车辆总走行公里,是指车辆一日内为运送乘客在运营线路上所走行的里程。它包括图定的车辆空驶里程和由于某种原因列车在中途清客,或列车在少数车站通过后仍继续载客的车辆空驶里程。

计算公式为:

全日车辆总走行公里 = Σ(客运列车数 × 列车编成辆数 × 列车运行距离)

车辆日均走行公里(日车公里),指每一运用车辆每日平均走行公里数。

计算公式为:

车辆日均走行公里 = 全日车辆总走行公里/全日运用车辆数

计算时全日运用车辆数可近似取当日高峰小时运用车辆数。

(3) 列车速度。主要包括列车技术速度和列车旅行速度。

列车技术速度 = 运营线路长度/(单程旅行时间 − Σ停站时间)

列车旅行速度(运送速度) = 运营线路长度/单程旅行时间

(4) 输送能力。包括日输送能力和高峰小时输送能力等。有时分上下行计算。

日输送能力 = 全日客运列车数量 × 列车定员

高峰小时输送能力 = 高峰小时列车数量 × 列车定员

(5) 车辆全周转时间和车辆周转时间。

车辆全周转时间指车辆从本次出车辆段到下一次出车辆段之间的平均时间。包括车辆的在段时间。

有时也计算列车周转时间,它是指列车在线路上往返一次所消耗的全部时间。它包括了列车在区间运行,列车在中间站停车供乘客乘降,以及列车在折返站进行折返作业。

车辆周转时间指车辆在运营线路上平均完成一次运转所消耗的时间,是指从本次出车辆段到入车辆段之间的平均时间。

(6) 高峰小时运用列车数:

高峰小时运用列车数(列) = 3600(s)/高峰小时列车间隔时间(s)

当列车在折返站的出发间隔时间大于高峰小时的行车间隔时间时,须在折返线上预置一个列车进行周转,此时运用车数需相应增加。

2. 运营考核指标

(1) 兑现率。

列车运行图兑现率是指实际开行的列车数量与列车运行图计划开行列车数量之比。兑现率体现了计划运行图的完成情况。

列车运行图兑现率 = 实际开行的列车数量/列车运行图计划开行列车数量 × 100%

(2) 列车正点率和晚点率。

列车正点率、晚点率是分别指按列车运行图车次,正点运行列车或晚点运行列车与全部开行列车数量之比。晚点运行列车是指列车实际运行时间与图定运行时间相比,超过一定标准的列车(包括早和晚两种情况)。加开列车按正点统计。

列车正点率 = 正点运行列车数量/全部开行列车数量 × 100%

列车晚点率 = 晚点运行列车数量/全部开行列车数量×100%

(3)平均满载率。

平均满载率是指单位时间内车辆运能的满载率。

$$平均满载率 = (日客运量 \times 平均运距)/(输送能力 \times 线路长度)$$

(4)平均运距。

平均运距是指乘客的平均运送距离。

(5)列车运行通过率。

有时地铁运营实际统计也包括列车运行通过率。

$$列车运行通过率 = \frac{因晚点或其他非图定原因发生的不停站列车数量}{图定开行列车数量} \times 100\%$$

【案例4-1】 列车一天的计划运行数为300列次,但由于车门故障,行车调度员中途抽线3列次,求列车一天的兑现率?

解： 列车运行图兑现率 = 实际开行的列车数量/列车运行图计划开行列车数量×100%
= (300 - 3)/300 × 100% = 99%

【案例4-2】 某日开行列车268列次,因其他原因造成晚点了4列次。问当天的正点率是多少(取小数点后一位数)?

解： 列车正点率 = (全部开行列车数量 - 晚点列车数量)/全部开行列车数量×100%
= (268 - 4)/268 × 100% = 98.5%

【案例4-3】 某城市地铁1号线今日执行的列车运行图计划开行300列次列车,其中图定通过列车3列次,据全日运营实际统计,有9列次列车因晚点或其他非图定原因发生了不停站通过情况,求今日列车运行通过率?

解： 列车运行通过率 = $\frac{因晚点或其他非图定原因发生的不停站列车数量}{图定开行列车数量} \times 100\%$

= 9/300 × 100% = 3%

【案例4-4】 根据下列运营数据,计算某市地铁2号线某天的列车旅行速度、列车营业走行公里、图定开行列数、实际开行列数、列车运行图兑现率和综合正点率六项运营指标。

运营数据有:较场口至动物园站间营业里程为12.71km,动物园至新山村站间营业里程为4.71km。列车从较场口至新山村站间单程运行时间为33分30秒。

较场口至新山村站间图定开行列车249列次,动物园至新山村站间图定开行列车8列次,较场口至动物园站间图定开行列车16列次。较场口至新山村站间实际开行临时客车6列次、下线1列次,晚点2列次。

解： (1)列车旅行速度 = (12.71 + 4.71) × 60/33.5 = 31.2km/h

(2)列车营业走行公里 = (12.71 + 4.71) × (249 + 6 - 1) + 4.71 × 8 + 12.71 × 16
= 4665.72km

(3)图定开行列数 = 249 + 8 + 16 = 273 列

(4)实际开行列数 = 249 + 8 + 16 + 6 - 1 = 278 列

(5)列车运行图兑现率 = (249 + 8 + 16 - 1)/(249 + 8 + 16) × 100 = 99.63%

(6)综合正点率 = (249 + 8 + 16 + 6 - 1 - 2)/(249 + 8 + 16 + 6 - 1) × 100 = 99.28%

实训 4-1　铺画列车运行图

(一)铺画列车运行图一

1. 已知条件

(1)调研北京地铁房山线线路、信号设备的技术特点。
(2)北京地铁房山线运营组织管理的特点。
(3)正常采用移动闭塞技术超速防护自动闭塞方法组织列车运行。
(4)技术参数：
①时间要素见表 4-8、表 4-9。

经阎村车辆段 1、2 号联络线出入段运行时分均为 4 分 20 秒。

单程运行时分：上行 31 分 39 秒；下行 31 分 43 秒。

全周转时间：75 分 30 秒。

区间运行时分及站停时分　　　　　　　　　　　　表 4-8

车　站	站间距(m)	站停时间(s)	区间运行时分	
			下行(s)	上行(s)
郭公庄				
	1438		120	120
大葆台站		35		
	6466		341	355
稻田站		30		
	4042		262	257
长阳站		30		
	2150		166	161
篱笆房站		30		
	1474		124	124
广阳城站		30		
	2003		140	137
良乡大学城北站		30		
	1188		121	113
良乡大学城站		30		
	1739		130	129
良乡大学城西站		30		
	1333		109	112
良乡南关站		35		
	1331		110	111
苏庄站				

终点站最小折返时分 表4-9

车站	郭公庄	苏庄
折返方式	站后弯进直出	站后弯进直出
清人	45s	45s
入库	175s	55s
转台	45s	50s
出库	170s	53s
上人	45s	45s
合计	480s	248s

表4-10所示为首末班车时间。

首末班车时间 表4-10

车站	首班车	末班车(延长)
郭公庄	5:58	22:10(23:10)
苏庄	5:15	21:30(22:30)

②数量要素。

技术速度:上行51.5km/h;下行51.5km/h。

旅行速度:上行44.0km/h;下行44.0km/h。

调试车:下午及晚上各安排1组调试车。调试车交路为:阎村车辆段出段→郭公庄站折返→阎村车辆段回段。不考虑列车连续运用圈数。

2.要求

(1)试调研实际的客流量。

(2)制订某日客流计划。

(3)分析确定列车开行方案。

(4)计算全日分时开行计划。

(5)铺画列车运行图。

(6)计算列车运行图指标,包括全日车辆总走行公里、列车全日开行列数、日输送能力。

(二)铺画列车运行图二

某轻轨线路A—H区间的分布及计算资料如下:(上行方向)A站至H站。

(1)一般情况下的各站停站时间见表4-11。

各站停站时间 表4-11

站别	A	B	C	D	E	F	G	H
停站时间	1min	30s	30s	30s	30s	30s	30s	1min

(2)一般情况下的各区间运行时分见表4-12。

各区间运行时分　　　　　表4-12

各站区间	A—B	B—C	C—D	D—E	E—F	F—G	G—H
纯运行时间(min)	3	2	3	4	5	2	4

设定A站为始发站,为站前折返,H站为终点站,站后折返,站后折返时间为4min,上午运营时间为6:00~12:00,其中7:00~9:00为高峰时段。发车间隔为5min;平时的发车间隔为8min。假设10:00~11:00期间E—F站上行区间停电维修,需采取单线运行。根据已知条件画出6:00~12:00的列车运行图,并在图上注明列车交路。

对于出现跨时间段的发车间隔问题,进入下一个时间段的发车间隔仍按上一个时间段的发车间隔处理,如6~7点为8分的发车间隔,第8次列车的发车时间已经进入了7~9点的区间了,此时仍按8分间隔办理,随后再开始按5分的间隔办理。

在单线区间运行时,沿用铁路的做法是,先到的列车等后到的列车,如图4-15所示:111次列车和112次列车可能在B—C之间相遇,因此必须进行车站会车;由于112次列车先到C站,111次列车后到C站,因此112次列车应停车等111次列车通过后再出发。

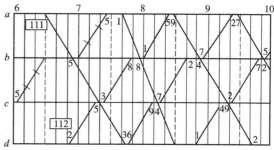

图4-15 单线会车

由于车站会车需要作业时间,因此当上述111次列车通过后,112次列车要等待一些时间后才能出发,在本题中,统一按照原来预计停车时间计算,即当对向车过去后,再加原停站时间后列车再出发。

站前折返不需要计算折返时间,且停站时间可以不计算,因为发车间隔比这个长,站后折返需要计算折返时间,且停站时间的确定按如下方法:(折返时间+两边的停站时间)与发车间隔比较,以大的为准,始发站和终点站发车规律相同。

四、车辆运用计划

1.车辆运用分类

为完成乘客运送任务,城市轨道交通系统必须保有一定数量的车辆。车辆按运用上的区别,分为运用车、检修车和备用车三类。

(1)运用车

运用车是为完成日常运输任务而配备的技术状态良好的车辆,运用车的需要数与高峰小时开行列车对数、列车旅行速度及在折返站停留时间各项因素有关,按式(4-8)计算:

$$N = \frac{n_{高峰}\theta m}{3600} \quad (4-8)$$

式中:N——运用车辆数(辆);

$n_{高峰}$——高峰小时开行列车数(对);

θ——列车周转时间(s);

m——列车编组辆数(辆)。

列车周转时间是指列车在线路上往返一次所消耗的全部时间。它包括了列车在区间运行,列车在中间站停车供乘客乘降,以及列车在折返站进行折返作业的全过程。

$$\theta_{列} = \sum t_{运} + \sum t_{站} + \sum t_{折停} \tag{4-9}$$

式中:$\sum t_{运}$——列车在线路上往返一次各区间运行时间的和(s);

$\sum t_{站}$——列车在线路上往返一次各中间站停站时间的和(s);

$\sum t_{折停}$——列车在折返站停留时间的和(s)。

确定运用车组数的方法,有分析法和图解法两种。

分析法计算公式为:

$$N_{车组} = \frac{\theta_{列}}{t_{间隔}} \tag{4-10}$$

如图4-16所示,图解法确定运用车组数方法为,在列车运行图上,垂直于横轴的截取线 J 与列车运行线、折返站停留列车的交点数即为运用车组数。

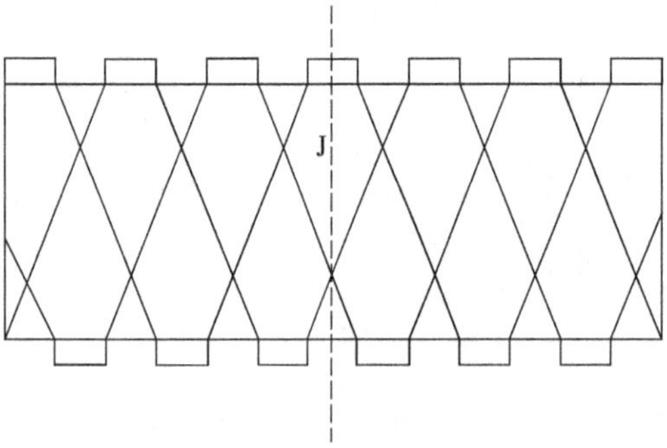

当列车在折返站的出发间隔时间大于高峰小时的行车间隔时间时,须在折返线上预置一个列车进行周转,此时运用车数需相应增加。

例如:南京地铁2号线列车周转时间为75min。其中,上行列车运行时间为33分30秒,下行列车运行时间为33分30秒,较场口站折返时间为4分30秒,新山村站折返时间为3分30秒,共计75min。

图4-16 运用车组数图解

【案例4-5】 已知某地铁区段线路上远期高峰小时开行最大列车对数为17对,列车以动车组编组,平均每列车编成6辆,列车周转时间为50min,试问该区段上应配备多少列运用车?

解:
$$N = n_{高峰} L \theta_{列} / 60$$
$$= 17 \times 6 \times 50 \div 60$$
$$= 85 \text{ 辆}$$

(2)检修车

检修车又称在修车,是指处于定期检修状态的车辆。车辆的定期检修是一项有计划的预防性维修制度。车辆经过一段时间的运用后,各部件会产生磨耗、变形或损坏,为保证车辆技术状态良好和延长使用寿命,需要定期对车辆进行检修。

车辆的定期检修分成月检、定修、架修和大修(又称厂修)等,也有安排双周检与双月检的情况。不同的检修级别有不同的检修周期。车辆检修级别和检修周期是根据车辆各部件使用寿命以及车辆运用环境等因素综合考虑确定的。通过对车辆的不同部件制定不同的技术标准、检修级别和检修周期,使车辆在经过不同级别的定期检修后,能在整个检修周期内保持良好的技术状态。

车辆检修周期是一个与车辆段建设和车辆段作业组织关系密切的技术指标,它也是推算检修车数的基础资料之一。检修周期主要根据车辆运用的时间确定,但也有综合考虑车辆运用时间和走行公里确定的情况在运用时间确定检修周期的情况下,根据每种检修级别的年检工作量和每种检修级别的检修停时,可以推算检修车数,表 4-13 和表 4-14 分别为上海地铁和广州地铁的检修周期及内容。

上海地铁的检修周期及内容　　　　　　　　　　　表 4-13

检修级别	时间间隔	走行公里	检修停时	主要检修内容和要求
列检	1 日			系统功能检查,保证车辆运行安全
双周检	2 周	4000	4h	系统功能检查,易损件检查更换,保持车辆状态
双月检	2 月	20000	48h	主要部件状态检查测试,更换使用周期短的零件
定修	1 年	100000	10 天	架车,局部解体、大型部件细致检查、测试、修理、旋轮,保持车辆整体主要性能
架修	5 年	500000	25 天	架车,基本解体。走行部和牵引电动机分解、清洗、检查、修理。恢复车辆整体主要性能
大修	10 年	1000000	40 天	架车,全部解体。车体和转向架整形;电动机、电气线路、轮对分解修理;车辆外表喷漆、局部技术改造。恢复车辆基本性能,达到或接近新造车的水平

广州地铁的检修周期　　　　　　　　　　　表 4-14

修程	检修周期（运营时间）	检修周期（走行公里）（万 km）	修程	检修周期（运营时间）	检修周期（走行公里）（万 km）
日检	1 天		二年检	2 年	23~28
双周检	2 周	0.35~0.5	三年检	3 年	34~40
三月检	3 个月	2.5~3.5	架修	6 年	62~75
半年检	6 个月	6.5~8	厂修	12 年	125~150
一年检	1 年	12.5~15			

除车辆的定期检修外,车辆的日常检修有日检(又称列检),检修停时每日 2h。此外,还应考虑车辆临修,车辆临修的停时按运用列车平均每年一次、每次 2d 确定。

检修车数量计算公式:

$$N_{检修} = N_{运用} \alpha_{检修} \quad (4-11)$$

$$\alpha_{检修} = \frac{\sum T_i^{检修}}{D_年} \quad (4-12)$$

式中：$N_{检修}$——检修车数(辆);

$\alpha_{检修}$——检修系数;

$T_i^{检修}$——各种检修修程年均检修停时(天);

$D_年$——年非检修工作日(天)。

$$T_i^{检修} = t_i \left(\frac{1}{n_i} - \frac{1}{n_{i+1}} \right) \quad (4-13)$$

式中：t_i——该级修程的检修停运时间(天);

n_i——该级修程的检修周期(年);

n_{i+1}——该级的下一级修程的检修周期(年)。

(3)备用车

为了适应客流变化,确保完成临时紧急的运输任务,以及预防运用车发生故障,必须保有若干技术状态良好的备用车辆。备用车的数量一般控制在运用车数的10%左右。备用车原则上停放在线路两端终点站或车辆段内。

2. 车辆运用计划

车辆运用计划在列车运行图和车辆检修计划的基础上进行编制。车辆运用计划包括以下三个方面:

(1)排定车辆出入段顺序和时间

在新列车运行图下达后,车辆段有关部门应根据列车运行图的要求,及时排定运用车辆的出段顺序、时间和担当车次,回段顺序、时间和返回方向。出段时间根据列车运行图关于列车在始发站出发时刻的规定确定;出段时间应分别明确乘务员出勤时间、列车出库和出段时间。回段时间和返回方向同样也根据列车运行图确定。

(2)铺画车辆周转图

如图4-17所示,列车正线运行通常采用循环交路,根据列车运行图和车辆出段顺序;车辆运用计划以车辆周转图的形式规定了全日对应各出段顺序的车辆在线路上往返运行的交路,车辆在两端折返站到达和出发时间,以及车辆出入段时间和顺序。

(3)确定对应各出段顺序的车辆

根据车辆的运用情况和技术状态,在每日傍晚具体规定次日车辆的出段顺序和担当交路。在具体规定车辆的运用时,应注意使各车辆的走行公里数能在一定时期内大体均衡。

实训4-2 铺画车辆周转图

要求:
(1)搜集某市某条城市轨道交通线路的车次时刻表。
(2)尝试计算最少运用车组数量。
(3)按照列车时刻表铺画车辆周转图。

五、乘务员运用计划

乘务员,对于城市轨道交通而言多指司机,是轨道交通行车关键工种。列车在区间运行时,司机负责列车安全与乘务安全。因此,必须加强乘务管理。合理选择乘务方式,优化配备司机,努力提高乘务管理水平。

1. 乘务制度

(1)定义。乘务制度是列车乘务员(司机)值勤的一种工作制度,它表示列车乘务员对运行列车值乘的方式。

(2)类型。地铁运输运行管理中通常使用两种乘务制度,即轮乘制和包乘制。

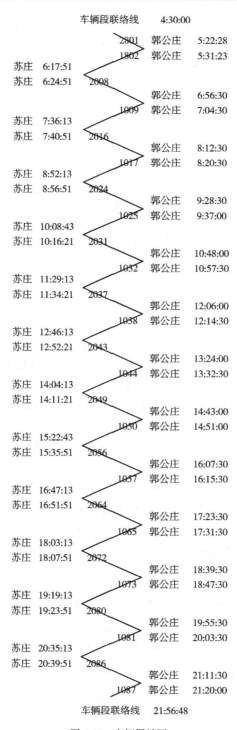

图 4-17 车辆周转图

(3)区别。轮乘制是列车司机在列车运行的整个工作中轮流使用参加运行列车的制度。其特点为:节省参与运行的司机人数,其配量可降到最低,有较高的工作和管理效率;能够比较合理地利用列车台数,降低车辆使用成本;对列车司机的技术素质要求较高,对列车(车辆)性

163

能的适应性要求较强。但美中不足的是：不利于列车保养、维护。

包乘制是一列车由一个乘务组固定使用的制度。其特点为：列车司机能够比较全面地掌握值乘列车（车辆）的性能，熟悉列车（车辆）情况，有利于处理列车运行时的故障；有利于管理、监督；有利于列车维护、保养；由于定人包车，对提高列车（车辆）的技术状况有一定的好处。但美中不足的是：投用列车台数较多，列车（车辆）使用相对不均匀、不平衡；需配备的司机人数较多。

2. 乘务员的配备

(1) 配备数计算

乘务员配备数的计算式如下：

$$P_{配备} = (P_{值乘} + P_{替乘})D_{循环}(1 + \alpha_{备}) \tag{4-14}$$

式中：$P_{配备}$——乘务员配备数（人）；

$P_{值乘}$——列车上值乘乘务员总数（人）；

$P_{替乘}$——折返站替换休息乘务员总数（人）；

$D_{循环}$——轮班循环天数（d）；

$\alpha_{备}$——乘务员备用系数，一般取10%。

(2) 配备数比较

例如：假如轨道交通线路运营时间为5:30~23:00，使用车组数为10列，图定列车公里数为5120km/d，列车运行速度为32km/h，实行担任值乘，在列车折返站配备3名替换休息的司机。

采用轮乘制时，实行四班二运转，即日班（7:30~16:30）、夜班（16:30~7:30）、休息、休息的轮班制。采用包乘制时，实行五班三运转，即早班（5:30~11:00）、中班（11:00~17:00）、夜班（17:00~回库）、休息、休息的轮班制。

经计算，在采用轮乘制时，需要配备乘务员58名，乘务员平均驾驶时间6.15h；在采用包乘制时，需要配备乘务员72人，平均驾驶时间4.10h，包乘制比轮乘制增加定员24.1%。所以，为提高车辆利用效率和劳动生产率，轨道交通系统的乘务制度通常是采用轮乘制。

由于乘务员值乘的列车不固定，在编制车辆运用计划时，应对乘务员的出退勤时间、地点和值乘列车车次，以及工间休息和吃饭等同步做出安排。在安排乘务员的工作时，应注意乘务员的连续工作时间一般不得超过8h，每月的工作时间一般不得超过180h。图4-18给出了某乘务员运用计划的部分内容。

1白- 8:54出勤—9:14	接车（巴沟站）	10651095 10:58	交车（巴沟站）
	11:19 接车（巴沟站）	11011126 13:04	交车（巴沟站）
	13:25 接车（巴沟站）	11301151 15:09	交车（巴沟站）
	15:30 接车（巴沟站）	11571189 17:16	交车（巴沟站）
1早- 4:46出勤—5:26	接车（万柳车站）	2606 2009 2018 6:19	交车（宋家庄站）
	6:33 接车（宋家庄站）	2022 2060 8:18	交车（宋家庄站）
4早- 4:07出勤—4:47	接车（五路车站）	1601 1002 1019 6:45	交车（巴沟站）
	6:58 接车（巴沟站）	1023 1056 8:43	交车（巴沟站）

图4-18 乘务员运用计划

任务三　运输能力计算

一、运输能力计算

为了实现运输生产过程,完成客运任务,城市轨道交通系统必须具备一定的运输能力。运输能力是通过能力和输送能力的总称。

1. 影响运输能力的因素

(1) 线路。线路通常是限制城市轨道交通通过能力的固定设施。线路是指由区间和车站构成的整体,包括:正线数目,信号系统的构成,列车运行控制方式,车辆的技术性能,进、出站线路的平、纵断面情况,列车停站时间标准和行车组织方法等。

(2) 列车折返设备。列车折返设备也是限制城市轨道交通通过能力的固定设备。列车的通过能力主要决定于车站折返线的布置方式,信号和联锁设备的种类,列车在折返站停站时间标准,以及列车在折返过程的运行速度。

(3) 车辆段设备。其通过能力主要决定于车辆的检修台位、车辆停留线等设备的数量和容量。

(4) 供电设备。其通过能力主要决定于牵引变电所的座数和容量。

(5) 列车运行控制方式。列车运行控制方式是限制城市轨道交通线路通过能力的主要因素。列车运行控制方式是指列车运行间隔、速度的控制方式和行车调度员指挥的方式,取决于采用的列车运行控制设备类型。表4-15是三种列车运行控制方式时的城市轨道交通线路通过能力比较。

城市轨道交通线路通过能力比较　　　　　　　表4-15

序号	闭塞设备	列车间隔控制	列车速度控制	行车调度指挥	通过能力
1	自动闭塞	追踪运行	列车自动防护	行车指挥自动化	高
2	自动闭塞	追踪运行	连续速度控制、点式速度控制	调度集中	中
3	双区间闭塞	非追踪运行	点式速度控制	调度监督	低

(6) 运输组织。运输组织,包括追踪列车间隔时间、列车停站时间(它也是限制城市轨道交通线路通过能力的又一主要因素)、列车编组辆数、列车在折返站停留时间、列车正点率、客流的时间和空间分布特征。

2. 基本概念

(1) 设计能力与可用能力

①设计能力:某一股道上某一方向1h内通过某一点的旅客空间数量。设计能力相当于最大能力、理论能力或理论最大能力。设计能力一般需要用到下列因素:每辆车座位数量、每辆车站员数量(可站立面积×站立密度)、每列车车辆数量、列车间隔(综合信号系统、车站逗留时间及枢纽约束得出的最小间隔)。通常有:

$$设计能力 = 线路能力 \times 列车能力$$

其中,线路能力是指每小时能通过的列车数;列车能力是指列车容纳的旅客人数。

设计能力 = [3600/(最小列车间隔 + 车站停留时间)] × 每列车车辆数 × 每车辆定员数

②可用能力:在容许旅客需求发散条件下,某一股道某一方向 1h 所能运载的最大旅客数量。一般所说运输能力均指可用能力。可用能力可描述为:

$$可用能力 = 设计能力 × 高峰小时系数$$

 知识链接

高峰小时系数

高峰小时是指由于城市地区通勤与通学等出行引起的出行数量明显高于其他时间的某个小时,一般分早、晚高峰小时。高峰小时流量的水平一般通过高峰小时系数即高峰小时流量与 4×15min 中流量比值。

计算方法:高峰小时交通量与高峰小时内高峰时段的交通量扩大为 1h 的交通量之比。

高峰小时系数是用高峰小时交通量于高峰小时流率的比值表示的,其中分为 5min 计高峰小时系数和 15min 高峰小时系数。

计算公式:

$$PHF5 = 高峰小时交通量/12 × 高峰5min 流量$$
$$PHF15 = 高峰小时交通量/4 × 高峰15min 流量$$

美国研究认为 15min 高峰小时系数是造成交通拥堵的主要原因,所以主要研究 15min 的高峰小时系数。有称高峰期发散系数或高峰期能力利用系数,一般取 0.7~0.95。

(2)通过能力和输送能力

①通过能力是指在采用一定的车辆类型、信号设备和行车组织方法条件下,轨道交通系统线路的各项固定设备在单位时间内(通常是高峰小时)所能通过的列车数。通过能力的正确计算和合理确定,在轨道交通系统的新线规划设计、日常运输能力安排,以及既有线改造过程中都是一个重要的问题。通过能力反映的是线路所能开行的列车数,它是输送能力的基础。

②输送能力是指在一定的车辆类型、信号设备、固定设备和行车组织方法的条件下,按照现有活动设备和乘务人员的数量,轨道交通系统在单位时间内(通常是高峰小时、一昼夜或一年)所能运送的乘客人数。

$$旅客输送能力(人) = 列车定员数(人) × 旅客列车数$$

输送能力是运输能力的最终体现,它反映了在开行列车数一定的前提下,线路所能运送的乘客人数。在通过能力一定的条件下,线路的最终输送能力还与车站设备的设计容量存在密切关系。这些设备包括站台、楼梯、自动扶梯、出入口和通道等。

(3)线路能力和列车能力

①线路能力是指一个高峰小时内某条线路上所能运行的最大旅客列车数量。在确定线路能力时,有两个重要因素需要考虑:一是列车控制系统的能力,它受各种限制因素的影响,尤其是枢纽及交叉点和单线区段的影响;二是车站的停留时间。

车站停留时间在许多情况下是决定最小列车间隔的主导因素,而确定列车间隔的另一个因素是各种运营裕量。在某些场合下,运营裕量附加到停站时间内,形成一个可控的停站时间。例如,在纽约的格兰德(Grand)中心站,平均停站时间是 64s,大约为列车实际平均间隔时间 165s 的 39%。该位置的列车最小间隔时间是 55s。实际列车平均间隔减去车站停留时间和最小间隔时间后的值为 46s，这一结果可以被认为是一种运营裕量。

②列车能力是每辆车载客数量与每列车编成辆数的积。通过发散系数，可以将多车辆列车中负荷不均匀的情况考虑后换算为实用能力，如下式所示：

列车能力(旅客数/列车) = 每辆车旅客数 × 列车中的车辆数量 × 发散系数

其中，每辆车的旅客数受多个因素的影响；车辆能力一般要从拥挤水平来评价。国内地铁拥挤时一般按每平方米 9 人计算；北美拥挤水平一般按每平方米 6 人计算。实际上，北美地区的最大容量在 5 人/m²左右，高峰期实际平均荷载仅为 2 人/m²。

评价列车能力还通常考察旅客不再上车而是等待下一列车时的车辆荷载，即出现留乘时的列车所载人数。

影响车辆能力的主要参数包括：车辆长度、车辆宽度、无旅客空间、座位密度、座位利用率、标准密度等。

(4)高峰小时单向运输能力

高峰小时单向运输能力，是指某方向高峰小时所能运送的旅客人数。一般，高峰小时单向运输能力达到 30000 人以上，属于高运量轨道交通；高峰小时单向运输能力达到 15000~30000 人，属于中运量轨道交通；高峰小时单向运输能力达到 5000~15000 人，属于低运量轨道交通。

【案例 4-6】 已知某地铁每天开行 365 次列车，列车定员为 630 人。求旅客输送能力？

解： 旅客输送能力(人) = 列车定员数(人) × 旅客列车数
$$= 630 × 365 = 229950 \text{ 人}$$

【案例 4-7】 某线路单程距离 40km，列车 6 节编组，每节定员 200 人，该线路单方向高峰小时客流量为 4 万人，平均运距 23km。根据规定，列车满载率不得超过 110%，则该方向高峰小时内至少开行多少列客车？

解： 总运量 × 平均运距/单程走行公里 × 总列数 × 列车定员 = 平均满载率
$$40000 × 23/(40 × \text{总列数} × 200 × 6) = 110\%$$

计算得到：高峰小时内单方向至少开行列车数量 18 列。

知识链接

广州地铁 6 号线的十大亮点

广州地铁 6 号线西起白云区的金沙洲，向东南穿越荔湾区、越秀区，之后折向东北，经天河区，止于天河区(二期止于萝岗区)。线路大致呈"U"形走向，主要经过坦尾、珠江北岸、先烈路、广州大道北、燕岭路、广汕路、开创大道，代表色为紫红色，共设 22 座车站、1 个车辆段和 1 个停车场，车辆编组为四节编组。6 号线首期浔峰岗至长湴段于 2013 年 12 月 28 日 14:00 开通试运营。广州地铁 6 号线在广州地铁系统中具有以下十大亮点：

亮点一：换乘站最多。如图 4-19 所示，6 号线首期是目前地铁线网中开通初期换乘站最多的一条线路。线路全长 24.5km，有 22 座车站的 6 号线首期，其中 7 座车站分别与现有的 4 条线路换乘。

亮点二：间隔最短。一是，6 号线首期将在开通初期即实现 3 分 59 秒的高峰行车间隔，成为广州地铁有史以来新开通线路初期行车间隔最小的线路；二是，在高峰行车间隔的基础上，于 7:40~8:30、17:30~18:30 客流尖峰时段,全线再增投 4 趟空车跑全程,最小行车间隔为 3 分 22 秒,以疏导大客流。

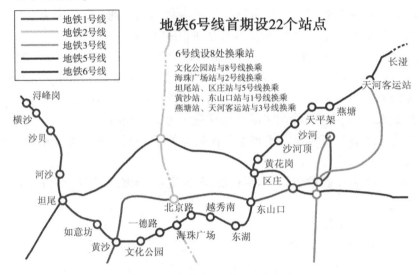

图 4-19　广州地铁 6 号线路示意图

亮点三:站内设置公共厕所。6 号线首期普遍设有公共厕所,这是广州市地铁建设史上的第一条。

亮点四:首条宣传历史文化专线。从西关大屋到东山洋楼,从千年商都到红色革命,6 号线成为广州地铁建设史上首条专题宣传历史文化标志的地铁线路。把西关窗花、千年商都、中国革命和老广文化融入地铁站中,全方位诠释广州悠久的历史文化底蕴。

亮点五:增设轮椅区。增轮椅区每节车厢内都增加了 1 个轮椅区及轮椅扶手、安全带,残疾人乘坐地铁时可以将轮椅安全固定在扶手上。

亮点六:优化空调系统。每节车厢从原有 1 个大排风口调整为 8 个小排风口,排风口位置从车厢顶部调至均匀分布在车厢下部,能有效延长空调空气回路,加大空气流动,车厢内的空气温度更均匀、舒适。

亮点七:两级制动提高安全。为了两级制动提高安全,采用电制动和气制动两级保护,电制动力不足减速时,气制动及时补充。

亮点八:采用悬挂式"易拉宝"。客流控制告示悬挂采用悬挂式"易拉宝",上有客流控制提示。使用时拉下,不用时收合。不占地,易看见。

亮点九:刷羊城通打电话。使用羊城通打电话可用站内 IC 卡电话,也可刷羊城通付费拨打。

亮点十:高架站充当过街天桥。高架站台能帮助人们遮阳挡雨,6 号线有三个高架站均兼具过街天桥功能。高架车站的站厅、站台采用全包式的设计,遮阳挡雨。

二、扩能措施

运输能力加强主要有修建新线、增加行车密度和增加列车定员三个基本途径。

加强运输能力的措施大体上可以分为运输组织措施和设备改造措施两大类。运输组织措施是指运用比较完善的行车组织方法,更好和更有效地使用既有技术设备,无须大量投资就能使运输能力达到需要水平的提高能力措施。设备改造措施是指需要大量投资来加强技术设备的措施。

根据各国轨道交通系统的运营实践,在扩能的措施方面,加强既有线运输能力通常是运输组织措施和设备改造措施二者并用。但在线路行车密度已经很大的情况下,要较大幅度地提高运输能力,往往需要通过采用设备改造措施来实现。

具体的扩能措施常见有如下几个方面:

(1)可以通过缩短列车的运行时间、加减速附加时间和停站时间等措施来达到缩短追踪列车间隔时间,加强线路通过能力。

(2)改造线路平、纵断面,提高行车速度,进而提高线路通过能力。但改造线路平、纵断面受到经济性、施工困难、影响日常行车等因素的制约。该措施在旧式有轨电车线路改造为轻轨线路时多见采用。

(3)增加列车编组辆数。采用该措施能较大幅度提高输送能力,但列车扩大编组受到站台长度、运营经济性等因素制约。

(4)采取用新型车辆来适应线路条件。新型车辆能使车辆运行性能改善并安装车载控制设备等。这样能提高列车运行速度,缩短追踪列车间隔时间。也可采用大型车辆。大型车辆是目前新建客流较大的轨道交通线路,尤其是城市轨道交通线路的优选车型。

(5)优化车辆内部布置。该措施的基本出发点是在车辆尺寸一定的条件下,通过将双座椅改为单座椅或将纵向的固定座椅改为折叠座椅,来增加车辆载客人数,达到增加列车定员的目的。改为折叠座椅后,在高峰运输期间可翻起座椅,增加车内站立人数,同时也提高了平均乘车舒适程度。

(6)客流量较大中间站增建站台。该措施通常是在岛式站台情况下采用,使停站列车的两侧均有站台,乘客能从两侧上下车或上下车分开,缩短列车停站时间,提高线路通过能力。此外,在增建站台时也可根据客流需求同步修建侧线,并且该措施一般也适用于地面线路情况。

(7)采用先进的列车运行控制系统。对安装自动闭塞、三显示带防护区段的信号设备以及采用调度集中控制方式的线路,该措施能较大幅度提高线路通过能力。轨道交通线路采用的先进的列车运行控制系统,常见的有列车自动控制系统(ATC),它由列车自动防护(ATP)、列车自动监控(ATS)和列车自动操纵(ATO)三个子系统组成;在实践中,也有单独采用基于计算机控制的 ATP 子系统情况,它的主要功能是使列车的调速制动实现连续化、自动化,以达到提高列车运行速度及缩短追踪列车间隔时间的目的。

(8)改用移动闭塞。在列车追踪运行过程中,移动闭塞能使后行列车与前行列车始终保持一个自动控制程序规定的最小安全间隔距离,而不是原先固定闭塞时规定必须间隔若干个闭塞分区所形成的安全间隔距离。因此,用移动闭塞取代固定闭塞,能缩短追踪列车间隔时间。

(9)加强站台乘客组织。乘客为了到站后能减少出站走行距离和避免出站验票人多时的时间延误,往往喜欢在靠近出站口的位置候车,而列车内乘客分布的不均匀又造成列车在车站的停站时间延长。采用该措施就是通过站台客运员的组织,使列车内的乘客尽可能分布均匀,以减少列车停站时间、提高线路通过能力。

(10)提高列车折返能力。具体做法有在终点站修建环形折返线、增建侧式站台、优化折返站的道岔与轨道电路设计、折返站采用自动信号设备、在折返线上预置一列车周转、改变折返方式等。

复习思考题

一、单选题

1. 列车运行图由( )组成。
   A. 竖直线、斜线和曲线　　　　　　B. 交叉线、斜线和虚线
   C. 水平线、曲线和虚线　　　　　　D. 水平线、竖直线和斜线

2. 列车周转时间是指列车在线路上( )所消耗的全部时间。
   A. 往返一次运行　　　　　　　　　B. 往返多次运行
   C. 从出段到下一次出段　　　　　　D. 从入段到下一次入段

二、计算题

1. 某地铁1号线2011年1月10日车辆总走行公里为283km,车辆运用数为21辆,当日列车全部开行128列,晚点5列,试求车辆日均走行公里(即每一运用车辆每日平均走行公里数)和列车正点率。

2. 某日计划开行列车256列,因车辆故障实际只开行了248列。该天的列车运行图兑现率是多少(取小数点后一位数)?

3. 已知运营线长度为30km,中途停站时间10min,单程行驶时间40min,试求列车的技术速度。

4. 某日全部开行列车为276列,其中有6趟列车因为入段未经过本站,试求本站的列车通过率为多少(取小数点后一位数)?

5. 计算确定列车开行计划。

(1)已知条件:

营业时间:5:00~23:00。

早高峰小时(6:30~7:300)客流量为39000人。

全日分时最大断面客流分布模拟图(见图4-20)。

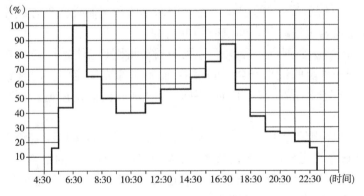

图4-20　全日客流分布模拟图

列车编组6辆,车辆定员为310人。

满载率:高峰小时120%,其他时间90%。

如图4-20所示,是全日客流分布模拟图。

(2)试计算全日分时最大断面客流分布比例、单向最大断面客流量、分时开行列车数、分析确定实际开行列车数和计算间隔时间,并将计算结果填入表4-16。

列车开行数量计算　　　　表4-16

时间	全日分时最大断面客流分布比例(%)	单向最大断面客流量(人)	分时开行列车数	实际开行列车数	间隔时间(min,s)
5:00~5:30					
5:30~6:30					
6:30~7:30					
7:30~8:30					
8:30~9:30					
9:30~10:30					
10:30~11:30					
11:30~12:30					
12:30~13:30					
13:30~14:30					
14:30~15:30					
15:30~16:30					
16:30~17:30					
17:30~18:30					
18:30~19:30					
19:30~20:30					
20:30~21:30					
21:30~22:30					
22:30~23:30					

6.某线路每天运用车辆数为72辆。结合表4-17修程修制,试计算每天在修车辆数是多少?

某线路修程修制　　　　　　　　　　表4-17

检修类别	时间间隔	检修停时(d)
日检	1日	—
月检	1月	3
定修	1年	10
架修	5年	25
厂(大)修	10年	40

三、简述题

1. 简述轨道交通运输能力的概念，说明设计能力与可用能力的联系和区别。
2. 影响运输能力的因素包括哪些？这些因素对运输能力有怎样的影响？
3. 试述提高轨道交通系统运输能力的措施(结合某一城市轨道交通系统的具体实例加以说明)。

项目五　城市轨道交通施工管理

学习目标

1. 知识目标
(1)认识施工计划以及分类;
(2)知道车站施工管理;
(3)了解封锁区间和封锁区间施工流程;
(4)了解开行施工列车。

2. 能力目标
(1)能够识读施工计划;
(2)能够办理线路、机电、供电等部门维修施工、检修的登记、销记进行施工管理;
(3)按照施工行车规章办理封锁区间和办理行车;
(4)按照通知或命令组织开行施工列车。

3. 德育目标
(1)培养良好的职业责任感和团队协作精神;
(2)养成配合各部门施工检修的安全意识;
(3)培养一定的沟通能力。

项目案例

某城市地铁1号线关于设备检修施工作了如下规定:

8.1　设备检修施工组织

8.1.1　在客车运行时间内,原则上不准进行影响行车的有关设备检修作业。

8.1.2　对处于进路锁闭状态的信号、联锁设备,严禁进行检修作业。

8.1.3　正在检修中的设备需要使用时,须经检修人员同意。

8.1.4　进入正线、辅助线及影响正线行车的施工须经行车调度员同意;进入车辆基地和停车场内线路及影响车辆基地和停车场内行车的施工须经信号楼调度员同意。

8.2　任何人进入正线和辅助线均须得到行车调度员的批准

8.3　运营时间的设备抢修及非运营时间的施工组织原则

8.3.1　运营时间的设备抢修必须遵循先通后复的原则,在不影响运行安全的前提下,先应急处理恢复行车,待运营结束后再组织进一步的维修。

8.3.2　非运营时间的施工组织,凡需进入轨行区、影响列车运行或对车站客运服务带来较大影响的施工作业,须有施工计划的批准方可安排施工。

8.3.3 施工计划按时间划分为月计划、日补充计划和临时补修计划。

(1)月计划在施工单位提交《月施工计划申报单》的基础上,由客运部牵头组织召开施工计划协调会后,由OCC编成《施工行车通告》下达。

(2)日补计划,由施工单位向OCC提报,经OCC协调、审核后下达执行。

(3)临时补修计划由施工部门向OCC提报,由值班主任审核、协调计划必要性后下达执行。

(4)OCC根据施工作业计划签发电子《施工作业令》,施工人员到车站或信号楼凭密码验证信息后办理施工登记,车站、信号楼按有关规定办理施工手续。

8.3.4 运营时间内临时抢修作业由OCC负责安排。非运营时间的施工,因抢修需要的临时补修计划有优先权,控制中心在组织实施施工计划时,有调整权。

8.3.5 运营时间的设备抢修及非运营时间施工组织的具体要求在《施工检修管理办法》中规定。

任务描述

城市轨道交通的施工大多是利用运营结束的非运营时间进行的,并且必须于运营开始前的规定时间内结束,故夜间施工是城市轨道交通系统生产活动的重要组成部分。

作为行车部门人员既要按照施工计划保证设备的维修更换,又要保证次日运输生产能正常进行,所以施工管理必须按有关规定严格执行。

行车组织部门的组织行车方案受到施工维修企业行为的影响,而且行车组织反过来影响到施工维修工作方案选择时的决策问题和均衡问题。所以在这个意义上说,行车组织与施工作业的协调组织过程就是一个博弈过程。

识读城市轨道交通的施工作业计划,主要判断施工是哪一类施工?对行车是否有影响?施工作业地点和主要作业内容是什么?是否需要封锁区间?请点时间及销点时间?

任务一 识读施工计划

非运营时间的施工组织,凡需进入轨行区、影响列车运行或对车站客运服务带来较大影响的施工作业,须经施工计划的批准后才能安排施工。施工作业部门在车站区域进行施工作业时,必须严格遵守车站的相关规定,执行施工作业登(销)记制度,服从车站工作人员的指挥,尽量减少对车站正常运营秩序的影响。

施工作业部门应在施工作业结束后,确认设备设施未被损坏、作业人员全部撤离、无任何遗留工(器)具和杂物后,施工现场负责人方可到车站综控室办理销记手续。

一、施工计划

为方便施工单位作业,施工计划各项作业应当注明施工日期、作业起止时间、作业内容、作业区域、安全事项以及其他应说明的问题,比如列车编组、行车计划、配合部门及详细配合要求、联系电话等。

表 5-1 所示,是一个月/周施工计划申报单样式。

月/周施工计划申报单 表 5-1

作业日期	作业部门	作业时间	作业内容	作业区域	供电安排	申报人	防护措施	备 注

日补充计划应于工作开始的前一天规定时间,由维修中心、通号部门、车务部门、车辆部门以及其他施工管理部门收集调整、汇总后向生产调控部门申报。日补充计划申报单,如表 5-2 所示。

维修施工日补充计划表 表 5-2

填报单位:
填报人: 年 月 日

作业代码	作业部门	作业时间	作业内容	作业区域	供电安排	申报人	防护措施	备注	审批意见

一般,周计划在施工部门提交《周施工计划申报单》的基础上,由施工管理部门组织召开计划审批会议后,编成《施工行车通告》下达。日补计划,由施工部门向施工管理部门申报后,由施工管理部门审核、协调计划必要性后,经 OCC 审核后下达执行。临时补修计划由施工部门向 OCC 申报,由值班主任审核、协调计划必要性后下达执行。OCC 根据施工作业计划签发《施工作业令》;施工人员凭《施工作业令》到车站或信号楼办理施工登记,车站、信号楼按有关规定办理施工手续。运营时间内临时抢修作业由 OCC 负责安排;非运营时间的施工,因抢修需要的临时补修计划有优先权,控制中心在组织实施施工计划时,有调整权。

二、施工计划分类

1. 按计划的来源分类

施工计划按照计划的来源分为施工计划和施工计表两种基本类型。见表 5-3。

施 工 计 划 分 类 表 5-3

分类依据	计划种类以及内容		说 明
按计划的来源分类	施工计划	总公司下发的施工计划及轨道车运行计划	运营公司
		总调下达的临时施工调度命令	
	施工计表	各单位转发的日常维修计划	各单位包括:通号、线路、机电等分公司
		各单位临时增加的维修项目	

2. 按照施工时间的长短分类

施工计划按照施工时间的长短分为周计划、日补充计划和临时补修计划。各种计划的区别见表 5-4。

各种施工计划的区别　　　　　　　　　　　表5-4

分类依据	计划种类以及内容		说明
按时间的长短分类	月计划		施工单位申报
	周计划	需要调整变更月计划的计划	
	日补充计划	月计划、周计划未列入的补充,或月计划和周计划的调整	
	临时修补计划	运营时间临时抢修后,须停运后继续的计划非故障处理作业不得申请临时修补计划	

3. 按施工作业的地点和性质分类(见表5-5)

按施工作业的地点和性质对施工计划分类　　　　表5-5

分类依据	计划种类以及内容		说明
按施工作业地点和性质分	A:影响正线、辅助线行车	A1:开行工程列车、电客车的施工	应纳入月计划
		A2:不开行工程列车、电客车的施工	应纳入月计划
		A3:车站、主所、控制中心范围内影响行车设施设备的作业	应纳入月计划
	B:在车场的施工	B1:开行工程列车、电客车的施工	应纳入月计划
		B2:不开行工程列车、电客车但在限界范围内搭建设施影响行车的施工	应纳入月计划
		B3:车场内除以上两种作业	不需申报计划、直接联系
	C:不影响行车	C1:大面积影响客运、消防设备正常使用以及动火作业	应纳入月计划
		C2 局部影响客运消防设备正常使用,影响不大的施工	不需申报计划、直接联系

4. 按照车站夜间施工组织的复杂程度分类

按照车站夜间施工组织的复杂程度,将车站夜间施工项目分为如下三类:

(1)一般施工作业。指计表维修(信号、道岔计表除外),在车站站台、站厅、通道、出入口进行的施工作业。

(2)较为复杂的施工作业。指异地注销的施工、占用车站站线的施工、封锁区间的施工、开行轨道车、信号和道岔计表维修等需要动用车站行车设备的施工。

(3)复杂施工作业。指多次办理轨道车折返作业,轨道车与其他施工交叉进行以及办理过轨列车。

三、车站施工管理

1. 轨道施工计划核对

(1)一般各站每日与OCC核对施工计划联系确认的时间为每晚22:00~23:30期间进行。

(2)施工从每晚接触轨停电时起至次日4:00时止进行。对于夜间轨道车的施工作业,施工轨道车必须于次日4:00时前回段。

2. 车站站长施工有关职责

车站站长施工有关职责包括如下几个方面:

(1)保持沟通。
(2)施工工地的安全和安保工作管理。
(3)确保施工符合运营安全规范和不影响车站运作。
(4)确保在车站运营过程和任何与车站相关的活动中安全标准得到执行。
(5)确保车站员工完成施工安全培训。
(6)确保车站员工在履行职责时佩戴有效证件。

3. 施工组织

(1)施工前

①核实施工计划及施工人员证件。

②登记施工。登记的内容包括：作业名称、作业地点、计划作业时间、作业人数、施工负责人及配合人姓名、单位、联系方式等。

③告知行车调度员施工准备情况。

④行车调度员同意可以施工后通知施工人员开始施工。

⑤依据规定配合施工负责人填写施工有关表单。

(2)施工作业

①记录开始施工时间。

②对施工作业工程进行检查。

a. 检查施工地点。检查内容包括：确保所有的门保持关闭状态，仅供授权人员进出、要求施工人员身穿制服、佩戴证件；填写《施工现场检查表》；告知施工人员、访客可能的危险，确保他们配备个人防护用具，若有需要，安排施工人员需要通过车站付费区时。

b. 执行安全措施。包括：判断施工方法、步骤是否影响车站的运营安全；视情况需要补充特殊施工程序；视情况需要与施工方共同补充应急预案；与施工方共同确定紧急联系表，并放置在综控室内。

c. 处理危险物质。包括：确保施工人员配备适当的个人防护用具和防护服。

d. 消防安全。包括：施工地点禁止吸烟；确定并告知施工人员紧急逃生路线；确保承包商提供充足的消防设备，并且负责检查、维护、组织进行定期演练，确保员工有能力处理火情。

e. 工地整洁。包括：确保工地保持整洁，遵守车站规章制度；确保物料存放符合车站整体要求；监督施工单位安全施工、最低程度影响乘客和车站员工，保证物品摆放整齐，工地清洁。

(3)施工结束

①施工作业结束前15min督促施工人员结束施工。

②与施工负责人及配合人员办理施工作业注销手续，确认施工结束，线路出清。

③通知行车调度员本施工结束，线路出清。

 知识链接

某地铁公司车站施工管理流程

1. 本站施工联系、登记、注销的施工管理

(1)每日22:00前摘录当日施工计划、计表项目；

(2)每日与行车调度员核对并确认当日的施工计划项目、内容；

(3)与项目负责人核对施工计划、计表,明确施工的内容、区段及时间;

(4)接触轨停电后,准许施工负责人在施工检修登记簿上登记,说明有关注意事项并进行签认后,方准进行施工;

(5)施工完毕后,确认站内施工现场情况,检查运营设备状态良好后,受理施工注销。

2. 在办理施工登记注销时应做到"四清":

(1)交接清:全面掌握客运营销科当日下达的施工计划,并将内容向夜班人员完整交接。

(2)理解清:夜班值班员必须全面掌握当夜各项施工安排,对施工时间、项目、区段等关键因素有不清楚或疑问时及时向行车调度员请示。

(3)登记清:每日接触轨停电后,方准许登记;登记时严格按照规定时间、内容、格式进行填写;遇有平行作业,交叉施工及其特殊情况应向行车调度员请示,得到明确同意后,方准登记。

(4)注销清:施工结束后,严格检查施工现场,施工人员、设备运转情况是否达到要求,核对无误后方准办理注销手续;遇超过规定时间的情况应及时向行车调度员汇报,并采取措施了解情况,督促其尽快结束施工,减少对运营的干扰。

3. 异地注销

(1)每日22:00前摘录当日施工计划、计表项目;

(2)每日与行车调度员核对并确认当日的施工计划项目;

(3)登记站与项目负责人核对施工计划,明确施工的内容、区段及时间;

(4)接触轨停电后,准许施工负责人在施工检修登记簿上登记,说明有关注意事项并进行签认后,方准进行施工;

(5)对于异地注销的施工,登记站要电话通知注销站,须将施工检修前施工负责人填写的施工单位、作业内容、人数、区段及线别、时间等内容转告注销站进行登记,双方记录联系时间及联系综控员姓名;

(6)施工完毕后,注销站在办理注销手续前,须在确认本站施工现场情况正常,并与登记站联系得到登记站情况正常后,方可受理施工注销;

(7)注销站综控员须将检修结果、注销时间、施工负责人等内容通知登记站,双方记录联系时间、联系人姓名。

4. 施工检修注意事项

(1)与行车调度员核对施工计划、计表项目时,发现不清楚或有疑问应及时向行车调度员汇报;

(2)施工登记前要与施工负责人核对施工计划及施工计表,遇有与施工计划、计表不符的施工严禁登记;

(3)在施工过程中,要监督施工单位施工,发现施工影响设备使用时,及时向行车调度员汇报,并加以制止;

(4)施工作业应在指定时间内完成,未按时间注销的应立即查明情况,并向行车调度员汇报;

(5)对于施工后,需要进行设备试验的施工项目,严禁异地注销;

(6)施工完毕后,要对现场进行检查,对设备进行试验,确认现场情况正常,设备良好后办

理注销手续;

(7)在车辆段(停车场)联络线进行各项施工作业时,信号楼综控员与相邻车站综控员应共同联系确认接触轨停送电事宜,在连接两条独立运行线路间的联络线上施工时,联络线的停送电事宜由两端站综控员共同确认;

(8)在车站站台、站厅、通道、出入口进行的施工作业,施工单位无须与行车调度员联系,由车站综控员依据施工计划受理此类施工作业;

(9)车站综控员应根据计表维修计划及行车调度员口头指示受理施工登记,需要接触轨停电后进行的施工,受理施工登记时间应在接触轨停电之后进行;登记前综控员应首先将管辖范围的施工情况及注意事项逐项记载,并向登记的施工负责人交代清楚,互相签认。

×××地铁××号线一期东段临时施工管理办法

根据公司××号线一期东段开通筹备工作的总体安排,为做好开通试运营前的施工计划管理工作,满足各阶段的列车运行及施工作业需求,对施工、调试进行安全、有效的管理。相关人员组成联合调度小组(下简称"联调小组"),负责组织协调××号线一期东段的施工计划管理,包括施工、调试、故障抢修等工作,并制定《×××地铁××号线一期东段临时施工管理办法》(下简称《临管办法》)。具体施工计划管理按如下办法执行:

一、施工计划的分类

(一)占用线路施工(下简称占线施工):占用正线、联络线、折返线、车站存车线进行的施工,在站台屏蔽门线路一侧及站台端部设备用房进行的施工。

(二)非占用线路施工(下简称非占线施工):在车站站台、站厅、通道、出入口、机房等区域进行的施工。

二、施工计划的安排原则

(一)临管至空载试运行前

各类施工计划原则上可24h进行。

(二)空载试运行阶段

(1)在执行公司空载试运行阶段计划运行图外的时间,可安排占线施工作业;

(2)非占线且不影响空载试运行的施工作业原则上可24h进行。

三、施工计划的管理

(一)施工计划的申报

各施工单位,应于施工前三日按附表一(施工计划申报表)要求的格式将申报计划传真(或发送电子邮件)至联调小组;接收时间为每周一至周五9:00~15:00,遇节假日,施工计划申报时间由联调小组确定后通知各相关单位。如施工单位在施工时需使用手推车等特殊工具应在申报计划中注明,并按地铁公司规定办理有关手续。

需进入一期已开通运营线路的施工,由联调小组受理并审核后,报调度中心审批。

(二)施工计划的下达

联调小组将审批后加盖公章的施工计划于施工前一日(9:00~17:00),以传真(或电子邮件)形式下发至运营公司各相关单位(车站、专业公司项目部)及施工单位。遇节假日,施工计划下发时间,由联调小组确定后通知各相关单位。

需进入一期已开通运营线路的施工,由调度中心审批后按规定的施工下发时间,下发至联调小组,再由联调小组下发至有关单位。

四、临时施工计划

(一)临时施工计划的申报时间为实施当日 11:00 之前,施工计划由联调小组负责审批下达。

(二)接到抢险、抢修施工计划申报后,联调小组应立即安排执行,夜间由行车(电力)调度负责安排执行抢险、抢修施工计划,并通报联调小组负责人。

(三)需进入一期已开通运营线路进行的施工,由联调小组受理并审核后,报调度中心审批。

五、施工的联系、登记、注销

(1)占线施工计划均需运营公司相关专业单位配合方可进行。施工单位施工负责人应在施工开始前 2~3h 与运营公司配合施工负责人联系、确认。运营公司配合施工负责人凭批准下发的施工计划,于施工开始前 1~2h 与 15 号线综合调度所联系。联系内容应包括施工计划中的相关内容。逾时不联系的施工,调度员将视该项施工任务自行取消。

(2)非占线施工,施工单位施工负责人应在施工开始前 1h 与运营公司配合施工负责人联系、确认。

(3)施工开始前 30min,运营公司配合施工负责人持施工计划到相关车站综控室办理登记手续。

(4)施工计划实施期间施工单位须服从车站工作人员的管理,安全施工、文明施工。

(5)施工完毕后,施工单位对现场进行清理,运营公司配合施工负责人确认后方准撤离施工现场;运营公司配合施工负责人到相关车站综控室办理注销手续。

(6)凡需要在异地注销的施工,运营公司配合施工负责人在车站(或信号楼)履行登记手续时向该站综控员(或信号楼值班员)申明。车站综控员(或信号楼值班员)接到异地注销的申请后,应核对施工内容,对需要异地注销的施工,电话通知异地注销站的综控员(或信号楼值班员)。

(7)如施工方因特殊情况需要延长施工时间,施工负责人应及时通报运营公司配合施工负责人;运营公司配合施工负责人在施工结束前 30min 与相关车站综控室联系,占线施工由综控员向行车调度员报告,得到允许后方可延长。非占线施工作业,无须与行车调度员联系,由车站综控员依据施工计划受理此类施工作业。

(8)施工安全(包括人员安全及设备安全)应由施工方负责,运营公司配合施工人员应做好监督工作。

六、施工现场作业纪律

(1)施工人员应严格按施工计划限定的时间、区段进行作业。

(2)施工人员应按规定做好施工防护,确保安全。

(3)施工人员应严格履行施工登记、注销手续。

(4)施工结束,应清理好施工现场,并带出施工使用工具及施工垃圾后方准撤离。

七、施工事故处置办法

(1)发生无施工计划、无临时施工证且不经车站综控室、信号楼批准,擅自进入车辆段车场、车站、区间施工,不服从车辆段、车站工作人员管理,将通报快轨公司对该施工单位进行相应处罚。

(2)施工中造成设备、设施损坏的,按事故处理,并通报快轨公司对该施工单位进行相应处罚,并要求该施工单位对损坏的设施、设备进行修复或赔偿。

(3)发生其他危及行车安全、设备安全、人身安全、防火安全事件的,按事故处理,处理标准按国家、北京市相关法律、法规及地铁公司相关规定办理。

八、《临管办法》的执行安排

《临管办法》自2011年10月10日起执行,截止日期另行通知。

任务二　封锁区间施工作业

一、封锁区间

(1)封锁区间是因线路或列车故障抢修救援或夜间施工的需要,以调度命令的形式在指定的时间内,将一个站间或几个站间合并的一个区间封闭,禁止列车运行,以调度命令为凭证的列车除外。

(2)为保证施工作业安全,遇下列情况,一般应将线路封锁并限定施工时间。

①施工列车在一个区段多次往返运行时;

②钢轨打磨车在打磨区段运行时;

③凡列入施工计划的施工项目,遇施工列车开行时;

④虽没有施工列车开行,施工项目亦应封锁线路的情况有:更换长钢轨(200m以上);敷设、更换、抢修过顶电缆;钢轨应力放散;更换感应板(10m以上)。

二、封锁区间施工流程

(1)每日22:00前摘录当日施工计划、计表项目。

(2)每日22:00~22:30与行车调度员核对并确认当日的施工计划项目。

(3)接受封锁区间施工的调度命令,明确封锁区间的区段和封锁时间。

(4)封锁区段的两端站关闭相应信号机进行区间封锁。

(5)通知后方站关闭出站信号机进行二级防护。

(6)与施工负责人核对施工计划。

(7)交递封锁区间施工命令,并说明注意事项。

(8)接触轨/网停电后,办理施工登记并进行签认后准许施工。

(9)施工完毕确认检修设备和现场情况正常后,办理施工注销手续。

(10)依据行车调度员命令开放有关信号机,解除区间封锁,开通封锁区间。

三、开行施工列车

1. 开行依据

(1)按《施工行车通告》或日补充计划或临时补修计划的规定和要求执行,发布工程车开行的调度命令。

(2)临时的特殊情况按行车调度员命令执行。

2. 施工列车开行指挥的规定

非运营时间,行车调度员负责工程车进路监控,与工程车司机、车长的联络及与各站布置、落实工程车开行的有关事宜。

负责与相关车站办理施工清点登记、审批和销点工作；工程车开车前发布好相关的书面调度命令。

行车调度员在同意工程车开车前，必须在《线路施工作业登记表》上确认工程车运行的前方进路无施工作业，并在OCC联锁工作站上确认工程车运行的前方进路已准备好。

工程车司机在出车前，应仔细检查轨道平板车和内燃机车的连挂情况；连挂达不到规定要求，工程车不允许开行。

在工程车出车辆段前，工程车司机要与行车调度员试验无线电的性能；工程车在运行中行车调度员要加强与司机和车长的联系，掌握工程车运行计划，确认进路。

行车调度员组织工程车正线运行时，应尽量避免分段行车；当前方施工作业未按时结束或因特殊情况须组织工程车分段运行时，应提前一个站扣停工程车，并使用调度电话，通知工程车司机允许运行的起、止站，受令人必须要原话复诵。

3. 行车调度员通知车站接发工程车的情况

遇到以下情况时行车调度员应提前通知车站接发工程车：

(1)向司机发布书面调度命令。

(2)当行车调度员使用无线电联系不到司机时，须通过车站拦停工程车询问情况。

(3)临时需要拦停工程车。在正常情况下，工程车在正线运行时，应按闭塞方式组织运行，凭地面信号及调度命令行车。一个联锁区同一线路原则上只准有一列工程车运行，工程车之间至少应保证一个区间的间隔。同一联锁区必须开行多辆工程车或间隔不能满足时应由值班主任同意。工程车在区间、非联锁站及无信号机的车站作业后折返时，凭调度命令行车。

4. 采用封锁区间运行的方法所必须达到的要求

在特殊情况下，可根据控制中心行车调度员的调度命令，采用封锁区间运行的方法，但必须符合下列要求：

(1)封锁区间的所有道岔均应保持锁闭，开通列车运行方向。

(2)封锁区间内无其他施工、维修作业。

(3)列车不准越出封锁区间范围运行。

(4)列车必须按规定的时间离开封锁区间。

(5)封锁区间两端须按规定设置防护设施。

5. 封锁区间施工注意事项

(1)封锁区间的有关事项应登记在施工检修登记簿，施工负责人须确认签字。

(2)封锁区间内没有施工列车运行时，从事计表维修作业的人员不受封锁区间的限制，按规定可进入封锁区间内进行计表维修作业。

(3)向施工封锁区间开行施工列车，施工地点每一端只准进入一个列车，并根据施工负责人的要求，按调车作业办理，使列车进入指定地点。

(4)封锁区间内有施工列车运行时，与该项施工无关的人员及车辆不得进入（包括计表维修作业人员）。

(5)遇封锁区间内的列车要求在封锁时间内驶出封锁区间或因施工完了及其他原因要求

提前解除封锁时,相关站行车值班员应及时报告行车调度员,并以接收的书面命令作为列车驶出封锁区间或提前解除封锁的依据。

(6)遇施工列车擅自驶出封锁区间或在规定时间内未驶出封锁区间时,应及时报告行车调度员,并按行车调度员的命令办理。

(7)遇施工列车擅自驶出封锁区间,且封锁区间以外的区间内有其他施工检修作业时,应及时与施工检修负责人联系,或利用广播通知施工检修人员。

知识链接

各专业一般需要申报施工计划的施工项目(见表5-6)

各专业一般需要申报施工计划的施工项目　　　　表5-6

专业名称		一、线路专业	
序号	需要申报施工计划的施工项目	序号	需要申报施工计划的施工项目
1	更换解体正线钢轨,更换道岔主要部件或枕木	10	整体道床病害处理
2	大修线路	11	无缝线路应力放散
3	运营线路上进行钢轨焊接、整修	12	更换防脱护轨
4	大修接触轨	13	钢弹簧浮置板道床大修
5	线路的改道、匀轨缝	14	更换桥梁及其支座
6	收旧料	15	加固轨枕块
7	机械化捣固作业	16	道岔改造
8	更换钢轨伸缩器及其零部件	17	更换、调整感应板
9	道砟补充	18	各类线路检修车辆上线作业
专业名称		二、供电专业	
序号	需要申报施工计划的施工项目	序号	需要申报施工计划的施工项目
1	敷设、更换区间电缆,制作电缆中间接头	5	变电站停电检修(影响双路动力、通信、信号电源等,须经设备管理部门批准后进行)
2	更换及大修区间缓冲箱、回流箱	6	更换排流柜
3	更换及整修缓冲箱到接触轨连接线、接触轨连接板、回流线	7	检修指挥中心设备
4	更新、大修或整修隧道柜及区间联络柜		
专业名称		三、机电专业	
序号	需要申报施工计划的施工项目	序号	需要申报施工计划的施工项目
1	隔断门的开闭调试	8	大修各洞口排水设备
2	更换运营线路上照明线路及灯具	9	大修车站空调室外机
3	更换或大修运行线路上给(排)水管道系统	10	大修车站防灾报警系统
4	更换、大修运行线路上通风设备	11	大修污水处理系统
5	更换电缆,维修空调设备	12	大修电热锅炉
6	更换、大修电梯	13	FAS、BAS系统停用大修
7	大修更换运行线路上的配电箱	14	屏蔽门系统大修

续上表

专业名称		四、通信信号专业	
序号	需要申报施工计划的施工项目	序号	需要申报施工计划的施工项目
1	更换轨道绝缘	9	更换隧道内电话插销
2	更换轨道连接线	10	更换隧道广播喇叭
3	更换电动转辙机	11	检修数传通道
4	更换信号机,维修信标及计轴设备	12	通信设备整机停机清扫、检修
5	更换分线箱、变压器	13	更换、敷设电缆、光缆及其他缆线
6	更换转辙机杆件	14	地线检修(需停用通信、信号设备)
7	更换 ATO、ATP 环路	15	AFC 大修
8	在运营时间内中心控制设备停用检修	16	民用通信系统维修及设备更换

专业名称		五、土建专业	
序号	需要申报施工计划的施工项目	序号	需要申报施工计划的施工项目
1	修饰车站线路侧墙壁、顶部及其他有碍行车的作业,设施的维修	9	更换、大修车站直升梯
2	洞体结构维修	10	更换、维修车站、区间雨落管
3	洞体防水处理	11	维修区间声屏障
4	维修车站电缆门	12	维修区间护栏及护网(包括粉刷)
5	更换、维修车站站台板	13	桥梁维修
6	维修路基、护坡(含区间锄草、打药)	14	车站屋架维修
7	车站顶板、地面、台阶维修	15	车站外墙维修、粉刷
8	站厅粉刷	16	出入口、通道粉刷

专业名称		六、其他项目	
序号	需要申报施工计划的施工项目	序号	需要申报施工计划的施工项目
1	施工列车的开行	5	靠近线路挖沟、挖坑作业
2	各线间过轨列车的开行(包含运营线与国铁专用线间列车过轨)	6	须在运行线路上进行的科研试验项目
		7	在车站站台、站厅、通道、出入口进行的施工作业
3	非运营时间内需接触轨不停电的施工作业	8	在车站线路侧墙及区间进行广告、壁画的安装、刊挂、维修、清扫作业
4	在运行线路上清淤作业		

注:对于在地面线路进行的大修车站直升梯、维修路基护坡、维修护栏、维修清理排水沟施工,可安排运营时间内进行。

列入计表维修作业计划的项目(见表5-7)

列入计表维修作业计划的项目　　　表5-7

专业名称		一、线路专业	
序号	维修作业计划的项目	序号	维修作业计划的项目
1	维修线路	4	道岔保养
2	线路保养	5	接触轨保养
3	探伤检查	6	检修感应板

续上表

专业名称		二、供电专业	
序号	维修作业计划的项目	序号	维修作业计划的项目
1	检查区间电缆、缓冲箱、电流箱、接触轨连接板	5	检修空调机室外机组
2	维护电缆	6	750V设备清扫及维护(单边供电)
3	清扫、维修隧道柜	7	各线出入段联络柜清扫及维护
4	检查区间排流设备		

专业名称		三、机电专业	
序号	维修作业计划的项目	序号	维修作业计划的项目
1	更换运行线路上灯泡(区间照明、岔线碘钨灯、库线照明灯)	7	维修空调设备(室外机及管路)
		8	维修防灾环控设备(模块箱、探头、信号电缆)
2	维修运行线路上的动力照明箱(百米开关箱、区间动力箱)	9	维修广告照明(照明箱、插座、开关)
		10	维修动力电缆
3	检修区间主排水泵	11	维修区间消防设施
4	运行线路上区间小排水泵	12	FAS、BAS系统检修
5	维修区间给(排)水管网	13	维修屏蔽门系统
6	维修人防设备(隔断门、控制箱)		

专业名称		四、通信信号专业	
序号	维修作业计划的项目	序号	维修作业计划的项目
1	维修道岔	16	检修车站广播、时钟及工业电视设备
2	检修信号机、信标、计轴设备	17	检修无线电台发射塔
3	轨道电路检修及调试	18	检修隧道电话插销
4	检修继电器、各种保险、轨道电路各单元、分盘	19	检查运行线路上的通信电缆
5	检修控制台	20	检修车门监视设备
6	检修、测试通信信号电源	21	检修车站电台、数传
7	检修室内电源	22	检修通信交流配电箱
8	试验电气集中联锁	23	清扫摄像机外设及探头、监视器
9	微机联锁测试	24	清扫、测试调度总机
10	微机联锁试验	25	测试录音设备接口磁盘
11	检查维修区间分界标	26	测试、紧固天线设备及避雷装置
12	设备刷漆	27	联调通信中心与车站设备
13	测试主机柜通道电瓶	28	AFC设备检修
14	测试、检修ATS、CTC设备	29	PIS设备检修
15	检修空调室外机组		

续上表

专业名称		五、土建专业		
序号	维修作业计划的项目		序号	维修作业计划的项目
1	检修车站电缆门		9	检修车站出入口玻璃
2	检修站台板		10	声屏障巡视检查
3	检查洞体结构		11	检修区间护栏、护网
4	检查车站吊顶		12	检测桥梁变化及雨落管
5	检修车站装饰板		13	路基及护坡的巡查、检测
6	检修车站栅栏门		14	车站供暖设施维修
7	检修车站台阶、扶手		15	车站直升梯维修
8	检修车站玻璃幕墙			
专业名称		六、各专业在运行线路上进行的设施、设备安全检查及需要进行的科研测试项目		

复习思考题

一、思考题

1. 早起送电前行车值班员应做哪些工作?
2. 异地注销施工的办理手续是什么?
3. 封锁区间开行施工列车施工的办理手续的具体内容有哪些?

二、阅读熟悉下列《某运营线施工组织方案》

某运营线施工组织方案

1. 施工组织原则

坚持安全生产的方针,确保施工作业安全,充分利用现有设施及有限的时间和空间,统筹安排各类施工作业。在施工管理工作中对抢险抢修任务、确保运输设备良好运转的计表维修作业及施工项目优先安排,有条件的情况下安排旬施工计划的调增项目。

2. 施工组织范围

(1) 运行线路、指挥中心调度大厅内的计表维修及利用列车间隔进行的设备抢修作业。

(2) 调度中心值班室下达的在运行线路上施工的旬施工计划及临时生产任务。

3. 施工组织纪律

(1) 行车调度员接到调度中心值班室下达的施工计划及临时性生产任务后,应认真核对,发现问题及时与副主任(轮班制)、调度中心值班室联系确认。

(2) 严格按照规定时间受理各项施工、计表维修作业的联系工作,合理安排各项施工作业。

(3) 夜间施工作业时,应至少有一名行车调度员值班,及时处理施工中发生的问题,必要时向调度中心值班室报告。

(4) 遇特殊情况需延长施工时间时,施工负责人应提前30min与行车调度员联系,行车调度员应立即向调度中心值班室报告,在得到调度中心值班室的批准后,发布延长施工时间的调度命令。

4. 施工、计表维修作业的受理

（1）行车调度员依据计表维修计划、施工计划及调度中心值班室下达的临时生产任务，于每日受理施工联系前，登记在《施工情况登记簿》内，并安排施工计划及临时生产任务项目的作业顺序及作业时间。在受理计表维修作业联系工作时，应将维修作业相关区段的列车运行及其他施工项目通报计表维修作业联系人。

（2）每日 21:30～22:00 行车调度员受理各单位施工及计表维修项目的联系工作（对于有施工列车配合的施工作业联系时间 21:00～21:30）；对于逾时不联系的施工及计表维修作业，行车调度员视该任务自行取消。对于旬施工计划和临时生产任务项目，没有得到调度中心值班室允许其继续按计划施工的口头命令，行车调度员不再予以安排。

（3）每日 23:00 行车调度员受理综控员（信号楼值班员）的施工联系工作。在受理信号楼施工联系时，行车调度员应将涉及段联络线的施工、计表作业项目通告信号楼值班员。

（4）凡跨越调度区段进行的施工及计表维修作业项目，施工负责人须同时与两个调度区行车调度员联系。

（5）列入旬施工计划（含临时生产任务）的施工项目由施工负责人联系；列入计表维修计划项目的施工由施工负责人或施工负责人指派的人员联系。

（6）施工联系内容包括：施工内容、施工地点、影响范围（特别是对供电、线路及通信、信号设备正常使用造成的影响）、所需时间、车辆连挂方式及其他需要说明的事项。

5. 施工、计表维修作业的组织

（1）各类施工、计表维修作业时间限于夜间接触轨停电时起至次日运营首班车出段前 40min 结束，人员设备撤出，并注销完毕。

（2）在车场内进行的施工、计表维修作业影响车场接、发列车时，须得到行车调度员同意后方准进行。

（3）在车站站台（不侵入运行线路）、站厅、通道、出入口进行的施工作业，施工单位无须与行车调度员联系，由相关车站综控员依据施工计划受理此类施工作业。

（4）各设备单位在机房或相关车站综控室房舍内进行的设备测试、巡视、清扫等项工作及在车站进行的设备巡视工作，在不影响设备正常运转的条件下，无须列入计表维修计划，可自行安排进行。机电人员进行设备巡检，按《环控调度规则》相关要求执行。

对于机电公司在运行线路上进行的主排水设备巡视、供电公司进行的隧道内倒闸作业，可申报在运营时间内进行。

6. 施工命令的发布

（1）对于占用运行线路的施工均须发布准许施工的命令，并限定施工时间。

（2）在同一个区段有多项施工作业时，可以一个书面命令将多项施工限定在同一站间区间进行。

（3）凡占用运行线路的施工，遇施工列车运行时（即施工作业与施工列车运行有交叉时），须将施工作业所占用的站间区间封锁。若此区间有多项施工作业时，可同时将其封锁在同一站间区间作业，下达一个线路封锁命令执行。

（4）行车调度员发布有列车在封锁区间运行的封锁命令时，须将该命令发布给全线各车站及联络线两端相关车站。

(5)接触轨停电后进行的施工,具体实施令应于23:00至运营结束前下达。

7. 线路封锁

(1)为保证施工作业安全,遇下列情况,应将线路封锁并限定施工时间:施工(试验)列车在一个区段多次往返运行时;钢轨打磨车在打磨区段运行时;凡列入施工计划的施工项目,遇施工列车开行时;虽没有施工列车开行,下列施工项目亦应封锁线路:更换长钢轨(200m以上)时;敷设、更换、抢修过顶电缆时;钢轨应力放散时。

(2)行车调度员在下达封锁区间命令时,应在满足施工要求的基础上,尽量缩小封锁范围,可将百公尺标、公里标或信号机作为起止点,减少对其他施工的影响。

(3)封锁区间内没有施工列车运行时,从事计表维修作业的人员不受封锁区间的限制,按规定可进入封锁区间内进行计表维修作业。

(4)封锁区间内有施工列车运行时,与该项施工无关的人员及车辆不得进入(包括计表维修作业人员)。

(5)对于封锁区间内有列车运行的施工,严禁搬动该区段线路上的道岔;对于封锁区间内无列车运行的施工,只准搬动被封锁一侧线路的道岔,不得影响邻线。

8. 施工列车的开行

(1)施工列车原则上只准按线路规定的使用方向按规定闭塞方式运行。

(2)施工作业较多,而施工列车可以只占用一侧线路运行时,应组织施工列车反方向运行。

(3)对于跨越调度区段运行的施工列车,除规定者外,须在接触轨停电后运行;对于跨越调度区段运行的电动列车,须在末班车后运行。

(4)当施工列车请求救援时,应按调度中心值班室的命令执行。

9. 利用列车间隔进行抢修作业

利用列车间隔进行的设备抢修作业应按以下规定办理:

(1)凡在运营时间内,发现影响列车正常运行或危及行车安全的情况,行车调度员须根据设备抢修人员的要求予以安排。

(2)当进行设备抢修作业时,应尽量为抢修工作创造条件。若设备发生故障使区间处于阻隔状态时,则应将列车扣于站内。

(3)须中断列车运行的设备抢修作业,应请示调度中心值班室,依据调度中心值班室命令进行。

(4)无须中断列车运行的设备抢修作业,抢修人员应做好自行防护;行车调度员在安排时,须通知后续列车司机或通过综控员通知后续列车司机,在抢修区段内注意运行。

(5)当区间设备发生故障,抢修人员须到现场处理时,为缩小对行车的影响时间,行车调度员可发布命令,令其添乘驾驶室到达现场,但驾驶室内(含司机)不得超过4人。

(6)运营时间内出现的设备故障,经临时处理后,须夜间再进行处理的,属于施工计划的项目由调度中心值班室受理,属于计表维修作业的项目由调度所受理。

项目六　行车事故预防与分析处理

学习目标

1. 知识目标
（1）了解行车事故以及分类；
（2）了解各类行车事故范围；
（3）知道各类行车事故进行应急处理以及报告；
（4）了解事故分析处理办法和流程。

2. 能力目标
（1）能够及时报告事故；
（2）能进行事故求援和救援；
（3）能针对各类行车事故进行应急处理；
（4）能够进行事故分析和提出整改防范措施。

3. 德育目标
（1）熟练掌握各种有关规章，养成熟悉各种规章并按规章作业的习惯；
（2）培养良好的岗位安全意识和职业安全素质；
（3）培养严格执行工作程序、工作规范和工作标准的习惯；
（4）培养安全操作的职业素养。

项目案例

上海地铁10号线的行车事故

时间：2011年9月27日14时51分。

地点：上海地铁老西门站至豫园站。

事件：14时51分，如图6-1所示，上海地铁10号线豫园往老西门站方向的区间隧道内5号车追尾16号车。

经事故调查组查明，在未进行风险识别、未采取有针对性防范措施的情况下，申通集团维保中心供电公司签发了不停电作业的工作票，并经上海地铁第一运营有限公司同意，9月27日13时58分，上海自动化仪表股份有限公司电工在进行地铁10号线新天地车站电缆孔洞封堵作业时，造成供电缺失，导致10号线新天地集中站信号失电，造成中央调度列车自动监控红光带、区间线路区域内车站列车自动监控面板黑屏。地铁运营由自动系统向人工控制系统转换。

此时,1016 号列车在豫园站下行出站后显示无速度码,司机即向 10 号线调度控制中心报告,行车调度员命令 1016 号列车以手动限速方式向老西门站运行。14 时,1016 号列车在豫园站至老西门站区间遇红灯停车,行车调度员命令停车待命。14 时 01 分,行车调度员开始进行列车定位。14 时 08 分,行车调度员未严格执行调度规定,违规发布调度命令。

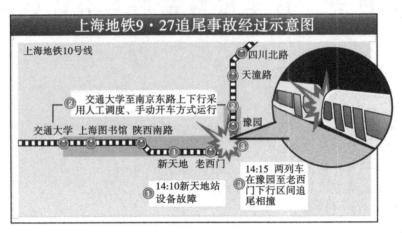

图 6-1　上海地铁追尾事故经过示意图

14 时 35 分,1005 号列车从豫园站发车。14 时 37 分,1005 号列车以 54km/h 的速度行进到豫园站至老西门站区间弯道时,发现前方有列车(1016 号)停留,随即采取制动措施,但由于惯性仍以 35km/h 的速度与 1016 号列车发生追尾碰撞。

经事故调查组认定,事故的直接原因是:地铁行车调度员在未准确定位故障区间内全部列车位置的情况下,违规发布电话闭塞命令;接车站值班员在未严格确认区间线路是否空闲的情况下,违规同意发车站的电话闭塞要求,导致地铁 10 号线 1005 号列车与 1016 号列车发生追尾碰撞。

任务描述

生产安全事故是指生产经营活动中发生的造成人身伤亡或者直接经济损失的事件。近年来国内外地铁事故统计的分析表明:地铁运营事故不仅涉及人、车辆、轨道等系统因素,还受到社会环境和列车运行相关设备(信号系统、供电系统等)等因素的影响。

1.人员因素

(1)拥挤。例如,2001 年 12 月 4 日晚,北京地铁 1 号线一名女子在站台上候车,当车驶入站台时,被拥挤人流挤下站台,当场遇难。又如,1999 年 5 月在白俄罗斯,也因地铁车站人员过多,混乱而拥挤,导致 54 名乘客遇难。

(2)不慎落入和故意跳入轨道。长期以来,因人员跳入地铁轨道,造成地铁列车延误的事件屡次发生,短则一两分钟,长则三五分钟。而地铁列车一旦受到影响,就不能正点行驶,势必造成全线路行车调整。这不仅影响当事列车上的乘客,而且使整条线路甚至其他轨道交通线路上的乘客都可能被延误。车站发生意外伤亡事故后,必须本着尽快恢复运行、尽量减少损失、尽力获取证据的原则处理。

（3）工作人员处理措施不得当。例如，2003年韩国大邱市地铁大火中，地铁司机和综合调度室有关人员对灾难的发生就有着不可推卸的责任。前方车站已经发生火灾后，另一辆1080号列车依然驶入烟雾弥漫的站台，在车站已经断电、列车不能行驶的情况下，司机没有采取任何果断措施疏散乘客，却车门紧闭，而且仍请示行车调度员该如何处理。更不可思议的是，在事故发生5min后，行车调度员居然还下达"允许1080号车出发"的指令。

2. 车辆因素

（1）列车出轨。例如，2003年1月25日，英国伦敦地铁一列挂有8节车厢的中央线地铁列车在行经伦敦市中心某地铁站时出轨并撞在隧道墙上，最后3节车厢撞在站台上，32名乘客受轻伤。同年9月，一列慢速行驶的地铁列车在国王十字地铁站出轨，导致地铁停运数小时。又如，在2000年3月发生的日比谷线地铁列车意外出轨，造成了3死44伤的惨剧。再如，美国2000年6月，发生一起地铁列车意外出轨，当时有89位乘客受伤。

（2）还有其他车辆因素。例如，2003年3月20日，上海地铁3号线闸门自动解锁脱钩故障，导致地铁停运1个多小时。又如，2002年4月4日，上海地铁2号线因机械故障使车门无法开启，导致地铁停运半小时。

3. 轨道因素

例如，2001年5月22日，台北地铁淡水线士林站附近轨道发生裂缝，地铁被迫减速，并改为手动驾驶，10万旅客上班受阻。

4. 供电因素

例如，2003年7月15日，上海地铁1号线莲花路到莘庄的列车突然停电，导致地铁停运62min。经查明原因是地铁牵引变电站直流开关跳闸，列车蓄电池亏电过量，才致使列车无法正常启动的。又如，2003年8月28日，英国首都伦敦和英格兰东南部部分地区突然发生重大停电事故，伦敦近2/3地铁停运，大约25万人被困在伦敦地铁中。

5. 信号系统因素

例如：2003年3月17日，上海地铁1号线信号控制系统突然发生故障，导致地铁停运8min；2003年2月14日，上海2号线中央控制室自动信号系统发生故障，导致地铁停运20min。

6. 社会因素

地铁车站及地铁列车是人流密集的公众聚集场所，一旦发生爆炸、毒气、火灾等突发事件，则容易造成群死群伤或重大损失，严重影响到社会秩序的稳定。历史上地铁曾经发生过爆炸、毒气、火灾等灾害。例如，1995年3月20日，日本东京地铁曾经遭受邪教组织"奥姆真理教"施放沙林毒气，夺走了十多条人命，5000多人受伤，引起全世界震惊。又如，2004年2月6日，莫斯科地铁的爆炸及大火夺去了39人的生命，令上百人受伤。

"安全第一、预防为主"安全管理重在预防，在日常的运输过程中如何防范事故的发生？地铁一旦发生事故，将成为公众舆论的焦点，不仅带来不利的政治影响，人员伤亡、车辆损毁而带来的经济损失也将十分严重。城市轨道交通运营事故包括哪些情况呢？以上案例都算什么等级的事故呢？如何避免和处理行车事故？

任务一　预防行车事故

预防行车事故应做好以下工作：

1. 完善管理体系是保证安全的基础

（1）组织保证。安全贯穿于生产的全过程，既需要通过对企业的各层次部门进行横向管理来实行决策方案的落实，更需要通过对纵向上的管理最终达到安全生产的目的。

（2）制度保证。建立以安全生产责任制为核心的安全管理规章制度是安全生产管理的依据和前提，安全生产责任系统的建立体现了全面安全管理的思想。岗位安全生产责任制作为其实施细则，是保证各级安全生产责任制具体落实到人的措施。安全责任应按照管理层次不同、分工不同，在每个岗位上都应该有一个明确的安全责任。纵向从最高管理者到每个作业人员，横向则包括各个部门的每个岗位。

（3）教育培训。安全教育是使职工适应作业环境的重要手段，如果不经过培训和教育，熟练掌握生产环境中有关作业的条件和知识，就难免产生人的不安全行为。因此，通过安全教育和培训提高员工安全素质是安全工作中特别重要的一环，也是确保轨道交通运营安全的重要前提。

2. 完善应急预案加强演练，提高应急处理技术

由于地铁运营环境的特点使得事故发生时危险性和紧迫性较高，因此对地铁事故的处理预先制定各种预案并进行事故应急处理模拟演练是十分必要的。特别是新建成的地铁线路，在投入试运营期间更应该进行起复、救援、抢修、抢险、消防、突发事件等不同类型的演练。

3. 加强安全投入，重在安全控制

一方面应用新技术、新设备，采用自动化程度高、安全性能好的系统设备，提高运营系统的可靠性和安全性。另一方面采用先进的检测手段，建立维修管理信息化系统，对维修过程中的工时、物料、定额、检修规程等进行全面监控，保证维修计划的落实，全面提升设施设备维修管理水平，不断提高维修质量，保证设施设备的质量状态，通过加强安全投入，提高运营管理系统的可靠性和安全性。

4. 开展公众安全宣传教育，致力于建造"安全型社会"

大力开展公众安全宣传教育，积极推进城市轨道交通建设运营安全文化，努力提高全体地铁员工和全社会的安全意识。通过培养安全型的地铁员工、地铁家庭、地铁乘客，将地铁运营安全管理中的"全员"概念延伸为"全民、全社会"，致力于建造"安全型的社会"，从而确保地铁运营安全。

任务二　认识判断行车事故

1. 安全生产管理的主要内容

安全生产管理的主要内容包括：安全生产管理机构和安全管理人员、安全生产责任制、安全生产管理规章制度、安全生产策划、危险源辨识、安全评价、应急管理、安全培训教育、安全生产资料档案等。

2. 安全生产管理目标

安全生产管理目标：减少和控制管理，减少和控制事故，尽量避免生产过程中由于事故所造成的人员伤害、财产损失、环境污染以及其他损失。

3. 突发公共事件常见类型

突发公共事件按照发生原因和性质常见有四种类型：自然灾害、事故灾难、公共卫生事件、社会安全事件。

（1）自然灾害：主要包括水旱灾害、气象灾害、地震灾害、地质灾害、海洋灾害、生物灾害和森林草原火灾等。

（2）事故灾难：主要包括工矿商贸等企业的各类安全事故、交通运输事故、公共设施和设备事故、环境污染和生态破坏事件等。

（3）公共卫生事件：主要包括传染病疫情、群体性不明原因疾病、食品安全和职业危害、动物疫情以及其他严重影响公众健康和生命安全的事件。

（4）社会安全事件：主要包括恐怖袭击事件、经济安全事件、涉外突发事件等。

4. 地铁运营的七种事故

一般地铁运营单位发生的事故可以包含七种类型：行车事故、设备事故、工伤事故、火灾事故、客伤事故、自然灾害、恐怖袭击。

（1）行车事故：指在行车过程中造成人员伤亡、设备损坏，影响达到一定时间或危及行车安全的事故。

（2）设备事故：指因违章操作或维修保养原因或技术原因或设备性能原因，而造成设备损坏或影响正常运营或危及生产安全的事故。

（3）工伤事故：从业人员在生产或运营过程中发生人身伤亡的事故。

（4）火灾事故：指在生产或运营过程中因发生燃烧、爆炸等造成人员伤亡，或造成经济损失或影响正常运营等后果的事件。

（5）客伤事故：地铁运营中或其区域内发生的地铁运营单位之外的人员伤亡事故。

（6）自然灾害：地震、海啸、洪水、暴风雪等。

（7）恐怖袭击：在地铁发生各种恐怖活动及恐怖分子袭击人员或破坏地铁设施设备的事故。

5. 轨道交通事件等级

轨道交通事件等级包含以下五个等级：

Ⅰ级（红色）——特别重大突发事故；

Ⅱ级（橙色）——重大突发事故；

Ⅲ级（黄色）——较大突发事件；

Ⅳ级（蓝色）——一般突发事故；

Ⅴ级（灰色）——关注突发事件。

6. 应急装置

地铁系统内设置有以下六大应急装置系统：
(1)救灾报警器(每个车站的站台墙上都安装有火警手动报警器)；
(2)自动扶梯紧急装置；
(3)车站站台紧急停车按钮；
(4)屏蔽门紧急开关；
(5)屏蔽门紧急门；
(6)疏散平台。

7.《中华人民共和国安全生产法》规定的事故等级

事故等级根据死亡或者受伤人数和直接经济损失划分，主要包括以下四个等级：
(1)特别重大事故：造成30人以上死亡，或100人以上重伤或1亿以上直接经济损失。
(2)重大事故：造成10人以上30人以下死亡，或50人以上100人以下重伤或者5000万以上1亿元以下直接经济损失。
(3)较大事故：造成3人以上10人以下死亡，或10人以上80人以下重伤或者直接经济损失1000万以上5000万以下。
(4)一般事故：造成3人以下死亡，或10人以下重伤或者1000万以下直接经济损失。

我国轨道交通行车目前还没有统一的《技术管理规程》、《调度工作规则》和《事故处理规则》，随着轨道交通事业在我国的蓬勃发展，全国城市轨道交通相应的《技术管理规程》、《调度工作规则》及《行车组织规则》等重要规章将会逐步进行统一颁布。

地铁运营企业为了及时正确处理地铁运营事故，维护地铁运营秩序，减少事故损失，贯彻"安全第一、预防为主、综合治理"的方针，使地铁更好地服务社会，制定了《事故管理规程》简称《事规》。

凡在正线、辅助线、车厂线及运营分公司所属管理管辖范围内，由于地铁自身原因造成乘客伤亡、设备损坏、经济损失、中断行车、火灾或其他危及运营安全的情况，均构成运营事故。由于不可抗力、社会治安等非地铁责任原因产生后果的，均不列入地铁运营事故统计范围。因违反规章制度、违反劳动纪律或因技术设备不良，以及其他原因造成人员伤亡、设备损坏、影响正常行车或危及行车安全的，均构成行车事故。

根据事故损失后果、影响及危害程度，地铁行车事故一般分为：重大事故、较大事故、险性事故、一般事故(A、B、C)。

不同轨道交通公司对事故划分有所不同，如表6-1给出了一种事故划分方法。

事 故 划 分 表　　　　表6-1

名称	人身伤亡	直接经济损失	对行车的影响
重大事故	死亡3人或重伤5人及5人以上		中断行车时间150min及150min以上
大事故	死亡1人以上、不足3人或重伤3人以上、不足5人		中断行车时间90~150min
险性事故	重伤1人以上、不足3人或轻伤3人及3人以上	100万元及100万元以上	指列车冲突、脱轨、分离或运行中重要部件脱落；列车冒进信号、擅自退行或溜车；向占用闭塞区段发车；列车错开车门、夹人走车、开门走车或运行中开启车门；线路或车辆超限界；中断行车时间40~60min
一般事故			调车出轨、调车冲突、列车在应停车站通过

项目六　行车事故预防与分析处理

知识链接

北京地铁行车事故分类

一、重大事故

运营事故造成下列后果之一时为重大事故：

乘客人身死亡1人或重伤2～3人；

中断正常运营90min；

直接经济损失500万以上；

特别重大火灾。

二、较大事故

运营事故造成下列后果之一的为较大事故：

乘客人身重伤1～2人；

中断正常运营60min；

直接经济损失100万～500万元；

发生重大火灾；

因运营线上发生火灾,消防车出动现场进行扑救灭火。

三、险性事故

运营事故造成下列后果之一,但损失后果不够重大事故、较大事故及以上事故条件,且符合以下条件之一的为险性事故：

(一)运营方面

中断正常运营40min；

运营线列车冲突；

运营线列车脱轨。

(二)车辆行车方面

运营线列车分离；

列车冒进禁行信号；

运行中列车超过规定的限制速度；

未经允许列车载客进入非运营线；

列车反方向运行未经引导自行进站；

列车擅自退行；

列车、车辆溜逸；

列车运行中擅自切除车载安全防护装置；

列车错开车门；

列车未关闭车门行车；

列车运行中开启车门；

列车夹人行车；

列车运行中,齿轮箱吊挂装置、关节轴承销轴、空压机、牵引电机等车辆重要部件脱落；

运营列车车轮擦伤,造成车轮踏面擦伤深度超过 0.7mm 或车轮踏面擦伤长度超过 40mm。

(三)设备方面

行车或电力指挥通信系统中断;

信号升级显示;

供电系统操作中发生错送电、漏停电;

运营中车站照明全部熄灭;

给水干管位移侵限、爆裂跑水;

排水不畅,积水漫过道床;

地铁排雨泵站设备故障,雨水不能排出中断列车运行;

运营中走行轨由轨头到轨底贯通断裂;

运营线路几何尺寸超限;

轨道线路发生胀轨跑道影响运营;

电梯运行中发生冲顶或溜梯。

(四)违章违纪

电话闭塞出站信号故障时无凭证发车;

擅自向未具备封锁条件的区间接发列车或擅自向封锁区间接发列车;

未办或错办闭塞接发列车;

擅自触动、位移站台电视监视车门设备,影响正常使用;

未按规定撤除接地保护装置。

(五)管理方面

运营线上发生冒烟、明火;

对轨道交通进行扩建、改建和设施改造时,未制定安全防护方案的;

漏检、漏修或维修不到位发生重大安全隐患,危及运营安全;

工作时间饮酒或检测发现上班前饮酒;

其他(性质严重的运营故障、安全隐患,经公司研究认定,列入本项)。

四、一般事故

一般事故中按照损害程度和对运营造成的影响程度,又分为 A 类、B 类、C 类一般事故三种。当一起事故具有多种定性条件时,按事故性质等级高的定性。

(一)A 类一般事故

凡事故性质严重,但未造成损害后果或损害后果不够险性事故及以上事故条件,且符合下列条件之一时:

1.运营方面

A1. 中断正常运营 20min;

A2. 非运营线列车冲突;

A3. 非运营线列车脱轨;

A4. 车辆、设备故障或人为操作失误造成运营线客流高峰阶段车站被迫采取非正常甩站、封站时;

A5. 挤道岔；

A6. 直接经济损失在1万元及1万元以上。

2. 车辆行车方面

A7. 非运营线列车分离；

A8. 调车冒进信号；

A9. 应停列车全列越过显示进行信号的出站信号机；

A10. 应停列车在站通过；

A11. 列车擅自在不具备条件的车站停车开启客室车门；

A12. 地铁列车、轨道车作业时工作人员漏乘；

A13. 列车车辆未撤除防溜铁鞋或止轮器开车；

A14. 列车客室内或车站的设施、设备、器材松动脱落等异常情况,造成乘客受伤；

A15. 运营线列车车辆空气系统(空压机、风缸)安全装置失去作用造成破损爆裂；

A16. 车辆或车辆载物超出车辆轮廓限界；

A17. 非运营车辆车轮擦伤,造成车轮踏面擦伤深度超过0.7mm或车轮踏面擦伤长度超过40mm。

3. 设备方面

A18. 出站信号在中心和车站同时失控或紧急关闭信号失控；

A19. 运营车站正常照明全部熄灭或侧式站台一侧正常照明全部熄灭；

A20. 使用自动扶梯、自动步道运送物品,导致扶梯损坏停运；

A21. 各类设施、设备、器材、物资等侵入车辆接近限界；

A22. 线路检查维修不当,造成列车临时限速运行；

A23. 无特殊工种操作证操作特种设备、车辆。

4. 管理方面

A24. 非运营线上发生起火冒烟,致使消防车出动火警时；

A25. 使用未经年检或年检不合格的消防设施、设备；

A26. 漏报、误报重大安全隐患,危及运营安全；

A27. 未建立、落实隐患排查制度；

A28. 对重大隐患未进行专项分析,未进行整改督办；

A29. 遇重要节假日或重大活动,未进行人员教育；

A30. 单位、项目部(车间)、班组未建立应急预案；

A31. 其他(经公司研究认定的安全隐患及问题,列入本项)。

(二)B类一般事故

在地铁运营工作中,发生或存在安全隐患,但其性质或损害后果不够A类一般事故及其以上事故条件,且符合下列条件之一时：

1. 运营方面

B1. 车辆、设备故障致使运营列车延误运行10min及10min以上时；

B2. 在客流量激增危及安全运营时,未采取限制客流量的临时措施的；

B3. 擅自变更作业计划或安排；

B4. 漏开有关运营的技术设备;

B5. 车站出入口、通道不畅通,安全、消防、疏散导向等标志不醒目的。

2. 车辆行车方面

B6. 列车夹物走车;

B7. 列车在终点站未经允许进行带人折返作业;

B8. 因对车辆故障隐患未查出、未彻底治理,造成盲目出库上线运行影响运营;

B9. 错发、错收、错传或漏发、漏收、漏传行车命令。

3. 设备方面

B10. 设施、设备发生异常脱落,影响运营;

B11. 轨道线路发生非正常临时更换钢轨;

B12. 供电系统操作中发生漏送电、错停电;

B13. AFC 设备全站不能使用;

B14. AFC 系统 LC、SC 数据丢失,且无法修复;

B15. 生产、运营、生活场所在供暖期间,由于供暖系统设备故障,造成部分或全部系统供暖中断 6h 以上。

4. 违章违纪

B16. 应撤除的设施、设备、装置、器材、材料、物品、备品、标志等未及时撤除;

B17. 屏蔽、遮挡、损坏火灾探测器、自动灭火装置等消防设施设备,造成功能失效;

B18. 擅自触动、损坏设置在公共场所的配电装置、无障碍设施、安全门设备、电梯等设施设备,影响上述设施设备正常使用或对车站造成影响的情况;

B19. 非紧急状态下使用紧急或安全装置;

B20. 违反劳动纪律、规章制度、管理规定等。

5. 管理方面

B21. 在地铁线路上施工未认真落实安全措施,现场无甲方安全负责人;

B22. 经检查发现的隐患问题未能按规定及时进行整治或整治不符合要求;

B23. 未经公司批准,从车站、车辆段接引电源、水源的情况或增加电源、水源的负荷;

B24. 非运营线上发生引燃起火冒烟险情,造成局部烧损;

B25. 配电装置周围 2m 内放置易燃物;

B26. 擅自调取、传播视频监控录像和电话录音;

B27. 对安全隐患未落实监控措施或责任人;

B28. 安全运营生产责任制或安全管理制度、档案、台账不健全或不完善;

B29. 安全运营生产规章制度或安全操作规程未制定、不完善或不落实;

B30. 由于故障防范、治理、监控措施不落实,造成同类故障连续出现 3 次及 3 次以上时;

B31. 缺岗、漏岗、在岗期间赌博、打牌、看电视、玩游戏等其他严重违章的情况;

B32. 其他(经公司研究认定的其他安全问题和隐患,列入本项)。

(三)C 类一般事故

在地铁安全生产工作中,发生或存在安全隐患,但其性质或损害后果不够 B 类一般事故及其以上事故条件,且符合下列条件之一时:

1. 运营方面
C1. 列车救援;
C2. 车辆、设备故障致使运营列车延误运行 5min 及 5min 以上时;
C3. 直接经济损失 2 千元以上。

2. 车辆行车方面
C4. 在站应停列车部分冒进进行信号;
C5. 通过列车在站停车进行乘降作业;
C6. 电动客车乘客报警装置作用不良;
C7. 列车头尾车通话和指令装置同时失去作用;
C8. 乘务员在列车关门后启动时,未进行站车瞭望;
C9. 乘务员值乘中未按规定要求执行呼唤制度;
C10. 乘务员未按关门提示铃进行关门作业;
C11. 列车信号、通信设备故障,未及时报告,修理;
C12. 车内行车备品不齐全。

3. 设备方面
C13. 对报修的各类运营设施、设备未及时修复;
C14. 调度电话或电台无录音或录音丢失;
C15. 调度电话中断 5min 及 5min 以上时;
C16. 站台电视监视车门设备故障超过 30min;
C17. 手摇道岔超过 30min;
C18. 关门提示铃发生故障超过 40min;
C19. AFC 设备进站或出站单方向不能使用;
C20. 供电系统发生非正常单边供电;
C21. 车站或区间的主通风设备发生运行故障,造成功能失效超过 60min;
C22. 行车计算机系统监测功能无记录或记录丢失;
C23 气体灭火装置误动作;
C24. 经专业部门认定同一运营设备故障 15 天之内重复 2 次影响运营的;
C25. AFC 系统终端数据丢失,且无法修复。

4. 违章违纪
C26. 擅自关闭设备报警音或屏蔽设备;
C27. 因错办、漏办进路造成列车变更交路;
C28. 私自听取或打印行车记录资料;
C29. 各类机柜门、检查孔盖未按规定锁闭或设施设备固定不牢;
C30. 非吸烟区域吸烟;
C31. 未按规定穿戴劳动防护用品;
C32. 使用扶梯和自动步道运送物品的。

5. 建筑设施方面
C33. 车站出入通道的台阶或地面破损,影响乘客安全通行;

C34. 车站大门破损,致使失去防护作用;

C35. 车站出现出入口、通道、站台、站厅顶部装饰面空鼓、松动等现象,对乘客造成安全隐患;

C36. 车站轨道区侧墙空鼓,未及时整治,对行车构成隐患;

C37. 区间防护网破损,失去防护功能;

C38. 桥梁支座及其附属设施超出控制标准的。

6. 安检保卫方面

C39. 造成安检设备丢失、损坏的;

C40. 安检员未执行规章造成漏检的;

C41. 车辆段、厂区、车站、区间、洞口治安责任区制度、措施未落实的。

7. 应急方面

C42. 未在车站配备急救箱的;

C43. 各级应急抢险救援预案不健全或不落实;

C44. 应急抢险救援器材、备品、工具不完善、状态不良或不能正确使用;

C45. 应急抢险救援演练不落实。

8. 管理方面

C46. 未按规定对车辆、设施、设备定期检查和及时维护或未建立使用、检查和维修管理台账,做好各项记录,并按规定保存完好的;

C47. 车站、车间、队、所、班组日常安全检查记录或日常员工安全教育记录未按规定要求建立,或虽有记录簿但未按规定填写或填写内容不规范或存在漏填写、错填写情况时;

C48. 安排未经培训合格的工作人员上岗,未造成后果的;

C49. 施工、检修、清扫设备影响运营;

C50. 电器等设备接线不符合安全规定;

C51. 线路上杂草或有易燃物未及时清除;

C52. 站厅、车厢乘客须知及安全标志不齐全;

C53. 作业现场安全标志不齐全或不规范;

C54. 未经审批许可擅自进行施工作业;

C55. 施工作业完毕后未完成现场恢复;

C56. 施工监管人员不到位;

C57. 未按检修规程和检修计划规定进行列检、周检、日检、月修和计表维修;

C58. 施工未登记或作业完毕未注销;

C59. 消防设施、设备、器材、工具、备品未配置或状态不良;

C60. 单位安全隐患统计、分析、记录系统不健全;

C61. 对新增、已治理完毕的隐患未及时进行挂账或销号;

C62. 对排查出的隐患未落实隐患治理责任人、资金、计划和监控措施;

C63. 隐患责任人未履行隐患检查、监控、治理职责;

C64. 安全重点(要害)部位、处所、设备未落实相关制度,没有检查记录,没有故障记录,没有维修记录,没有交接班记录;

C65. 在车辆、设备故障处理过程中,同类故障由于分析、确认、采取措施、监管等不到位,《车辆设备故障统计分析处理报告》分析结果被公司否决3次及3次以上时;

C66. 连续3次管理工作措施不落实;

C67. 安全、技术考试不合格率超过30%;

C68. 重要活动和重大节假日前,员工教育不到位;

C69. 经公司研究认定的其他安全问题和隐患,列入本项。

任务三　分析与处理行车事故

为贯彻"安全第一、预防为主"的安全生产方针和保证运营安全,地铁企业应把安全工作当作首要任务来抓,加强安全管理和安全思想教育,强化职工安全意识,严肃劳动纪律和作业纪律,教育职工自觉执行各项规章制度。做好员工技术培训,提高技术业务水平。加强安全检查,及时消除各类隐患。搞好设备维修保养,提高设备质量。深入开展安全正点、优质服务的竞赛活动,确保地铁安全运营。

分析事故需要找出的原因包含有:直接原因(直接导致事故发生原因)、间接原因(使事故直接原因得以产生和存在的原因)、主要原因(导致事故发生的各种原因中起主导作用的原因)。

我国已初步形成一个以宪法为基本依据,以《中华人民共和国安全生产法》为核心,以有关法律、行政法规、地方性法规、规章和技术规程标准为依托的安全生产体系。《中华人民共和国安全生产法》规定:在发生重伤事故、一般事故、重大事故、较大事故、特别重大事故时,在负责事故调查处理部门未进入事故现场勘察前,事故单位应该派专人看护现场,任何人不得擅自移动现场的物体,应全力以赴抢救人员和国家财产,以防止事故扩大;移动现场物体时必须做出标志,并绘制事故现场图,摄影或录像并详细说明情况;清理事故现场之前,应经负责事故调查处理的部门批准后方可进行。

知识链接

中外地铁历史上的几次重大伤亡及火灾事故

1903年8月10日,法国巴黎地铁发生一场大火。一组满载乘客的列车在运行中着火,由于扑救不力,疏导不畅,有84名乘客不幸在地铁中丧生。当时巴黎地铁车厢是用木质材料进行装修的,着火后,燃烧迅猛,持续时间较长,这也是造成众多人员伤亡的重要因素之一。

1969年11月11日,北京地铁万寿路站至五棵松站之间,由于电动机车短路引起火灾,死亡6人,中毒200多人,在死者中有一名消防队员,叫张凤岐,时年22岁。当时,在消防救援中,火场照明设备不足,防烟滤毒设备缺乏,大大影响了救援活动。火灾造成地铁站内和列车内电源中断,当时烟雾浓、毒气大,伸手不见五指,消防部门调来京西矿山救护队协助,历经8h,才完成救援任务。

1971年12月,加拿大蒙特利尔地铁车站,一组列车进站时将正停在车站内的另一组列车追尾撞毁,引起地铁机车短路诱发火灾,死亡1人。

1983年8月16日，日本名古屋地铁站变电所起火，在地铁3000m² 范围内，浓烟滚滚，消防队调动了37辆消防车和3辆排烟车，在救火过程中3名消防队员死亡，3名救援队员受伤。大火燃烧了3个多小时。

1987年11月8日，英国伦敦皇十字街地铁站因自动扶梯下面的机房内产生电火花，引燃自动扶梯的润滑油，浓烟沿着楼梯通道四处蔓延，由于行驶列车带动的气流以及圆筒状自动扶梯的通风作用，致使火越烧越烈，人们争先恐后地冲向出口，许多人被烧、压、窒息而死。这次火灾使32人丧生（包括一名消防员），100多人受伤，地下二层的两座自动扶梯和地下一层的售票厅被烧毁。

1991年，瑞士苏黎世地铁总站因地铁机车电线短路，导致地铁机车最后两节车厢发生火灾，司机在车站紧急刹车停下时，与迎面开来的一组地铁列车相撞起火。在这次灭火中，共有108名消防队员、15辆消防车和多种灭火器材投入灭火战斗，还有十几名医生、30多名救护人员、16辆救护车和两架直升机参加了救援工作。火灾中有58人受重伤。

1991年8月28日，美国纽约地铁列车在运行中脱轨，有10节列车车厢受损，机车随即起火，5人死亡，155人受伤。

1995年3月20日，日本东京地铁被奥姆真理教投放沙林毒气引起一场灾难。沙林是一种磷化物质，是毒气中最强的致命神经化学剂之一。遇空气后能迅速生成烟雾毒气，地铁车站内充满烟雾毒气，致使12人死亡，5512人受伤。这一事件震惊世界，也迫使日本消防界强化整体防灾能力，进一步改善化学防毒防灾救援装备。

1995年4月28日，韩国大邱市地铁在施工中煤气泄漏发生爆炸火灾，死亡103人，受伤230人。

1995年10月28日，阿塞拜疆巴库地铁因机车电路故障，诱发火灾，殃及列车3、4节车厢着火，由于司机缺乏经验，紧急刹车把列车停在了隧道里，给乘客逃生和救援工作带来不便。加之，20世纪60年代生产的车辆使用的大部分材料都是易燃物，燃烧时产生大量烟雾和有毒气体，这场火灾造成558人死亡，269人受伤。

2000年11月11日，奥地利萨尔茨堡州基茨施坦霍恩山，一列满载旅客的高山地铁列车在隧道内运行中发生火灾，死亡155人，受伤18人，由于通信指挥信号失控，正当这列上行线列车燃烧时，一列下行线列车驶来，在此相撞造成车毁人亡。事后调查认定火灾是由于列车上的电暖空调过热，使保护装置失灵引起的。此处高山地铁运营长度为3800m，海拔3029m。沿着一个45°角的铁轨上行或下行，是世界上有名的高山地铁。该地铁内安全标准过低，没有火灾自动报警系统，没有安全疏散指示标志和避难间，这也是造成众多人员伤亡的重要因素之一。

2003年2月18日，韩国大邱市地铁中央路站发生火灾。9时53分，韩国大邱1079号地铁列车到达中央路车站，列车内某位精神病人用打火机点燃了装有汽油的塑料桶，由于车厢内座椅上包着一层易燃的薄绒布，火势迅速蔓延，1079列车车门打开，部分乘客得以逃生，3min后，1080次列车到达中央站，司机打开车门，浓烟立刻灌进来，又马上关好车门，司机向车站控制室请示怎么办，同时通知乘客等候，浓烟和大火自动切断车站电源，站内漆黑一片，1080由于停电无法继续运行，6节车厢迅速燃火，司机逃生时拔掉了主控钥匙，使得紧急电源切断，车厢陷入黑暗，全部24个车门中，只有4个车门被乘客中的地铁职工手动打开，部分乘客逃生，最终该次列车的遇难人数占了多数,大火经1300多名消防队员经3h才扑灭。事故造成死亡298人,失踪269人,146人受伤。

据韩国专家和媒体的分析,当时韩国地铁大致存在以下三个方面的问题:

首先是设备方面的隐患,车站和车厢内安全装置不足。韩国的地铁车站内虽然安装了火灾自动报警设备、自动淋水灭火装置、除烟设备和紧急照明灯,但是这些安全装置在对付严重火灾时仍明显不足,尤其是自动淋水灭火装置。由于车厢上方是高压线,为了防止触电,车厢内均没有安装这种装置。因此,此次大邱市地铁发生大火时,不可能尽早扑救。车站断电后,四周一片漆黑,紧急照明灯和出口引导灯均没有闪亮。此外,车站内的通风设备容量不大,只能保障平时的空气流通,难以排除大量的浓烟。车厢内的座椅、地板等虽然采用耐燃材料,一旦燃烧起来仍会散发出大量有毒成分。韩国媒介报道说,火灾的死亡者中有许多是在跑出车厢后找不到出口而被含有有毒成分的浓烟窒息而死的。

其次是法律还不健全。韩国专家们特别指出,韩国现行的《消防法》只注重固定的建筑和设备,而飞机、船舶、火车等移动的大众交通工具在《消防法》中是个死角。韩国媒体报道说,大邱市地铁1997年开通时采用的有关防火安全的标准,还是20世纪70年代韩国首次开通地铁时的标准,已经不适合当前的情况。

第三是安全教育流于形式。韩国每年都进行"民防训练",学习在紧急情况下逃生和保障安全的知识。韩国媒体和专家指出,这些民防训练"大多流于形式",人们在慌乱时全然不知使用现有的灭火器材进行灭火。

除了上述原因外,韩国专家们还认为,地铁公司平时的麻痹大意、安全意识不强、安全保卫人员不足以及通信联络不完备等,也是造成此次地铁火灾大批人员伤亡的重要因素。特别是当时车站的中央控制室管理不力,没有及时阻止另一列车进入已经失火的车站,更造成了伤亡人员增加。韩国警方表示,他们对大邱地铁纵火事件的初步调查结果认为,地铁工作人员未能采取适当措施处理紧急情况,是造成大量人员伤亡的主要原因之一。

地铁系统发生事故时,保障生命安全放第一位,应积极采取措施,迅速抢救,以"先通后复"的原则,尽快恢复运营,尽量减少损失。事故发生后,要以事实为依据,以有关法律、规章为准绳,按照"四不放过"的原则处理事故,查明原因,分清责任,吸取教训,制订措施,防止同类事故再次发生。

对事故要定性准确,对事故责任者以责论处。对事故责任者,应根据事故性质和情节分别予以批评教育、经济处罚、行政处分直至追究法律责任。

对事故分析处理拖延、推脱责任、姑息纵容、隐瞒不报或不如实反映事故情况者,应予以严肃批评教育或纪律处分。

一、报告

1.《中华人民共和国安全生产法》规定的事故报告有关内容

(1)事故报告原则:及时、准确、完整,任何单位和个人不得迟缓谎报、瞒报和漏报。

(2)事故报告主体:事故现场有关人员、事故单位负责人、安全生产监督管理职责的有关部门、负责安全生产监督有关部门、地方各级政府(见表6-2)。

事故类型和对应报告主体　　　　　表 6-2

事故类型	报告主体	事故类型	报告主体
火灾事故	安监局,消防部门	场内机动车事故	市安监督,市交警
急性中毒事故	安监局,卫生部门	特种设备事故	安监局,质量技术监督局

(3)事故报告时限。安全生产法要求:事故现场遇有事故立即逐级报告;单位负责人应该 1h 内向当地安监部门报告;当地安监部门于 2h 内报告国家安监总局;国家安监总局于 2h 内报告,8h 内报至国务院。

2. 地铁运营系统事故报告相应的具体要求

(1)向控制中心报告的具体事项

运营线发生运营事故后应立即向控制中心报告,报告事项包括:

①报告人姓名、单位;

②发生时间(时、分);

③发生地点(公司、场、站、区间、百米标、股道);

④事故概况、人员伤亡、设备损坏及对运营的影响;

⑤请求救援的内容;

⑥是否影响运营;

⑦其他需要说明的事项。

(2)直接要求紧急服务

若因通信中断而无法通知行车调度员召唤紧急服务,负责报告的人员应该根据需要请求紧急服务:

①致电公安局公交分局;

②使用外线通知 110/120。

直接向公安/急救中心求助时,必须清楚说明:正在使用的电话号码;伤/病者的性别及情况;救护车须前往的准确位置。

二、事故分析处理

安全泛指没危险,不出事故的状态。安全生产是生产过程的安全,是指不发生工伤事故、职业病、设备或财产损失。轨道交通安全是轨道交通运行或生产过程中不发生行车、客运、人身伤亡、火灾爆炸、设施设备事故等。

(一)事故特征

"安全第一、预防为主"是城市轨道交通企业永恒的主题。一般灾害事故具有危害性、意外性和紧急性三个特征。地铁灾害事故具有全网性、连带性、局限性和群体性四个特征。

(二)处理事故的原则

我们提倡面对事故的原则尽力做到三不伤害:自己不伤害自己,不去伤害他人,不被他人伤害。处理事故的原则按照"四不放过",即:事故原因没有查清不放过,事故责任者和周围群众没有受到教育不放过,没有整改防范措施不放过,事故责任者未受到处理不放过。地铁突发事故处置原则:"统一指挥、快速反应、各司其职、配合协同、以人为本、减少危害。"

(三)事故调查和处理

1. 按电话闭塞法行车造成行车事故的因素

(1)发车站接车站办理闭塞不认真,造成发车时接车区间有车。

(2)发车站未得到前方站闭塞承认就发车,造成无牌发车。

(3)内外勤值班员联系不彻底,导致无牌发车。

(4)接车站未确认前次列车已开出本站,即向发车站发出闭塞承认导致有车线接车。

(5)错办或未办发车进路(或接车进路),未锁闭道岔。

(6)未交递有关行车凭证或调度命令发车。

2. 车站照明熄灭时,行车值班员的主要处置工作

(1)行车值班员立即准备好平时充好电的应急照明灯和手电筒、信号灯等照明用具。

(2)行车值班员、助理行车值班员利用车站广播或便携喇叭向乘客广播宣传,使乘客不要乱动,稳定其情绪。

(3)车站行车值班员在向有关部门报告后,应坚守岗位,严密监护控制台及信号显示状况,依据行车调度员指令,严格按照的有关规定认真办理行车作业,并随时将进展情况向段生产值班室报告。

(4)对于没有接到通过命令的列车在站停车后,行车值班员应通知司机不得开门,对于已开门的列车,车站要及时将乘客疏散。

3. 车站运营时间内长时间无车时,行车值班员的主要处置工作

(1)遇列车运行时分偏离运行图,形成大间隔时,行车值班员应主动向行车调度员了解情况。确认将长时间无车后,应及时向站长(或值班站长)、段生产值班室及管界派出所报告。

(2)行车值班员、助理行车值班员应利用广播设备向乘客广播宣传,解释现状,劝导乘客乘坐地面交通工具。

(3)行车值班员在向有关部门报告后,应坚守岗位,依据行车调度员命令及指示,严格按照有关规定认真办理行车作业,并随时将事态进展情况向段生产值班室报告。

4. **事故调查的原则**

实事求是,尊重科学,重在事故预防。

伤亡事故处理37条规定:轨道交通运营中发生人身伤亡事故,轨道交通线路运营单位应当保护现场,维持秩序;公安部门应当及时对现场进行助查、检验,并依法处理事故死亡人员的尸体。

5. 公安到场处理的几种情况

若出现以下几种情况,必须在报告事故时要求公安到场处理:

(1)发生任何意外;

(2)独行的乘客倒地或不省人事;

(3)预期将会出现暴力或对峙局面;

(4)发生遇袭事件;

(5)发生犯罪案件；

(6)预期人潮将会激增,或值班站长认为有此需要。

(四)运营事故的责任判定和处理

1. 事故的责任

根据责任性质,行车事故分为责任事故和非责任事故。

责任事故是指通过采取管理或技术手段能够预见和避免,但因工作疏忽、盲目蛮干而未能预见和避免;或者通过采取及时措施降低损失,但由于过失或采取措施不力导致损失和影响加重的事故。

非责任事故是指由自然因素造成的不能预见、人力不可抗拒的事故,或在技术改造、发明创造、科学实验活动中,因科学技术限制无法预测而发生的事故。

2. 事故的责任划分

(1)全部责任:负有事故损失及不良影响100%责任;

(2)主要责任:负有事故损失及不良影响60%~90%责任;

(3)同等责任:各方均负有事故损失及其不良影响的相同成分的责任;

(4)次要责任:负有事故损失不良影响30%~40%责任;

(5)一定责任:负有事故损失不良影响10%~20%责任;

(6)管理责任:根据事故性质承担。

3. 一般事故折算系数

运营事故的统计,以一般事故为统计基数。不同的地铁公司折算系数不尽相同,以下以某地铁公司为例说明:

(1)一起重大事故折合22件A类一般事故。

(2)一起较大事故折合11件A类一般事故。

(3)一起险性事故折合3.5件A类一般事故。

(4)一起一般事故A类系数为1件。

(5)一起一般事故B类系数为0.5件。

(6)一起一般事故C类系数为0.2件。

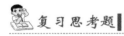
复习思考题

一、简答题

1. 如何预防事故？
2. 车站照明灯熄灭时,行车值班员的主要处置工作有哪些？
3. 在车站运营时间内长时间无车时,行车值班员的主要处置工作有哪些？
4. 事故调查的原则有哪些？
5. 如何进行事故责任划分？

二、实训题

1. 请搜集全国范围内的地铁事故管理规程并比较其异同。

2. 请搜集一起地铁事故并分析其原因、过程和责任。

3. 请阅读如下案例,并分组讨论和总结写出事故学习报告。

【案例6-1】 地铁列车救援事故。

发生时间:2013年××月××日

事故影响:造成停运20列,晚到5分以上34列,中途清人折返5列。

事故经过:

2013年××月××日,2033次TP401车担当运营任务。列车运行至某站TMS显示时间7时53分,距离停车标约30cm时,起紧急制动。司机试验RM模式、EUM模式推牵引,均显示EB紧急制动不缓解。断开ATP保险1、2,ATO保险5s后闭合。再次试验RM模式、EUM模式仍显示EB紧急制动不缓解。

7时54分,与行车调度员联系说明情况,处理故障,同时打开车门让乘客乘降。

7时55分,司机接行车调度员预清人命令。接到预令后司机先查看紧急按钮、查看风压表均显示正常。使用ATP切除仍不缓解,牵引制动控制保险断开后重新闭合仍不缓解。闭合ESS闸刀试验,仍显示EB紧急制动不缓解。闭合关门旁路、常用制动不缓解保险、开门旁路、带铅封闸刀破铅封后试验故障依然存在。

7时58分,TP401车2033次司机接行车调度员命令清人。司机向行车调度员请求救援。清人完毕后司机关闭车门,8时将头尾开关打到"尾"位,跑到尾车将头尾开关打到"头"位,进行尾车牵引制动试验,尾车试验正常。

8时11分,2034次司机使用电台联系不到行车调度员,立即给行车调度员打电话,接调度命令与2033次连挂。复诵调度命令无误后2034次司机向乘客做好相应广播,使用风闸,建立RM模式,以3km/h速度进行连挂并进行了试拉。同时,2033次司机返回头车,与救援列车司机联系,通知改按站间自动闭塞,对标停车后清人。救援车司机听从被救援车司机指挥按信号、线路情况走车。8时20分,连挂列车凭出站信号机闪动绿色灯光发车。

事故原因分析:

事故发生的直接原因:司控器警惕按钮行程开关接线存在断点,接线已断裂。

间接原因:

(1)管理和维修人员对车辆隐患重视不足,此类故障未引起相关人员足够重视;

(2)未能完善单司机制实行后车辆故障的应急处置措施;

(3)部分维修人员对提高车辆维检修质量和水平的认识不足,未能避免此类故障的发生。

【案例6-2】 道岔事故。

发生时间:2013年××月××日

事故影响:造成晚到5分以上4列,中途清人折返1列,加开临客回空各1列。

事故经过:2013年××月××日3时46分某站行车值班员发现该站5号道岔无法反位,立即通知通号值班人员。3时48分通号维修人员接到通知后,马上准备工具、仪表,联系综控员开门。4时15分开门进站。

4时18分,维修人员进入信号机房检查室内设备情况,4时22分维修人员进入综控室登记后,要求单操试验5号道岔。观察5号道岔电流表有动作,但反位没有位置表示。维修人员进入区间调整,在调整5号道岔反位时,由于技术能力有限,将定位密贴及表示调乱,致使道岔失去定位表示，维修人员多次反复调整该道岔，仍未能将道岔调整恢复。公司抢修人员到位后，为尽快恢复正线运营，决定先调整5号道岔定位密贴。

5时39分，重新调整5号道岔定位密贴后，通知行车部门让列车先通过，再调整道岔表示。

5时54分，列车通过后，再次要点下洞调整5号道岔定位表示。

5时56分，恢复定位表示后，行车调度员通知值班员道岔钩锁，恢复运营。此时道岔反位未再进行调整，待夜间停运后进行恢复。

晚停运后，通号组织相关人员对5号道岔进行调整恢复。

事故原因分析：

事故发生直接原因：5号道岔表示缺口卡口，5号道岔反位没有位置表示。

间接原因：

(1) 维修人员技术能力有限、没有及时判断出道岔表示故障，对道岔的密贴、表示调整不当，导致影响扩大。

(2) 项目部执行相应应急抢险预案不到位。

4时11分项目部调度员接到通号调度通知后，没有及时通知项目部领导、安质室信号专业技术主管，在长达66min时间内没有及时了解现场情况并启动应急预案，失去了最佳故障抢险时机。

项目部调度员没有按照抢修流程和预案要求在接到故障通知后10min内向通号公司调度反馈现场处置情况。

(3) 员工对"运营第一"认识不到位，对应急抢险预案执行不到位。维修人员没有意识到此次故障对运营造成严重的影响，预案中规定"道岔故障维修人员到达现场15min未能处理完好时，应立即请求支援"，现场维修人员直到5:15分通知项目部调度室请求支援。

(4) 故障处理过程中反映出员工技术水平低，对故障判断有误且处理时间过长。

【案例6-3】 某车辆段坠车工伤事故。

发生时间：2010年××月××日

事故类型：工伤事故

事故影响：一人死亡

事故经过：2010年××月××日上午10时17分，某号线乘务中心丙班司机李某、副司机张某驾驶415车回车辆段，进2号联络线，准备入洗刷库，执行洗刷作业。

10时23分，列车运行入洗刷库。洗刷作业过程中，司机李某在前部驾驶室驾驶列车，副司机张某在尾部驾驶室监护作业。

洗刷作业完毕，与信号楼联系确认后，司机李某驾驶列车出库。

10时32分至10时35分，运行至东牵线，在规定位置停车后，李某更换操纵台，步行至尾部驾驶室，准备折返回停车列检库。此时发现副司机张某不在驾驶室内。

因调车信号已开放，李某确认列车两侧无人后，独自驾驶列车回库。入库停车后，李某去运转室询问张某是否退勤，经值班员任某确认，张某没有退勤。

10时36分，运转室甲班值班员何某向运转室值班班长马某报告，丙班副司机张某不知去向。马某立即赶到值班室和李某一起去洗刷库寻找张某，经询问，洗刷库管理员称415车副司机出库时在尾部驾驶室内。三人随即出库，沿出库线路寻找。

10时55分,至距东平交道口东侧67m处,发现张某头部朝西脚朝东,蜷卧于道床南侧。当时呼唤没有反应。

11时02分,打120叫急救车,马某向乘务中心领导报告。

11时18分,急救车到达现场后医务人员立即对张某进行抢救,最终因抢救无效死亡。

事故原因分析:

事故发生直接原因:电客副司机张某违章作业。

间接原因:

(1)安全管理有缺陷:缺少严格的安全检查监督机制,致使存在职工违章现象;安全规章制度落实不到位,个别职工安全意识淡薄。

(2)责任范围内所属设备管理不清:对该车辆段所管辖的设备管理不善,未制定通风系统动力控制箱按钮箱安全操作规程,未指定设备负责人,未制定该设备的维护、保养制度;对所管辖的设备隐患排查不彻底,通风系统2004年安装完毕后长期处于无人维护、管理的状态。

(3)照明问题:该车辆段车场作业环境照明不足,东平交道口距事发地点有五盏灯不亮,事故地点照明度不足。

【案例6-4】 某地铁车站电梯冒烟事故。

发生时间:2011年××月××日

事故类型:电梯冒烟

事故定性:险性事故

事故影响:换乘通道封闭,电梯部分设备烧毁。

事故经过:2011年××月××日6:34,地铁某号线换乘通道内自动扶梯故障停梯,7:02换乘通道内FAS火灾报警探测器报警,车站综控员报告值班站长到现场确认。值班站长、综控员、票务员立即赶到现场进行处置。发现自动扶梯上头部盖板下往外冒烟,车站工作人员立即启动预案,使用灭火器对准电梯头部进行喷扑。同时行车调度员下令封闭换乘通道,启动地面换乘预案。车站工作人员立即组织地面换乘,并派人留守换乘通道,监视电梯情况,迎接专业抢修人员。7:31将出入口封闭,7:25机电公司人员到达现场后,打开自动扶梯井盖,进入自动扶梯基坑检查通道进行灭火处理,烟雾逐步消散。7:45对自动扶梯故障处置完毕,车站立即对地面进行清扫保洁。8:25恢复换乘。此次事故没有造成人员伤亡。

事故原因分析

事故发生直接原因:梯级间隙照明灯具及线路短路导致扶梯主空气开关保护动作跳闸,同时短路引燃扶梯桁架、梯路上的油污和毛絮。

间接原因:

(1)机电公司电梯维护人员到达现场较晚,没能第一时间有效处置火情是造成事故影响扩大。

(2)机电公司电梯维修保养人员对设备没有按照维修计划进行维修,存在严重违章违纪、漏检漏修、弄虚作假现象,致使电梯欠修,电梯桁架、梯路没有得到及时清理毛絮、油污积存是造成此次事故的深层次原因。

附录 A 城市轨道交通行车有关术语

序号	行车术语	术语解释
1	列车	按地铁规定编组的并有车次号的客车车组、工程车、单机,分为客运列车、其他列车两类
2	客车	以运送乘客为目的按规定编组而成的客车车组,包括专列
3	中断正线行车	不论事故发生在区间、车站或车厂,造成运营正线双线之一(上下行线之一)不能通行后续客运列车的,即为中断正线行车。正线行车中断时间由事故发生的时间起至实际恢复列车行车条件的时间止
4	工程列车	系指因运营生产的需要开行的由机车与按规定编组的车辆(包括客车、单元车、单节车、平板车等)连挂而成的列车
5	调试列车	因对运营设备进行调整、试验需开行的列车
6	救援列车	因需处理运营生产中发生的事件,担任救援任务而开行的列车
7	单机	因运营生产的需要开行的带有车次号的机车
8	车辆	系指含电客车、机车、平板车、作业车、检测车等在轨道上运行的设备
9	冲突	列车、机车、车辆相互间或与设施、设备(车库、站台、车挡、脱轨设备、止轮设备等)发生冲撞招致列车、客车车组、机车、车辆、设施、设备等破损
10	脱轨	列车、客车车组、机车、车辆车轮离开钢轨轨面(包括脱轨后又自行复轨)。每辆(台)只要脱轨 1 轮,即按 1 辆(台)计算
11	整备作业	系指列车、机车、车辆、轨道车等进行检查、试验设备功能、清扫等作业。整备作业过程中发生的行车事故,按调车事故论
12	列车分离	系指编组列车因未确认车的连接状态或车钩作用不良而发生的车辆分离(包括车钩缓冲装置破损)
13	占用线	系指停有列车、客车车组、机车、车辆的线路或已封锁的线路
14	占用区间	系指下列情况之一: (1)区间已进入列车; (2)区间已被列车取得占用的许可; (3)封锁的区间(如安排进行施工作业等); (4)区间内有停留或溜入的列车、客车车组、机车、车辆。列车发出后溜入的亦算
15	向占用区间或区段错发出列车	系指在采用站间电话联系法、电话闭塞法、区段进路行车法等人工组织行车法行车时,向占用区间或区段发出列车。开行救援列车、抢险列车时除外
16	未准备好进路	有下列情况之一,属于未准备好进路: (1)进路上停有车辆或危及行车的障碍物; (2)进路上的道岔未扳、错扳、临时扳动或错误转动; (3)邻线的列车、客车车组、机车、车辆等越出警冲标

续上表

序号	行车术语	术语解释
17	未拿或错拿行车凭证发出列车	已办理完行车手续,应凭行车凭证发车的但没交或没拿,或者行车凭证有日期、区间、车次错误的,并且已经发出列车
18	擅自改变列车运行方向行车	在没有车载信号保护的情况下,未经行车调度员允许,列车没按规定或图定的运行方向或行车调度员指挥的行车方向运行的,并已占用或进入另一区间
19	信号升级显示	由于某种信号联锁条件错误或有关人员违章操作,信号机设备发生应停信号显示为开放信号
20	列车冒进信号	有下列情况之一的,属于列车冒进信号: (1)列车前端任何一部分越过固定信号显示的停车信号或规定的手信号显示地点; (2)停车列车越过信号机或警冲标; (3)不含因紧急情况扣车、信号突变等,致使列车采取紧急制动后越出信号机的
21	列车溜逸	系指列车发生溜车,并越出本车原占用的线路、股道或区间
22	客运列车错开车门	系指已载客的客运列车停车后未对好站台开启客室车门(指客车至少有一个客室门越出站台头端墙或未到站台尾端墙,在未切除车门的情况下,打开了客室车门)或开启非站台一侧的客室车门
23	夹人开车	系指夹住人体任何部位或随身衣物启动列车
24	调车	除列车在正线运行、车站或车厂到发以外,一切机车、车辆或列车有目的的移动
25	调车长	车厂调车作业时由两位乘务员担任,一名任司机驾驶车辆,另一名指挥调车的叫调车长
26	车长	工程列车开行时由两位乘务员担任,一名任司机驾驶列车,另一名在列车尾部或者其他适当位置值守负责指挥列车运行,推进运行时负责引导瞭望的为车长
27	关门车	临时发生空气制动机故障,而关闭截断塞门的车辆
28	挤岔	车轮挤上道岔、挤过道岔或挤坏道岔
29	应停载客列车未停站通过	有关行车人员违反劳动纪律、违反规章制度致使应停载客列车在站通过。不包括列车调度按照列车运行情况临时调整变更通过的列车
30	侵限	限界是为保证地铁车辆安全行车规定的技术尺寸,任何设施、设备不得超过车辆限界,否则,侵入行车限界。简称"侵限"
31	耽误列车	列车在始发站或停车站,因违章作业、违反劳动纪律造成列车晚开或超过运行图规定的停车时间
32	进路行车法	相邻信号机之间作为一进路,确认进路空闲,可开放进路行车
33	电话闭塞法	信号故障时,车站/车厂人工办理故障区段内列车进路、钩锁进路上相关道岔,与邻站/厂之间以电话记录作为同意占用区间的凭证,填写路票交司机,司机凭车站/厂发出的路票行车的一种行车方法
34	综合后备盘(IBP)	一种人机接口装置,设置在每个车站的车站控制室,作为车站主控系统的后备操作设备,在紧急情况下使用的按键式模拟监控盘,以支持车站的关键监视和控制功能
35	过线	因维修作业或运营所需组织本线列车到邻线运行
36	联锁	信号系统中的信号机、道岔和进路之间建立一定的相互制约关系。如进路防护信号机在开放前检查进路空闲、道岔位置正确及敌对进路未建立等。信号机开放后,道岔不能动,这种相互制约的关系称为联锁

续上表

序号	行车术语	术语解释
37	发车(指示)信号	行车有关人员完成一个工作任务,因距离对方较远给对方显示"好了"信号说明任务完成了。或车站行车人员给司机显示发车信号表示车站已具备发车条件,告知司机可以发车了,司机还要根据列车的准备情况是否决定开车,所给的信号均称为(发车)指示信号
38	引导员(或添乘监控员)	客车故障需要司机在尾部驾驶室驾驶时,在客车前端瞭望,监控列车运行速度及运行安全与司机随时保持联系控制列车的运行及停车等。由车站值班员或值班站长担任
39	运营事故	在运营事业总部管辖范围内,在运营生产过程中,凡因违反规章制度、违反劳动纪律、技术设备不良及其他原因,造成人员伤亡、设备损坏、经济损失、影响正常运营生产或危及运营生产安全的,均构成运营事故
40	四不放过	即原因没有查清不放过,事故责任者没有严肃处理不放过,防范措施没有落实不放过,广大员工没有受到教育不放过
41	站台紧急停车按钮(PESB)	设于站台柱墙上和站台监控亭,与站控室内LCP控制盘上的紧急及切除停车报警按钮相连通,当发现行车不安全时,可立即按压控制客车紧急停车
42	头端墙	按列车运行方向,列车停在车站时头部对应的车站端墙
43	尾端墙	按列车运行方向,列车停在车站时尾部对应的车站端墙
44	辅助线	指在正线上与正线连接的渡线、存车线、折返线、联络线及出入厂线
45	三、二、一车距离	调车作业时,距离停留车或停车地点的距离
46	推进	在列车尾部驾驶室操纵列车运行,或救援列车在被救援客车尾部推进运行
47	退行	在非正常情况下,列车与原运行方向相反运行为退行,可以推进或牵引运行
48	反向运行	列车运行进路分为上、下行方向运行,如违反常规运行方向的称反方向运行
49	线路出清	施工完毕后,施工负责人检查所有施工人员以及所携带的施工物料和工具撤离施工现场或线路巡视员巡查完毕,该段线路具备行车条件
50	施工、行车通告	一般汇总一周的维修施工及工程列车开行计划,每周出版一期
51	列车运行图	列车时空占用时间和顺序用坐标原理表示列车运行线的一种图解表示
52	封锁线路	指OCC行车调度员或车厂调度在各自管辖范围内通过发布调度命令并采取相关安全措施后,为某项任务专门划定的某一条单一路径,且路径上的道岔均须处在单独锁定状态

附录 B 城市轨道交通行车缩略语中英文对照

缩写	英文全称	中文解释
AFC	Auto Fare Collection	自动售检票系统
AM	ATO Mode	列车自动驾驶模式
AP	Access Point	无线接入点
AR	Automatic Reversal	自动折返
ARS	Automatic Route Setting	列车自动进路排列
ATC	Automatic Train Control	列车自动控制
ATO	Automatic Train Operation	列车自动运行
ATP	Automatic Train Protection	列车自动防护
ATPM	ATP Manual Mode	监控人工驾驶模式
ATR	Automatic Train Regulation	列车自动调整
ATS	Automatic Train Supervision	列车自动监控
ATT	Automatic Train Tracking	列车自动跟踪
BAS	Building Automation System	环控系统、建筑设备自动化系统
BOM	Booking Office Machine	半自动售票机、票房售票机
BY	BY(这里指 ATC 车载设备处于切除状态而不监控列车)	非限制人工驾驶模式又称车载信号设备切除模式
CBTC	Communication Based Train Control System	基于通信的列控系统
CI	Computer Based Interlocking	计算机联锁
CLOW	Center Locking Workstation	中央联锁工作站
CM	CODE	编码人工驾驶模式
CTC	Centralized Traffic Control	调度集中
DCC		车场控制中心
DTI	Departure Time Indicator	发车计时器
EB	Emergency Brake	紧急制动、紧急按钮
ESS	Emergency Stop System	紧急停车系统
ESB 或 ESP	Emergency Stop Button Emergency Stop Panel	紧急停车按钮
FAS	Fire Alarm System	火灾报警系统
FG	Flood Gate	防淹门
HMI	Human Machine Interface	人机接口/人机界面

续上表

缩　写	英文全称	中文解释
IS	Ir‐restricted mode	非限制人工驾驶模式又称车载信号设备切除模式
IBP	Integrated Backup Panel	综合后备盘
LCP	Local Control Panel	区域控制台或局域控制板（设于站控室内墙LCP控制盘上，需要扣车或取消时，按压按钮扣车或取消扣车，当站台的紧急停车按钮被按动时，在LCP上报警应按取消报警按钮）
MAL	Movement Authority Limit	移动授权
LOW	Locking Workstation	联锁工作站
M（C）	Motor Car	动车
MMI	Man‐Machine Interface	人机联系（接口）
Mp（B）	Motor Car With Pantograph	带受电弓的动车
MTR	Mass Transit Railway	轨道交通
NRM	Non‐Restricted mode	非限制人工驾驶模式又称车载信号设备切除模式
OCC	Operational Control Center	运营控制中心
OD	Originate‐destination	出发‐目的
PA	Public‐address System	车站广播系统
PDI	Platform Departure Indicator	站台发车指示器
PESB	Platform Emergency Stop Button, or Passenger Emergency Stop Button（a type of ESD）	站台紧急停车按钮，或乘客紧急停车按钮
PIIS	Passenger Information and Indication System	旅客向导系统
PIS	Passenger information system	旅客信息系统
PSD	Platforms Screen Door	屏蔽门系统
PTI	Positive Train Identification	列车自动识别
PVU	Portable Verifying Unit	便携式验票机
RM	Restricted Manual Mode	ATP限制允许速度的人工驾驶、限制人工驾驶模式
RTU	Remote Terminal Unit	车站远程终端单元
SBD	Safe Braking Distance	安全制动距离
SC	Station Computer	车站计算机
SDT	Station Dwell Time	站停时间
SCADA	Scan Control Alarm Database	供电系统管理自动化
SH	Station	车辆段调车模式自动折返驾驶模式

续上表

缩写	英文全称	中文解释
SM	Supervision Manual	列车自动防护驾驶或监控人工驾驶模式
TBTC	Track Circuit Control System	基于轨道电路的列车运行控制
T CC		城市轨道交通调度指挥中心
Tc（A）	Trailer Car	拖车
TD	Train Dispatcher	列车调度员
TIMS	Train Integrated Management System	列车综合管理系统
TOD	Train Operator Display	列车操作员显示
TVM	Ticket Vending Machine	自动售票机
UPS	Uninterrupted Power Supply	不间断电源
UMT	Urban Mass Transportation	城市轨道交通
URM	Un–Restricted Manual Mode	非限制人工驾驶模式又称车载信号设备切除模式
VGCS	Voice Group Call Service	组呼
VOBC	Vehicle On Board Controller	车载控制器、车载计算机
VR	Vehicle Regulation	列车调整
ZC	zone controller	区域控制器
	blocking; block system	闭塞
	block section	闭塞分区
	movable block	移动闭塞
	substitute block system	代用闭塞
	telephone block system	电话闭塞

参 考 文 献

[1] 季令,张国宝.城市轨道交通运营组织[M].北京:中国铁道出版社,2010.
[2] 牛凯兰,牛红霞.城市轨道交通行车组织[M].北京:机械工业出版社,2013.
[3] 费安萍.城市轨道交通行车组织[M].北京:人民交通出版社,2012.
[4] 耿幸福.城市轨道交通行车组织[M].北京:人民交通出版社,2012.
[5] 毛保华.城市轨道交通系统运营管理[M].北京:人民交通出版社,2006.
[6] 史瑞洁.城市轨道交通运营组织优化研究[D].西南交通大学,2011.
[7] 蔡于.轨道交通行车调度员应急处置分析与对策[J].城市公用事业,2006(3).
[8] 王川.城市轨道交通列车运行图编制模型和算法研究[D].西南交通大学,2011.
[9] 王彬.南昌借鉴香港地铁经验建设城市轨道交通初探[D].南昌大学,2011.
[10] 左静.基于模糊神经网络的城市轨道交通列车运行调整研究[D].兰州交通大学,2011.
[11] 田福生.城市轨道交通行车组织的相关问题研究[D].西南交通大学,2006.
[12] 张越.城市轨道交通"超长线"行车组织优化[D].长安大学,2008.
[13] 蔡涵哲.网络化条件下城市轨道交通行车组织优化问题研究[D].北京交通大学,2012.